Rosgartenmuseum

Chapeau!

Berühmte Kopfbedeckungen 1700 – 2000

Sonderausstellung 2011

„Das Hutabnehmen ist eine Abkürzung unseres Körpers, ein Kleinermachen."

Georg Christoph Lichtenberg (1742 - 1799), aus den „Sudelbüchern"

Tobias Engelsing

Chapeau!

Berühmte Kopfbedeckungen 1700 – 2000

Konstanz 2011
Konstanzer Museumsjournal 2011

Erschienen anlässlich der Sonderausstellung
vom 23. 07. bis 27. 11. 2011
im Rosgartenmuseum Konstanz

Impressum
Herausgeber:
Rosgartenmuseum Konstanz,
1. Auflage, Juli 2011
Autor:
Tobias Engelsing, mit einem Beitrag von Xenia Brönnle
Gestaltung:
bbv Siegrun Nuber, Konstanz
Exponatfotografie:
FOTO ART Martin Buschmann, Konstanz
Abbildungen:
s. Bildnachweis im Anhang
Titelbild: Karl Valentin und Liesl Karlstadt,
Karl-Valentin-Musäum München
Druck: Holzer Druck und Medien GmbH + Co. KG, Weiler
ISBN 978-3-929768-29-9

Inhalt

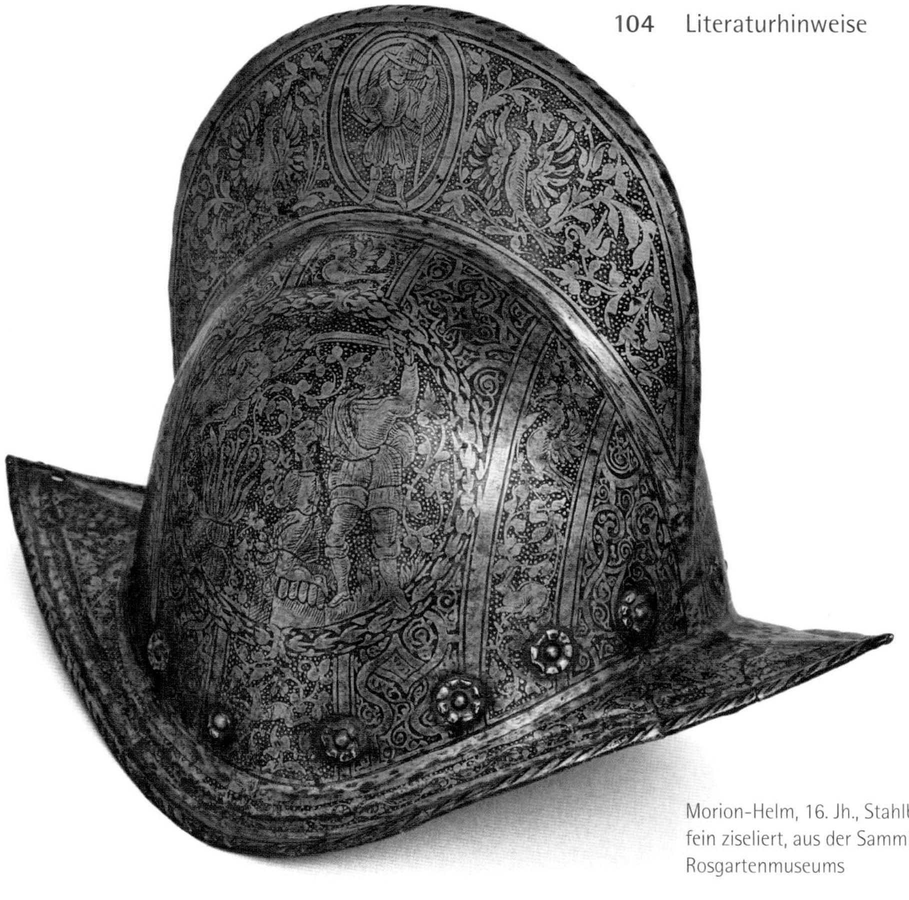

Morion-Helm, 16. Jh., Stahlblech fein ziseliert, aus der Sammlung des Rosgartenmuseums

Die Wollmütze mit dem Bommel

Eine Einführung

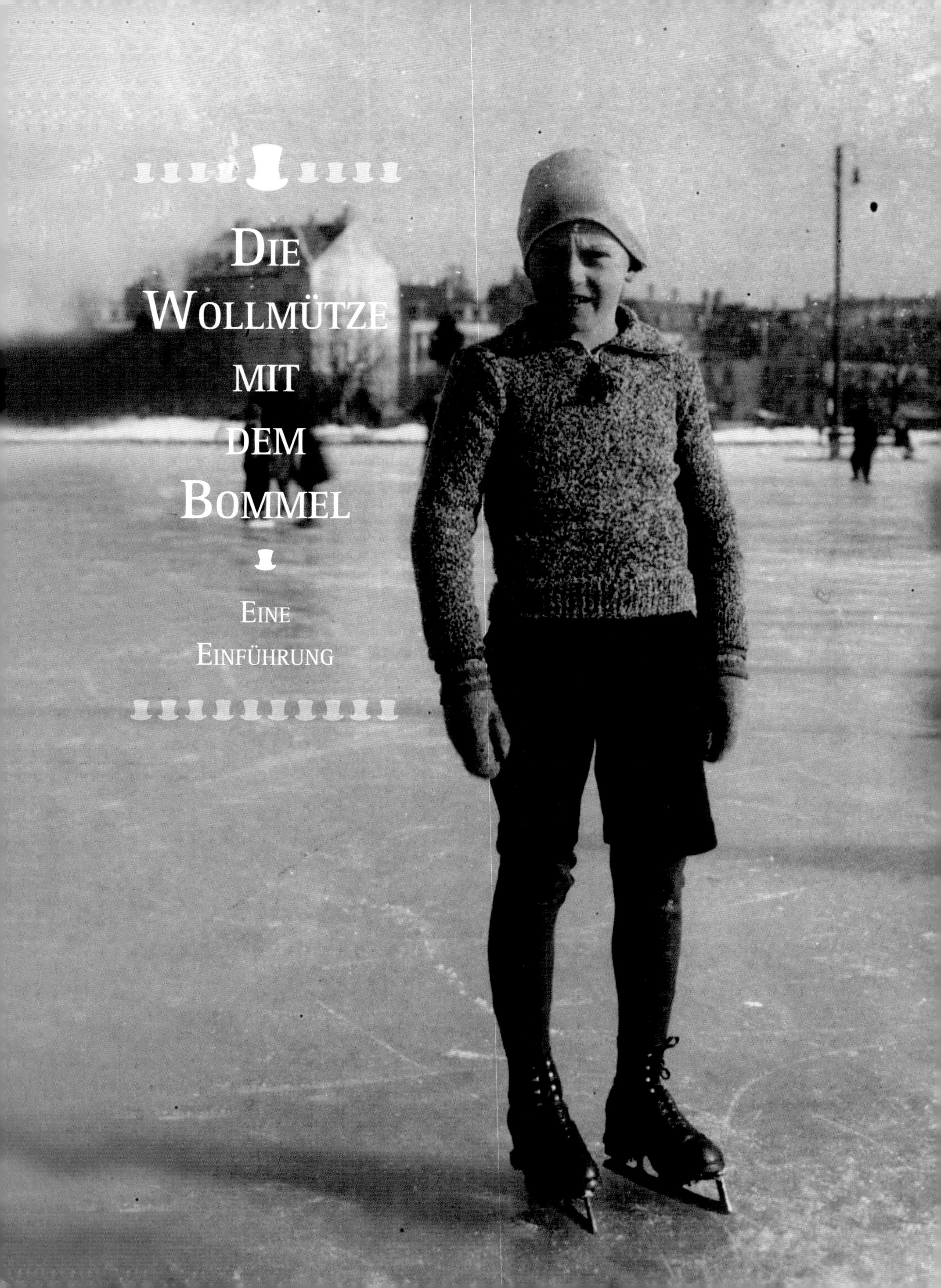

FRÜHER lag sie unter dem Weihnachtsbaum: die gestrickte Wollmütze mit dem wuscheligen Bommel an der Spitze. Meinte es das Christkind gut mit uns Kindern, dann war sie wenigstens einfarbig und der Bommel nicht so groß ausgefallen wie ein Tennisball. Hatte die strickende Tante vor Weihnachten jedoch eine kreative Phase gehabt, mussten wir uns über einen bunten Kopfschmuck mit eingestickten Rentieren und leuchtend rotem Bommel freuen. Diese Mützen waren eine Erniedrigung. Die Nachbarjungen, denen neue Mützen erspart geblieben und die mit Fäustlingen oder handgestrickten Socken davon gekommen waren, lachten sich einen Ast, sobald der Träger der neuen Wollmütze das erste Mal das Haus verließ. Schrecklich war meist schon die feierliche Übergabe solcher Geschenke mit feuchten Tantenküssen und den Ermahnungen, im neuen Jahr endlich „anständig" oder gar „lieb" zu sein. Der einfallenden Verwandtschaft musste zum Dank die „schöne", also die rechte Hand gegeben werden. Und dann kam, als Höhepunkt der Grausamkeiten der Augenblick, in dem man die bunte Wollmütze vor allen aufsetzen sollte. Ganz ohne Zweifel: In solchen Augenblicken hätte manches Kind die ganze Sippschaft am liebsten auf dem dünnen Eis des eben zugefrorenen Untersees ausgesetzt.

Heute hängen solche Mützen in den Billigläden der Fußgängerzonen. Sie sind aus pinkfarbener Synthetikwolle gestrickt, tragen nicht nur an der Spitze einen grell leuchtenden Bommel, sondern auch am Ende von zwei Wollschnüren, die von den angenähten Ohrenschützern herab hängen. Auf den Drehgestellen dieser offiziell „Sonderpostenmärkte" genannten Geschäfte hängen auch Pelzkappen im Karolook, zackig gemusterte Norwegermützen ohne Bommel, mittelalterlich anmutende Ganzkopfhauben und die gute alte Pilotenkappe, Modell „Bomber". Kaum ein Modell kostet mehr als 7 Euro. Der Absatz ist groß, denn eines trennt heutige Jugendliche von den Wollmützenträgern meiner Jugend: Die Heutigen tragen diese Scheußlichkeiten freiwillig.

Die konservative Klage, die Zeit des Huts und anderer Kopfbedeckungen sei endgültig vorbei, ist also offenbar maßlos übertrieben. Zugegeben: Männer, die einen klassischen schwarzen, dunkelblauen oder grauen Hut aus Haarfilz suchen, und Frauen, die sich von einer guten Modistin beraten lassen wollen, müssen oft weit reisen. Das klassische Hutgeschäft ist außerhalb der Metropolen kaum mehr zu finden. Die Schlachtschiffe unter den Herrenhüten haben im Alltag und selbst zu Festtagen ausgedient: Homburg, Bowler („Melone") oder gar der Chapeau Claque tauchen jenseits der britischen Inseln selbst bei Adelshochzeiten kaum mehr auf. Der elegante Kalabreser des 19. Jahrhunderts wird nicht mehr hergestellt. Auch der so genannte „Anlasshut" für Damen ist längst kein geläufiger Begriff der bürgerlichen Alltagssprache mehr. Eine gewisse Renaissance erlebt dagegen sowohl in der Männer- wie in der Damenmode der klassische Strohhut. Vor allem Modelle, die das Zauberwort „Original Panama" auf dem Etikett führen, also aus getrockneten Palmblättern geflochten sind, haben Konjunktur.

Auch wenn manche Klassiker verschwunden sind, in der Mode der männlichen Kopfbedeckungen ist seit einigen Jahren eine gewisse Wiederentdeckung englischer Traditionen zu beobachten: Die konservative Kleidung des englischen Landadels ist, wie schon einmal in den 1920er Jahren, wieder stilbildend geworden, seit deutsche Edelversandhäuser vor etwa 20 Jahren anfingen, Jacketts, Westen und Jacken aus Tweedtuchen und rahmengenähte Schuhe an eine zahlungskräftige Kundschaft zu verkaufen. Im Gefolge eroberten Schläger- und Ballonmützen aus Tweed, schottische Fischerkappen, Regenhüte aus gewachsten Textilien und wetterfeste Westernhüte die Köpfe der Europäer, so als sei die Nation aus ihren überheizten Büros und Wohnzimmern kollektiv zum Fischen, Jagen und Reiten aufgebrochen. Dabei sind Kopfbedeckungen aus dem zivilen Alltag nicht zuletzt deshalb verschwunden, weil wir uns seit dem Zweiten Weltkrieg kaum mehr im Freien bewegen. Noch um 1900 legten die Menschen außerhalb der Großstädte etwa 90 Prozent ihrer Alltagswege zu Fuß, auf offenem Wagen oder zu Pferd zurück. Heute sind nicht wenige automobilgewöhnte Bürger bereits nach einem einstündigen Waldgang jenseits ausgeschilderter Spazierwege völlig erschöpft.

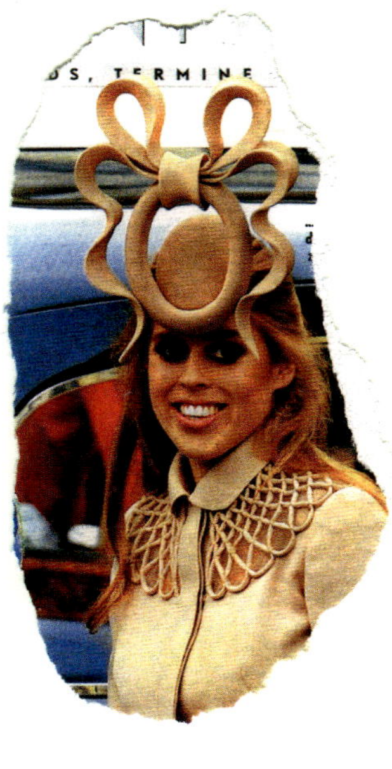

Royaler Hingucker: Princess Beatrice' Hutkreation wurde nach der Hochzeit des englischen Thronfolgers Prinz William mit Kate Middleton für 93 000 Euro zugunsten von Unicef versteigert.

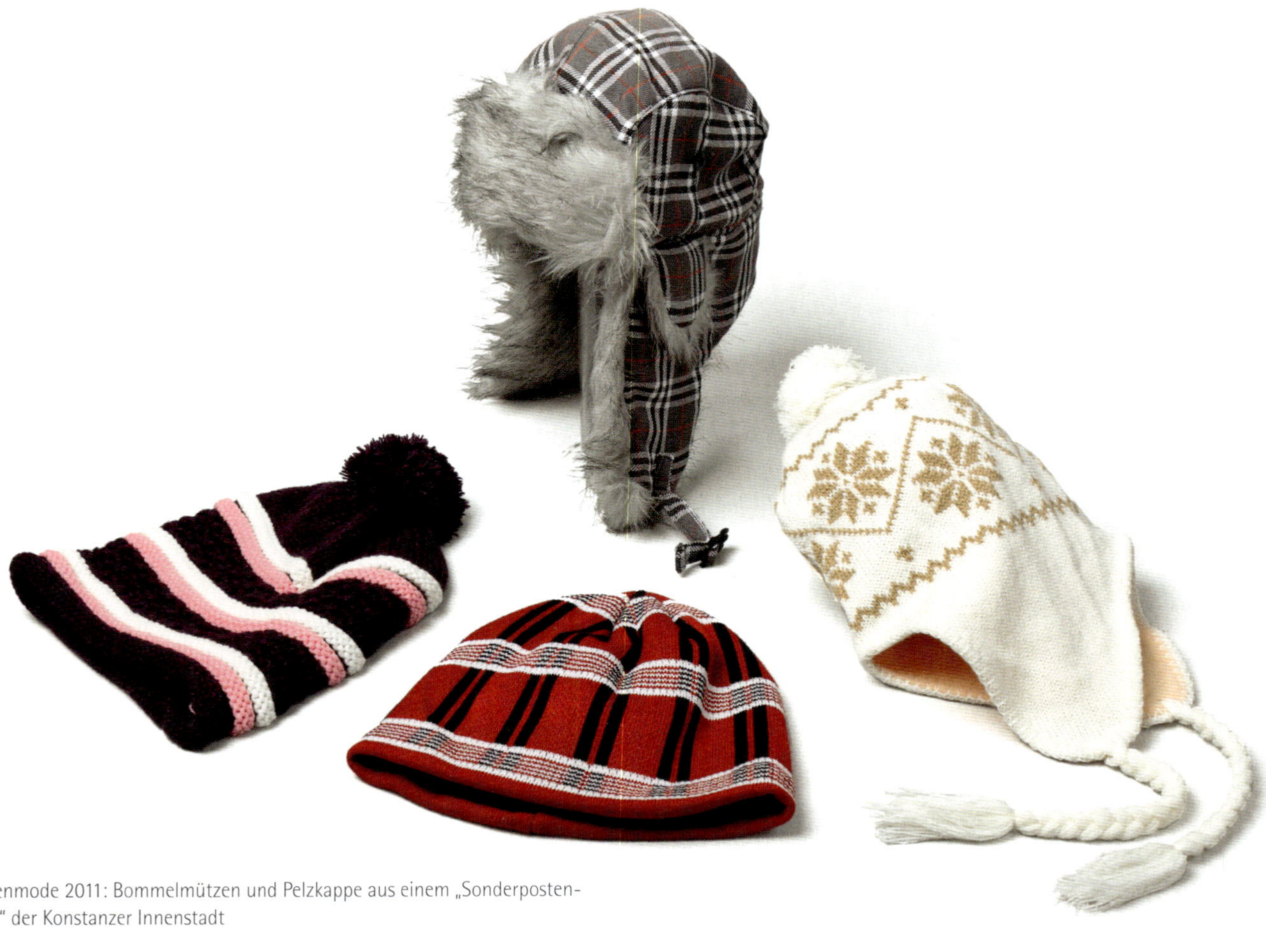

Mützenmode 2011: Bommelmützen und Pelzkappe aus einem „Sonderpostenmarkt" der Konstanzer Innenstadt

Kompensieren wir also mit all den Kunstpelzmützen, mollig warmen Baseballcaps in Proll- und Edelversionen, Strick- und Walkmützen, die seit wenigen Jahren auch auf den Weihnachtsmärkten der Republik große Verkaufsrenner sind, nur unseren verloren gegangenen Bezug zur rauen Natur? Oder hat der in Jahrzehnten vollzogene Rückzug aus Wind und Wetter unsere Kälteresistenz so dramatisch vermindert, dass wir schon bei leichtem Nebel nach der dicken Wollmütze greifen müssen, um die erste Herbsterkältung zu verhindern?

Freilich muss auch festgehalten werden, dass deutlich mehr Menschen joggen, Rad fahren und spazieren gehen als noch vor zehn Jahren. Die schwer gebeutelte Hut-industrie hat auf diese Entwicklungen reagiert: Sie bietet etliche Hutformen und Kappen auch als regenfeste Goretex-Version an. Eng anliegende Funktionskappen, Hauben und Sicherheitshelme mit Kälteschutz für Ski- und Radfahrer sowie Stirnbänder für Jogger, Waldläufer und Wintersportler sind heute typische Kopfbedeckungen der Menschen in den wohlhabenden Industrienationen.

Selbst auf berufsbedingt behüteten Köpfen hat das 21. Jahrhundert tiefgreifende Veränderungen vollzogen: Der Feuerwehrmann trägt noch seinen Schutzhelm, doch der ist mittlerweile nicht mehr aus Messing oder Stahlblech, sondern aus schlagfestem Kunststoff und sichert das Gesicht des Trägers durch ein Plexiglasvisier. Soldaten, Polizisten, Zollbeamte und Grenzwächter waren bis vor kurzem auf der ganzen Welt an der seit dem 19. Jahrhundert getragenen Schirmmütze zu erkennen. Inzwischen aber ersetzt selbst bei den hoheitlich handelnden Vertretern des staatlichen Gewaltmonopols die sportlichere Baseballcap die militärische Schirmmütze. Sie scheint ganz allgemein die Kopfbedeckung der „Einen Welt" geworden zu sein: Vom Fußball spielenden Jugendlichen im afrikanischen Dorf über den Schweizer Zöllner bis zum amerikanischen Präsidenten ziert die Baseballcap unterschiedslos die Köpfe der Herrschenden und der Beherrschten.

Der Klage über das Verschwinden traditioneller, einst in hoher Qualität hergestellter Hüte und Kopfbedeckungen zum Trotz boomt auch ein deutlicher Retro-Trend. Aufgepeppt für heutige Trägerinnen und Träger kehrt manches Hutrelikt wieder, das in alemannischen Breiten seit Jahrzehnten nur noch im Fasnachtsschrank liegt. Viele Winterkappen aus buntem Walkfilz sind direkte Nachfahrinnen der so genannten „Glocke" aus den 1920er Jahren. Auch der lächerlich winzige „Trilby"-Hut, der in den 1930ern modern war, scheint sich vor allem bei Jugendlichen großer Beliebtheit zu erfreuen. Hierzulande bieten Ramschläden diese Hutform neuerdings zielgruppengerecht für den Schnäppchenpreis von 1 Euro an. Der schwarze oder farbige Bowler, aktuell aus sehr weichem Wollfilz gefertigt, wird, wie Modistinnen berichten, vor allem von Frauen gekauft. Zu nennen ist auch das an Konrad Adenauer erinnernde Pepitahütchen, das als Kopfschmuck in der Rapperszene und bei coolen Disko-Gängern Anklang findet.

Selbst der derzeitige Papst Benedikt XVI. setzte kurz nach seiner Wahl einen Retro-Trend, als er mit dem so genannten Camauro, einer pelzbesetzten scharlachroten Kappe, auf dem Petersplatz erschien. Sogleich erregte der Hermelinbesatz dieses Rückgriffs in den Kleiderschrank der Renaissance den Unmut von Tierschützern auf der ganzen Welt. Dabei entsprang Benedikts Wahl keinem Drang zu modischer Selbstdarstellung, sondern war eine Reaktion auf die ungewöhnliche Winterkälte in Rom: Der Pontifex hatte einfach nur kalte Ohren und suchte im eingeschränkten päpstlichen Modefundus nach etwas, das er im Winter tragen konnte.

Bundeskanzler Helmut Schmidt mit seiner Elblotsenmütze, der Staatsratsvorsitzende der DDR, Erich Honecker, der eine russische Pelzmütze und im Sommer ein helles Biedermannshütchen trug, und der mit grauem Filzhut auftretende letzte Staatschef der UdSSR, Michail Gorbatschow, waren markante Vertreter einer auslaufenden Tradition: Kaum ein führender europäischer Politiker erscheint heute noch zu offiziellen Anlässen mit Hut oder Wintermütze. Synagogenbesuche oder die Kranzniederlegung durch deutsche Politiker in der jüdischen Gedenkstätte Yad Vashem verlangen Ausnahmen. Ehrenformationen anlässlich von Staatsbesuchen werden nach internationalem Codex barhäuptig abgeschritten - wenn es in Strömen regnet immerhin „beschirmt". Ein früherer Bundespolitiker sagte mir in einem Gespräch einmal, die Allpräsenz der Foto- und Fernsehkameras hätte die Hüte vertrieben. Ein Hut werfe Schatten aufs Gesicht, das sei unvorteilhaft, man wirke dann auf Fotos und im Fernsehbild so finster. Bundeskanzler Helmut Kohl hatte es da in modischer Hinsicht leichter: Sein liebstes Kleidungsstück war eine Strickjacke, die er gegen das formelle Jackett eintauschte, sobald er seinen abseits geparkten Dienstwagen erreicht hatte und den Blicken der Journalisten entzogen war.

Ein besonderer Aspekt zeitbedingter Retro-Moden ist die Verwertung von Kopfbedeckungen und Kleidungsstücken, die ihre ursprüngliche Funktion verloren haben. Noch in

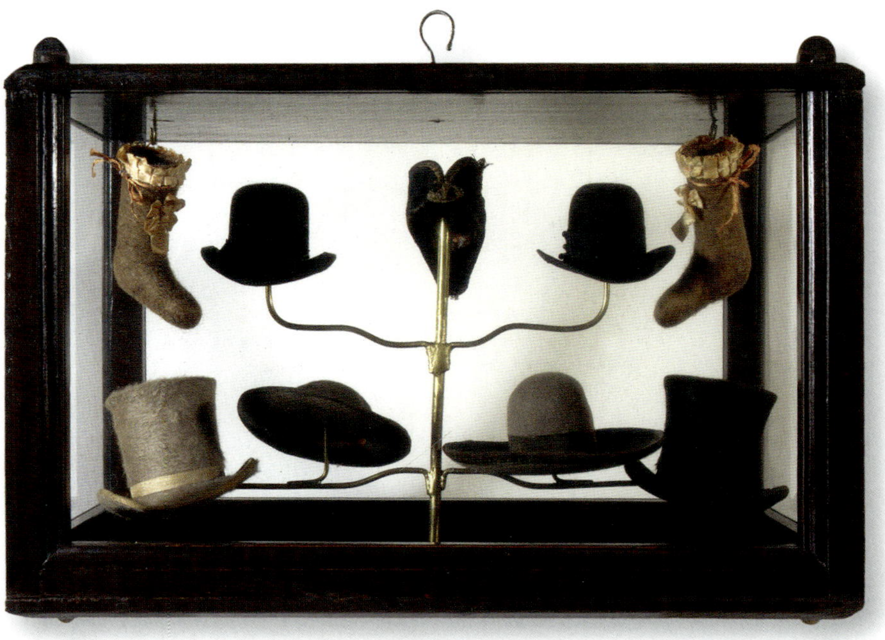

Schaukasten mit Zunftzeichen der Konstanzer Hutmacher mit Zweispitz, Melone, Zylinder und Kalabreser, um 1830

den frühen 1970er Jahren waren vor allem in der Landwirtschaft und im Forst Männer zu sehen, die ihre alten, von allen Hoheitsabzeichen befreiten Feldmützen der Wehrmacht auftrugen. In der Schweiz ist es bis heute üblich, die aus vorzüglicher Tuchqualität gefertigten Mützen und Militärjoppen in Haus und Hof zur Arbeit zu tragen. Kurz nach der deutschen Wiedervereinigung 1990 und dem Niedergang der Sowjetunion 1991 hatten auch Relikte der hochmilitarisierten kommunistischen Regime eine kurze Konjunktur in den Kleidungsgewohnheiten junger Menschen. Auf Flohmärkten von Berlin bis Kiew wurden wärmende Fellmützen der russischen Marineinfanterie, vielfarbige Tellermützen der Roten Armee und NVA, lange wollene Militärmäntel und Ausstattungsstücke unzähliger weiterer Formationen des Ostblocks verschleudert und von westlichen Jugendlichen mit allen Hoheitsabzeichen der überwundenen Gewaltherrschaft bedenkenlos als modische Accessoires getragen.

Solche Relikte waren farbig und schick, eine politische Protesthaltung war mit der Nutzung nicht verbunden. Anders in den 1960er Jahren, als westdeutsche Intellektuelle die französische Baskenmütze, lederne Arbeiterkappen und Schiebermützen als Gegenkultur zum Homburg des Wirtschaftskapitäns und zum Stutzerhut des erfolgreich entnazifizierten Parteigenossen entdeckten. Mit Beginn der 1970er Jahre verschwanden viele Kopfbedeckungen aus dem öffentlichen Leben oder sie verloren ihre Kennzeichnungskraft als Abzeichen sozialer oder politischer Zugehörigkeiten. Die ausladenden, farbigen Schlapphüte der Hippie-Generation und vereinzelte Mao-Ballonmützen waren ein letzter und überaus friedlicher Gesinnungsgruß auf den Köpfen junger Leute. Dort wuchsen nun ungezähmt die Haare als wallende Mähne und wirres Kraushaar: Hüte und Kappen aus der miefigen Welt der Elterngeneration hatten auf solchen Löwenhäuptern keinen Platz mehr.

Inzwischen ist die Vielfalt von Kopfbedeckungen in zahllosen Subkulturen so unübersichtlich, wie vieles in den rasch wechselnden Moden des Zeitgeists im noch jungen 21. Jahrhundert. Wenn das Jahrzehnt seit der Jahrtausendwende in Deutschland eine symbolkräftige Kopfbedeckung hervorgebracht haben sollte, dann dürfte das vermutlich der Fahrradhelm sein. Windschnittig, glatt und von zuverlässiger Hässlichkeit ist dieser Gebrauchsgegenstand auf unseren zerbrechlichen Köpfen eine Chiffre für unsere eilige Reise durch eine Welt voller Autoblech und Geschwindigkeit.

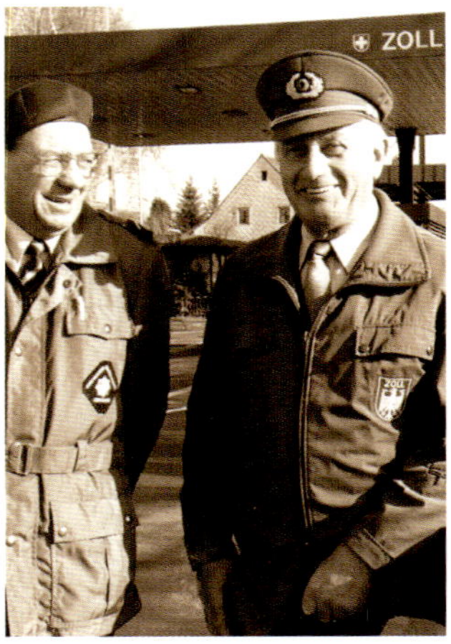

Hoheitszeichen an der Grenze: In den 1980er Jahren trugen Schweizer Zöllner (links) bereits das sportlichere Barett, die deutschen Kollegen noch die Tellermütze.

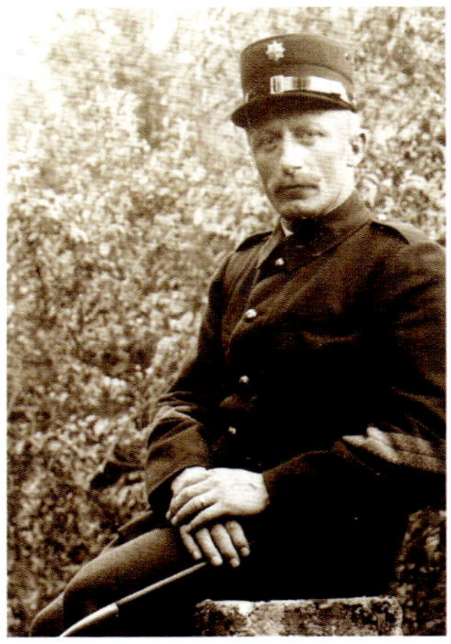

Das Militär als Vorbild: Der Schweizer Grenzwächter Bachofner aus Kreuzlingen um 1925 mit steifer Schirmmütze und militärisch geschnittener Uniform

Was den Seidenzylinder des Biedermeier, überladene Raupenhelme der nach-napoleonischen Ära, den Karbonarihut der Revolutionäre von 1848, Bismarcks Hut und Mörikes Hausmütze, Adenauers Pepitahütchen oder Schuten und Wagenradhüte der vornehmen Damenwelt des 19. Jahrhunderts mit ihren Vorläufern und Nachfahren, mit der Wollkappe und dem Fahrradhelm verbindet, dazu wollen unsere Ausstellung und dieser kleine Begleitkatalog einige gleichermaßen unterhaltsame wie informative Geschichten erzählen.

Tobias Engelsing
Konstanz 2011

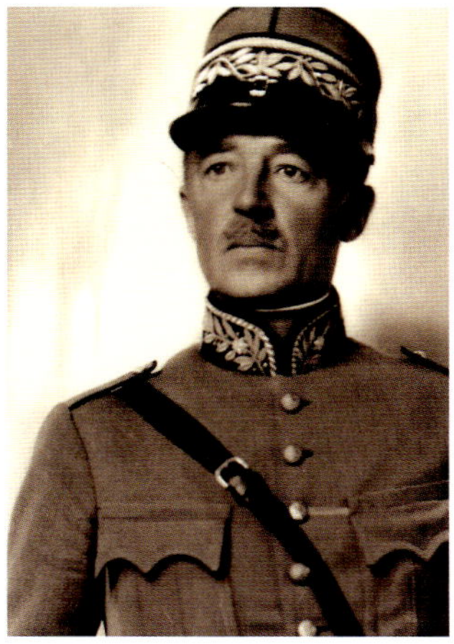

General Henri Guisan

EINMAL GENERAL

Als der General der Schweizer Armee, Henri Guisan, während der Grenzbesetzung des Zweiten Weltkriegs im Thurgauer Dorf Ermatingen im dortigen Hotel „Adler" mit höheren Offizieren zum Essen einkehrte, legten er und seine Stabsoffiziere die goldbestickten Mützen auf der Garderobe im Flur ab. Der Soldat Georg Herzog, Schlossermeister in Ermatingen, hielt mit anderen Milizsoldaten gelangweilt vor dem Lokal die Ehrenwache, während sich die hohen Offiziere Kretzerfilets und Riesling-Silvaner schmecken ließen. Da verließ Herzog den Posten, eilte zur Garderobe, schnappte sich Guisans Mütze, trat vor das Lokal und inspizierte als „General" seine Kameraden. Wegen dieser Entweihung der Generalsmütze erhielt der Täter 10 Tage verschärften Arrest. Als Guisan einige Tage später von dem Streich erfuhr, begnadigte er den Arrestanten. Dem Schlosser blieb seit dieser Geschichte der Spitzname „General Herzog" und noch heute, wenn im Dorf von seinen Nachfahren die Rede ist, sagt man: „s' General Herzogs".

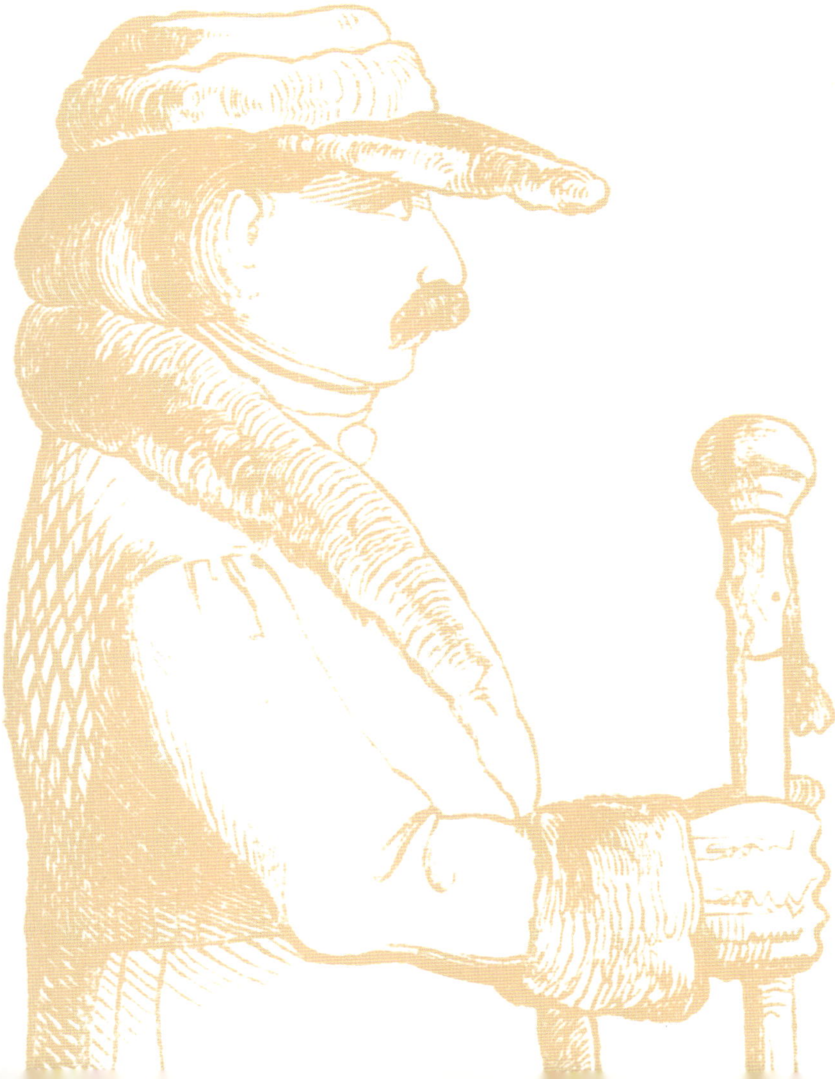

Gut behütet

Kopfbedeckungen im Lebenslauf

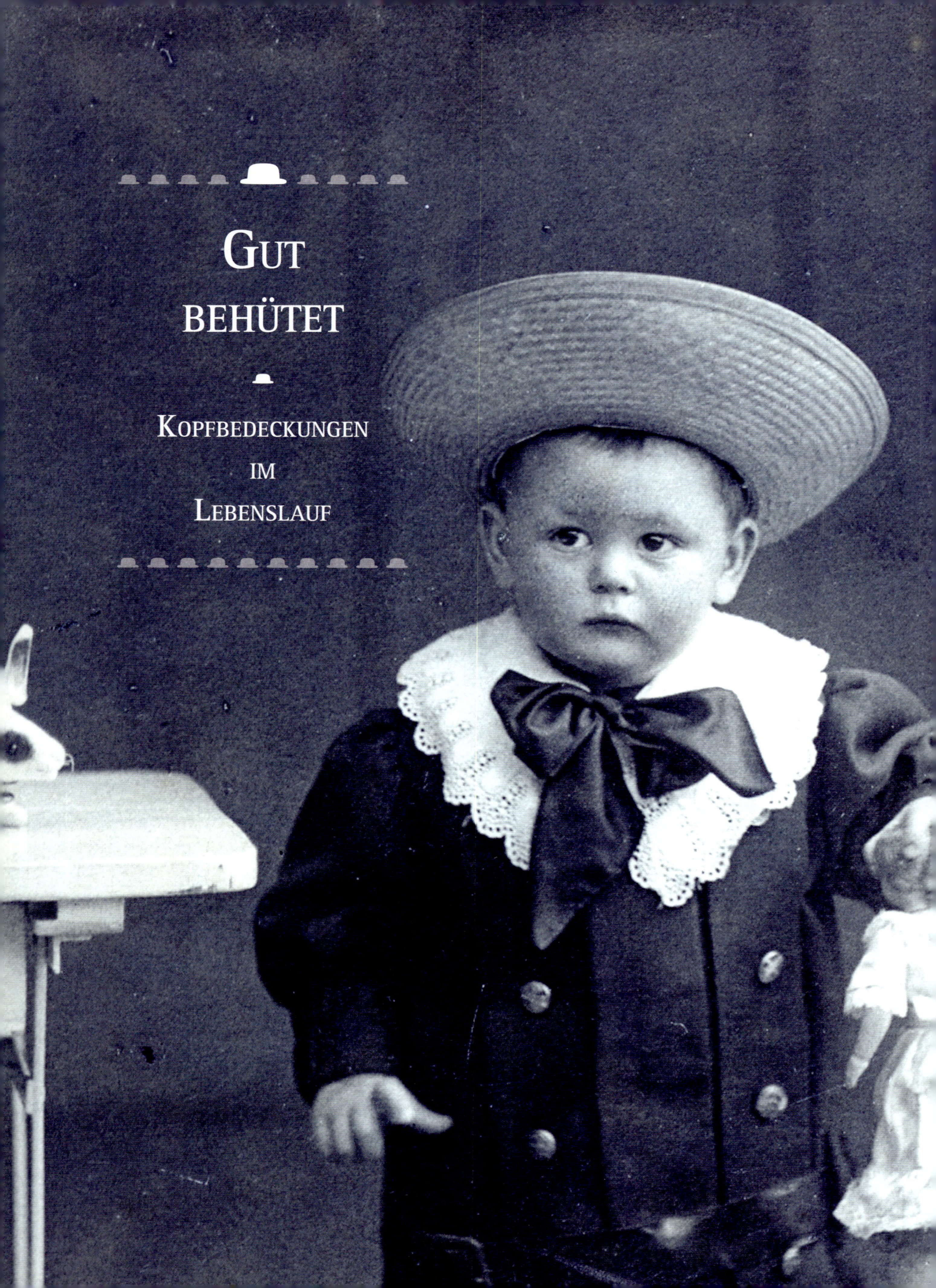

WELCHE Kopfbedeckungen ein Mensch trägt, war über Jahrhunderte durch die Obrigkeit festgelegt oder folgte ungeschriebenen gesellschaftlichen Konventionen: Auch das Ratsregiment der freien Reichsstadt und späteren österreichischen Landstadt Konstanz legt bis Ende des 18. Jahrhunderts immer wieder fest, wie Kleidung und Kopfschmuck von Herren und Gesinde, Ledigen und Verheirateten, Verfemten und Randgruppen auszusehen haben. Besonders die Ratsherren der Konstanzer Reformation (1527 – 1548) fordern evangelische Schlichtheit der Kleidung, Verzicht auf Modeattribute und teuren „Putz". Wer dagegen verstößt, wird bespitzelt, angezeigt und bestraft. Randgruppen wie Juden, ansteckend Kranke oder Bettler müssen diskriminierende Erkennungszeichen, etwa hohe gelbe Hüte, hölzerne Klappern oder Bettlermarken am Hut tragen.

Die Französische Revolution beendet mit der Forderung nach individuellen Freiheitsrechten zunächst auch die Herrschaft der Obrigkeit über das Erscheinungsbild: Individualität und wilde Moden wie der betont enge Frack, die gestreiften Westen und der riesige Zweispitz des „Incroyable" beherrschen eine Zeitlang das Bild, dann kehren die Konventionen zurück.

Das 19. Jahrhundert schafft neue Kleidungskonventionen, die jedem Lebensalter und nahezu jeder gesellschaftlichen Schicht auch bestimmte Kopfbedeckungen zuweisen. Dem Taufhäubchen des Neugeborenen folgt für Knaben die Matrosenmütze, die in Form und Farbe streng reglementierte Schülermütze des Gymnasiums, der erste Hut zur Konfirmation, die Militärmütze des Wehrdiensts und dann der steife Hut der bürgerlichen Laufbahn: Melone und Zylinder zeigen an, wer es sozial und beruflich geschafft hat. Den anderen bleiben die Ballonmütze des lastentragenden Arbeiters oder der in seiner erklärten Unangepasstheit durchaus normierte „Künstlerhut" mit breiter Krempe.

Die Mode der Frauen bietet die größere Variationsmöglichkeit, doch eine Altershierarchie ist auch hier unverkennbar: Auf den Florentinerstrohhut des Mädchens folgt die ausladende Schute oder alltagstauglichere „Capotte" der jungen Verheirateten. Zu Hause trägt die Hausfrau die weiße Baumwollhaube. Das üppige „Wagenrad" schmückt die reifere Dame der Gesellschaft, schließlich folgen der bescheidene Witwenhut und das kleine Seidenhäubchen der alten Dame.

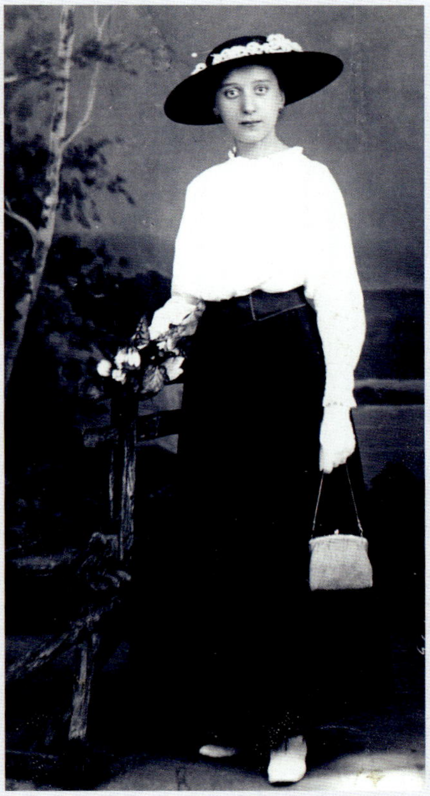

Eine junge Konstanzer Arbeiterin in bester Sommerkleidung mit garniertem Florentinerhut beim Fotografen. Um 1910

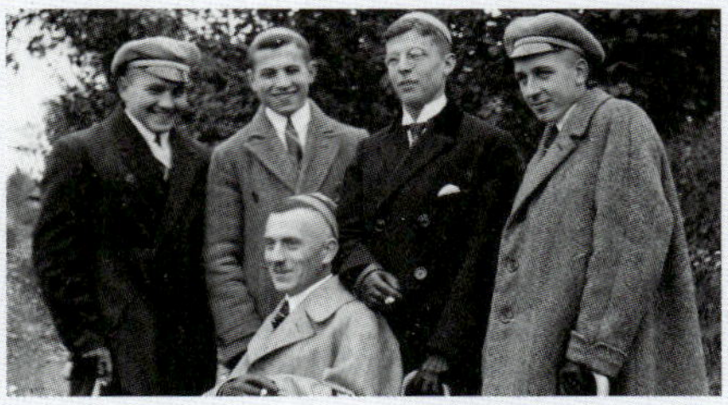

Oberstufenschüler mit den charakteristischen flachen Schülermützen während eines winterlichen Ausflugs. Aufnahme vor 1914

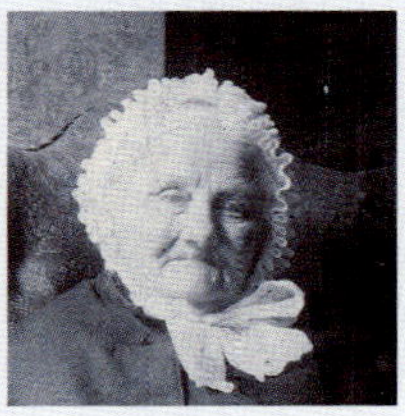

Eine Konstanzer Großmutter mit weißem Baumwollhäubchen, die Haustracht der älteren Damen. Um 1890

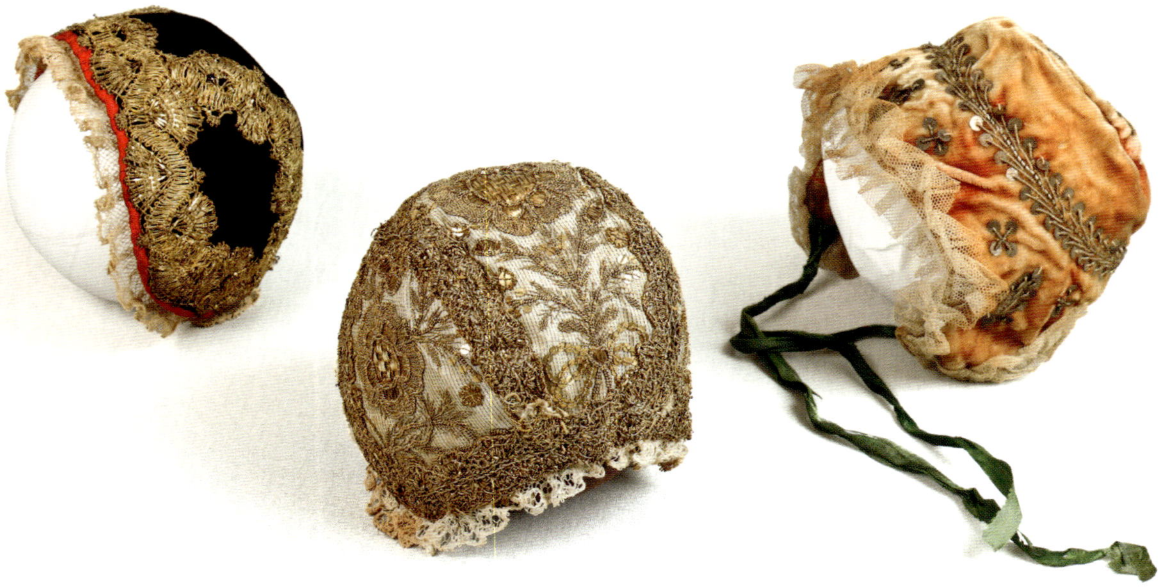

Mit Gold- und Silberfäden bestickte Taufhäubchen.
Aus Konstanzer Familien, 18 Jh.

„Es ist erstaunlich, wie viele Menschen den Kopf nur zum Hut aufsetzen haben."

Harold Pinter (1930 - 2008) britischer Theaterautor und Regisseur

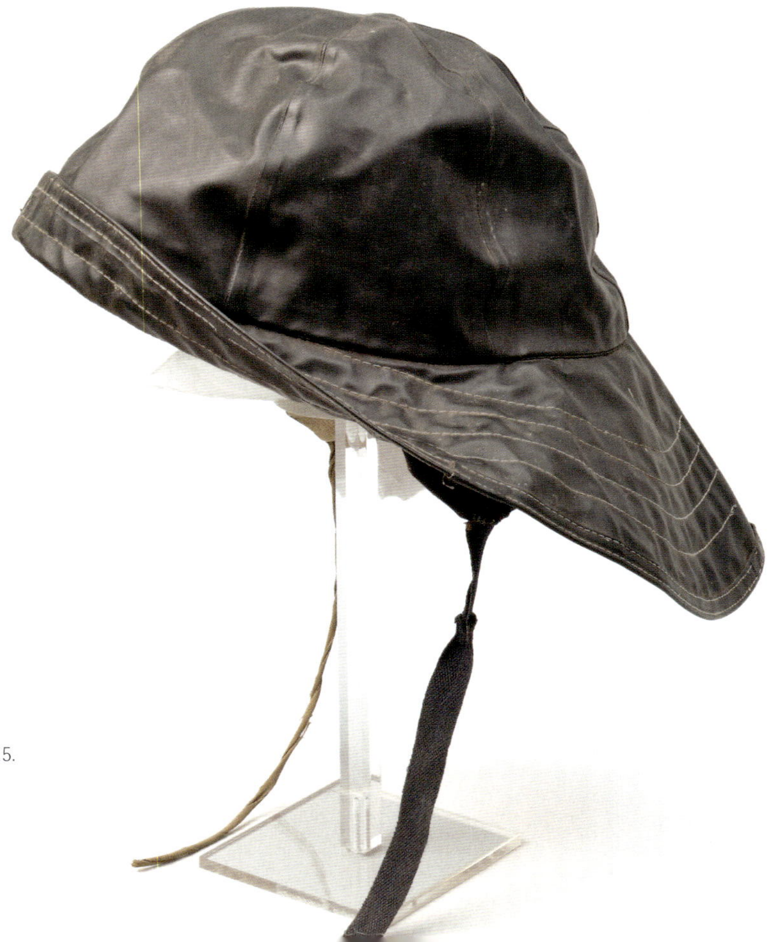

„Südwester" Schlechtwetterhut
eines Ermatinger Fischers, um 1925.
Leinengewebe mit Gummi

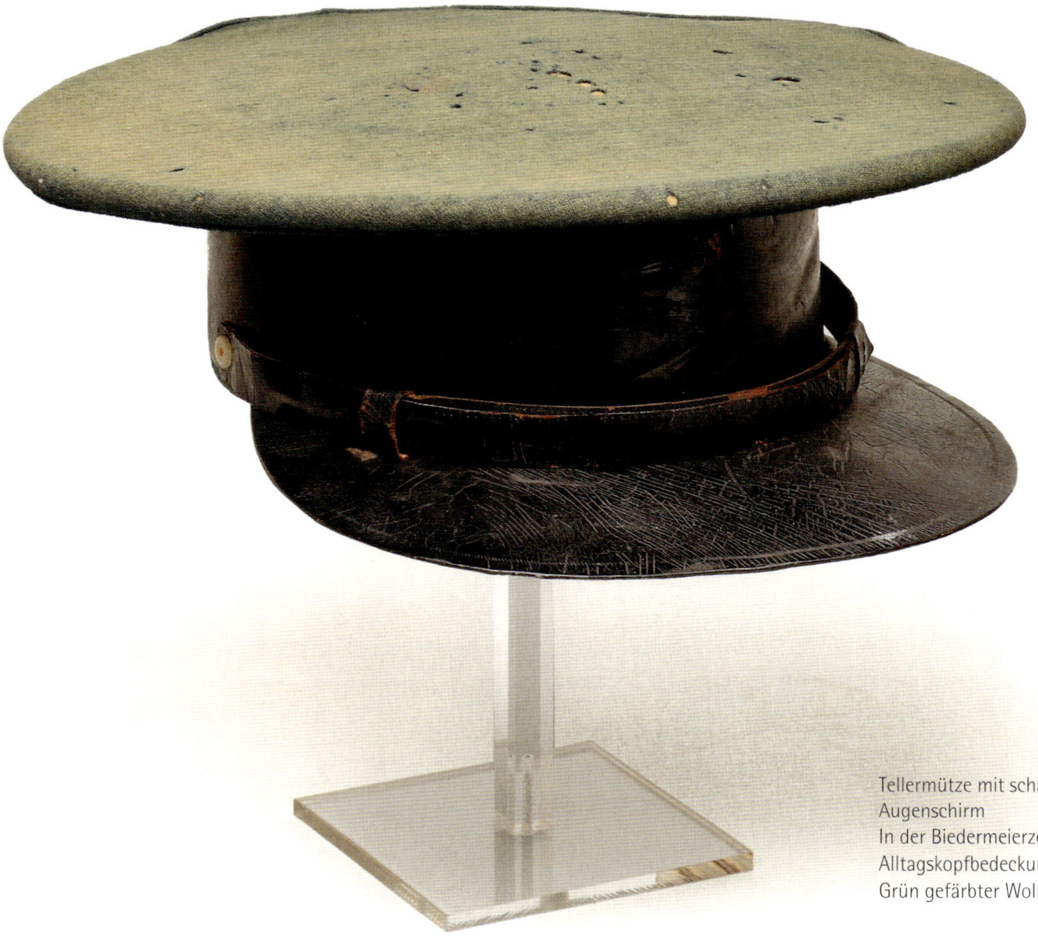

Tellermütze mit schattenspendendem Augenschirm
In der Biedermeierzeit eine top-modische Alltagskopfbedeckung, um 1840.
Grün gefärbter Wollfilz, Leder

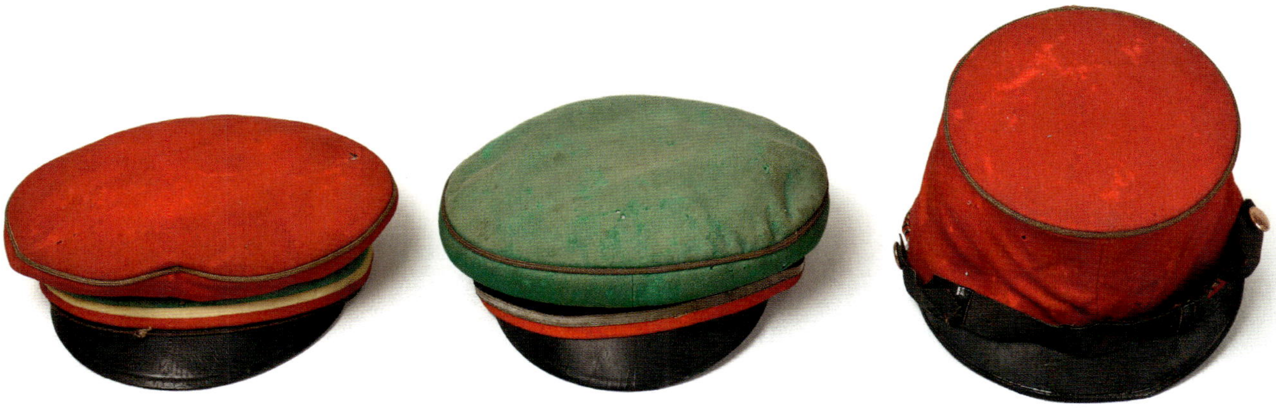

Rote und grüne Schülermützen und ein so genannter „Schläger", Kennzeichen der Schüler von Real-, Oberrealschulen und Gymnasien. Konstanz vor 1933

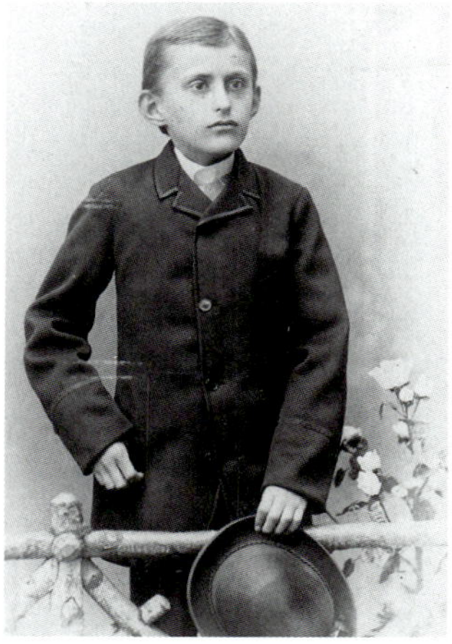

Zur Kommunion oder Konfirmation erhielten Knaben häufig den ersten Herrenhut.

„Haben wir uns zu einem Besuche gemeldet und derselbe wird angenommen, so haben wir Überzieher, Überschuhe, Schirm und Stock im Vorzimmer oder Korridor zu lassen, nur den Hut nicht, denn in guter Gesellschaft wird der Besuch stets mit dem Hute in der Hand gemacht."

Aus: „Der gute Ton in allen Lebenslagen", Benimm-Handbuch 1884

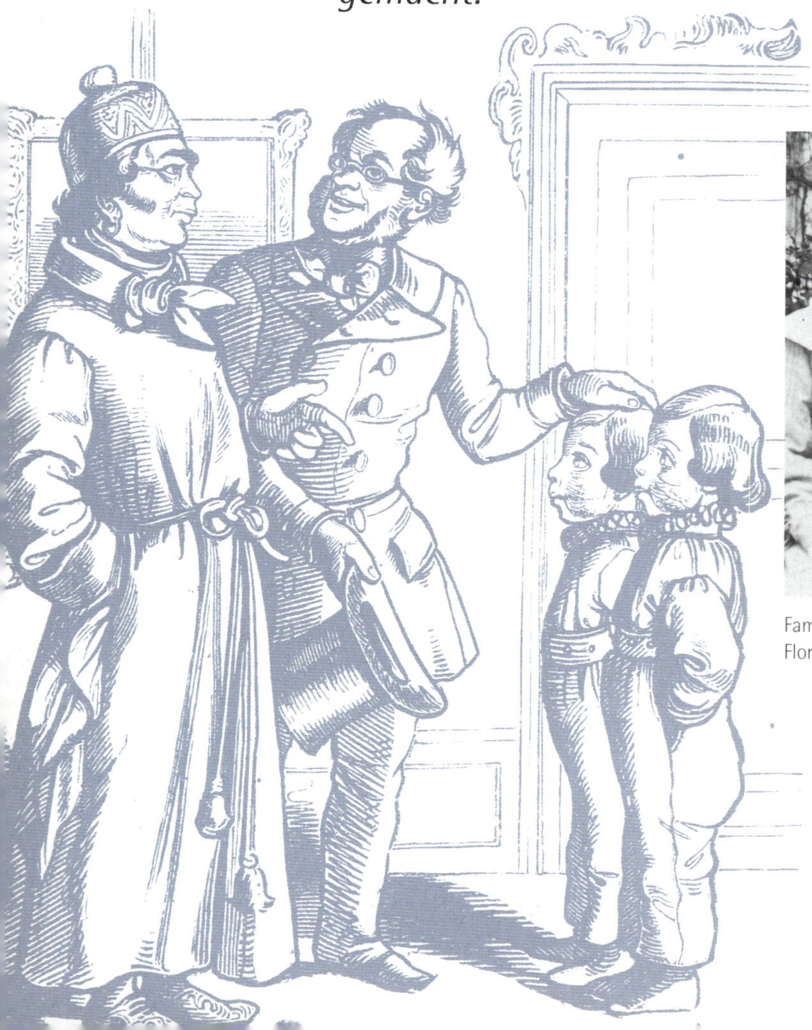

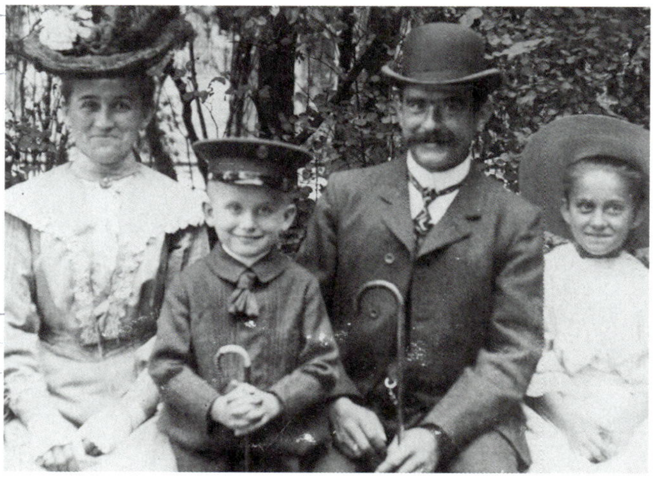

Familienbild mit Hutlandschaft: Wagenradhut, Soldatenmütze, Melone und Florentiner zieren die Häupter dieser Konstanzer Familie, aufgenommen 1909.

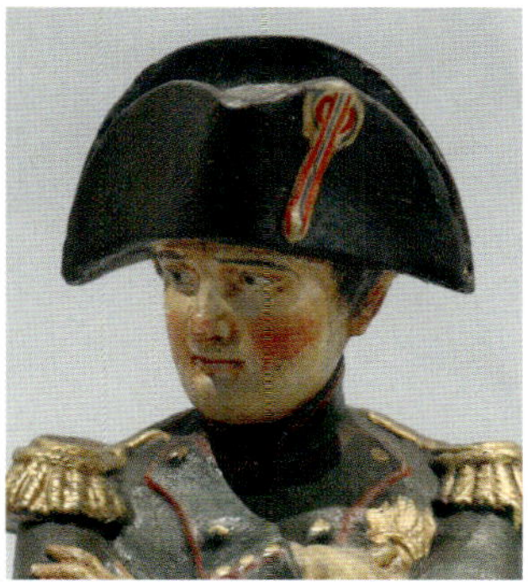

Der berühmteste Hut der Geschichte

Dieser Hut ist das Kennzeichen einer Epoche. Keiner trug solche Hüte nach ihm und auch fast 200 Jahre nach seinem Tod muss man diesen Hut nur sehen, um zu erkennen, wer gemeint ist: Napoleon Bonaparte. Als Kaiser trägt Napoleon I. (1769 - 1821) meist eine Obristenuniform seiner berittenen Leibgarde. Deren Kopfbedeckung, ein Zweispitz, lässt er sich beim Pariser Hoflieferanten Poupard nach eigenen Vorstellungen umgestalten: die vordere Krempe wird verkleinert, die hintere deutlich erhöht. Das Ungetüm von einem Hut wird bei Hofe kurioserweise „le petit chapeau" genannt. Zwischen 1800 und Napoleons endgültigem Scheitern 1815 liefert Poupard unter der offiziellen Produktbezeichnung „chapeau castor français" (französischer Biberfellhut) 120 Exemplare zu je 60 Francs. Napoleons Verbrauch ist groß, nicht zuletzt deshalb, weil er während seiner berüchtigten Wutausbrüche auf seinem Hut herumzutrampeln pflegt. Weltweit haben zwölf Originalhüte Napoleons in öffentlichen und privaten Sammlungen die Zeit überdauert. Ihr extremer Versicherungswert verbietet eine Ausleihe.

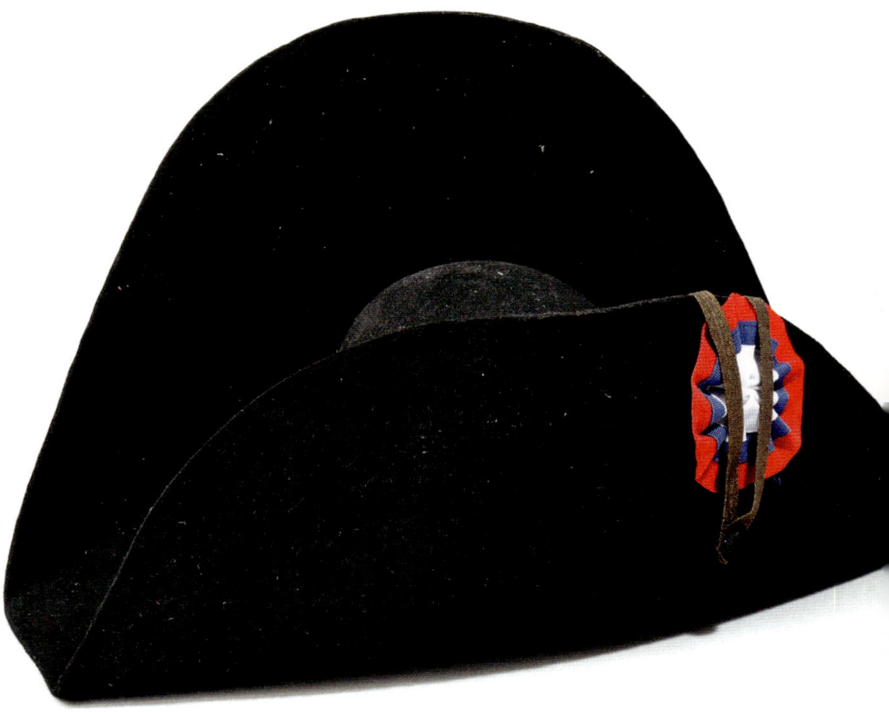

Maßgetreue Reproduktion eines „petit chapeau" von Napoleon I., handgefertigt von Gräfin Diana Bernadotte, Hutatelier, Insel Mainau.

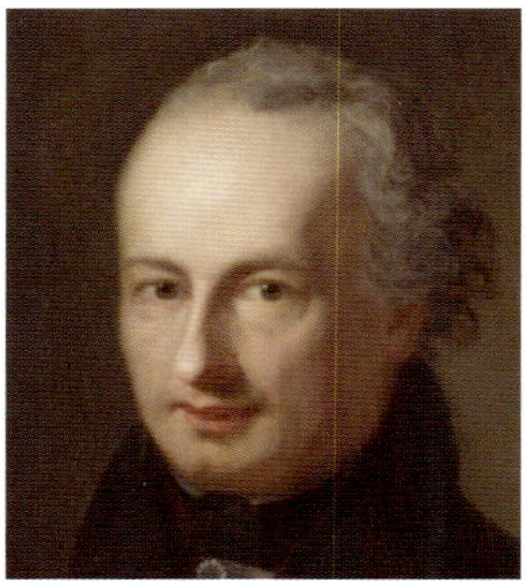

Der Spaziergänger Wessenberg

Nachdem Rom seine Wahl zum Bischof des Bistums Konstanz abgelehnt hatte und 1821 die Auflösung des Bistums verfügt wird, bleibt Ignaz Heinrich Freiherr von Wessenberg (1774 - 1860) noch sechs Jahre als treu sorgender Bistumsverweser im Amt. Danach lebt der 53-jährige Rentner weitere 33 Jahre als hochgeachteter „letzter Konstanzer Bischof", Schriftsteller, Kunstsammler und sozialer Wohltäter in seinem Konstanzer Domherrenhof am Münster. Der Kleriker unternimmt täglich ausgedehnte Spaziergänge. Er trägt im Alltagsleben keine Soutane, sondern einen zivilen schwarzen Gehrock. Zu offiziellen Anlässen – etwa als badischer Abgeordneter – erscheint er mit einem vornehmen Dreispitz, der seine hohe soziale Stellung betont, aber nicht mehr ganz der Mode entspricht. Auf langen sommerlichen Wanderungen durch das Alpengebiet trägt Wessenberg dagegen eine damals höchst modische blaue Sonnenbrille. Im Winter wärmt eine gesteppte Kappe aus Samt das Haupt des begeisterten Spaziergängers und Wanderers. Beide Kopfbedeckungen haben sich in den Sammlungen des Rosgartenmuseums erhalten.

Vor dem achtzigsten Lebensjahr bekam ich öfters am Morgen Schwindel, doch meist schnell vorübergehend, und am Abend Herzwasser, ferner noch im Bett heftige Krämpfe in Waden und Schenkel, auch Dämpfe in der Gegend der Blase. (...) Ueber Tags hörten diese Leiden mehrentheils auf, wenn ich mir Paarmal im Tag Bewegung im Freien machen konnte.“

Ignaz Heinrich von Wessenberg, Autobiographische Aufzeichnungen

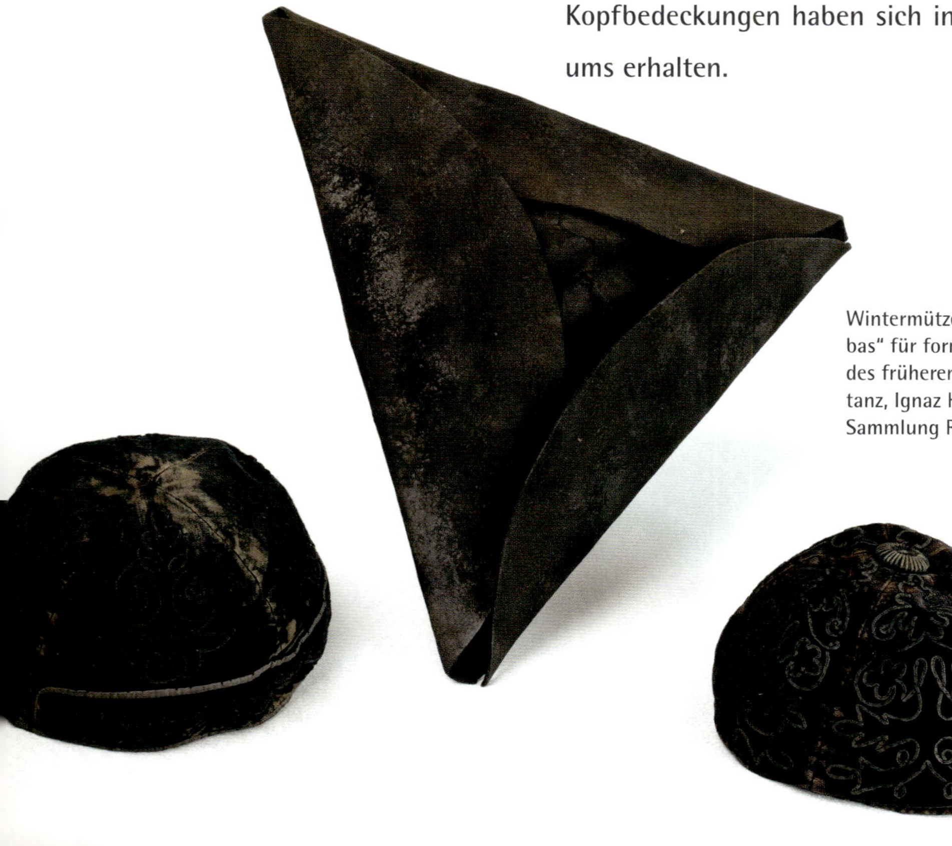

Wintermütze, zusammenklappbarer „Chapeau bas" für formelle Empfänge und Hausmütze des früheren Generalvikars des Bistums Konstanz, Ignaz Heinrich Freiherr von Wessenberg. Sammlung Rosgartenmuseum

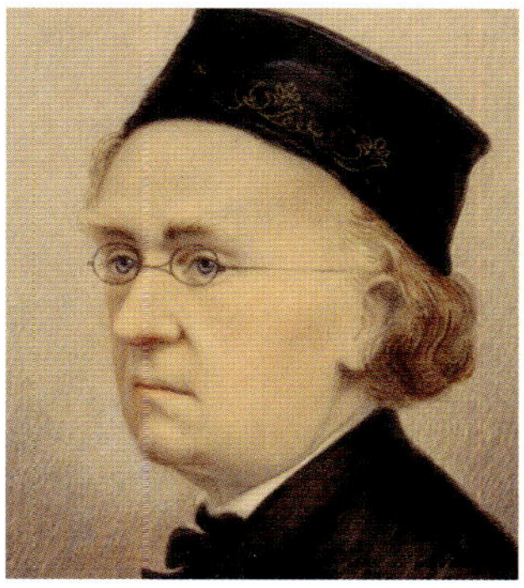

Eduard Mörikes Hausmütze

Der Pfarrberuf war seine Sache nicht. Schwere theologische Zweifel, das Unvermögen, einer Gemeinde vorzustehen und sich öffentlichen Auftritten auszusetzen, veranlassen den Dichter Eduard Mörike (1804 – 1875), sich im Alter von 39 Jahren pensionieren zu lassen. In den folgenden Jahren wechselt die Familie mehrfach den Wohnort. Im Mai 1851 besucht Mörike den Bodensee und erwägt von Emmishofen aus, in Konstanz eine Internatsschule für Mädchen zu gründen. Vor den Zumutungen des Brotberufs zieht sich Mörike immer wieder in seine kleine Wunderwelt zurück: Er sammelt Versteinerungen und tausend alltägliche Gegenstände, die er liebevoll klassifiziert. Der Schöpfer keineswegs nur „biedermeierlicher" literarischer Werke bewahrt sich äußerliche Freiräume und verweigert sich bürgerlichen Rollenbildern. Zu Hause aber, in der behaglichen Stube, trägt Mörike die Hausmütze, das Symbol des Biedermeierbürgers schlechthin.

„Wie manchen Morgen,
frisch und wohlgemut,
Im lichten Sommerkleid,
Feldblumen auf dem Hut,
Trat sie bei uns,
die edle Freundin, ein,
Und wie sie kam,
da war es Sonnenschein!"

Eduard Mörike (1804 – 1875),
An Luise Walter zu
ihrem Hochzeitstage 1838

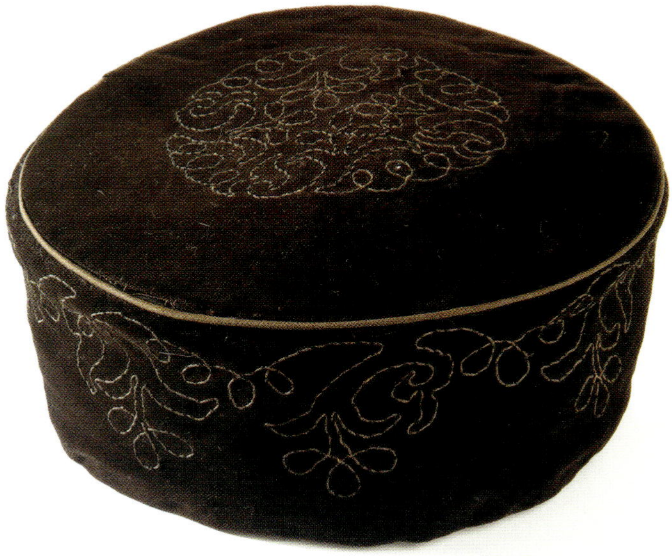

Eduard Mörikes bestickte Hausmütze,
Samt mit Ledereinfassung.
Leihgabe und Bild oben:
Deutsches Literaturarchiv Marbach

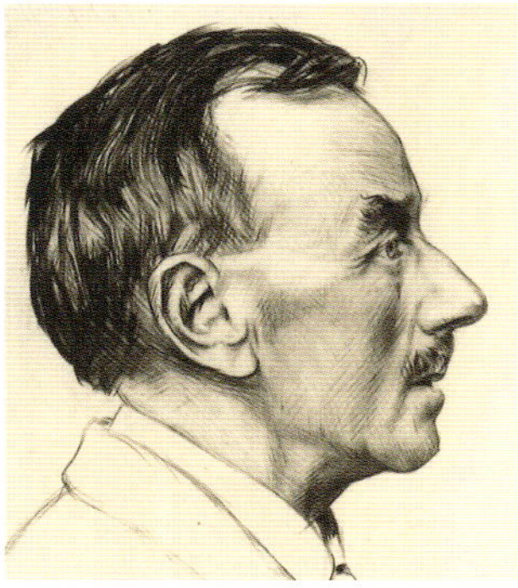

Der Dichter als Student

Er hofft auf Anerkennung für sein lyrisches, erzählerisches und dramatisches Werk. Schon als 20-Jähriger veröffentlicht er den ersten Gedichtband „Stufen", der bei der Kritik gute Resonanz findet. Hermann Hesse, Rainer Maria Rilke, René Schickele und Richard Dehmel schätzen seine literarische Arbeit. Doch der ganz große Durchbruch gelingt dem Dichter Emanuel von Bodman (1874 – 1946) nicht. Seine Versagensängste kommen in seiner oft beschriebenen Begeisterung für die Welt des Zirkus zum Ausdruck. Der 29-Jährige schreibt in sein Tagebuch: „Abends bei den Seiltänzern auf dem Döbele. Wenn ich Seiltänzer sehe, diese mir seit meiner Kindheit vertraute Musik höre, fühle ich eine Befreiung, eine unsäglich süße Befreiung." Bevor der Dichter seine endgültige Heimat im beschaulichen Thurgauer Seedorf Gottlieben findet, studiert und lebt Emanuel von Bodman in Zürich, München und Berlin. Aus der Münchener Studienzeit hat sich seine weiße Mütze einer katholischen Studentenverbindung erhalten.

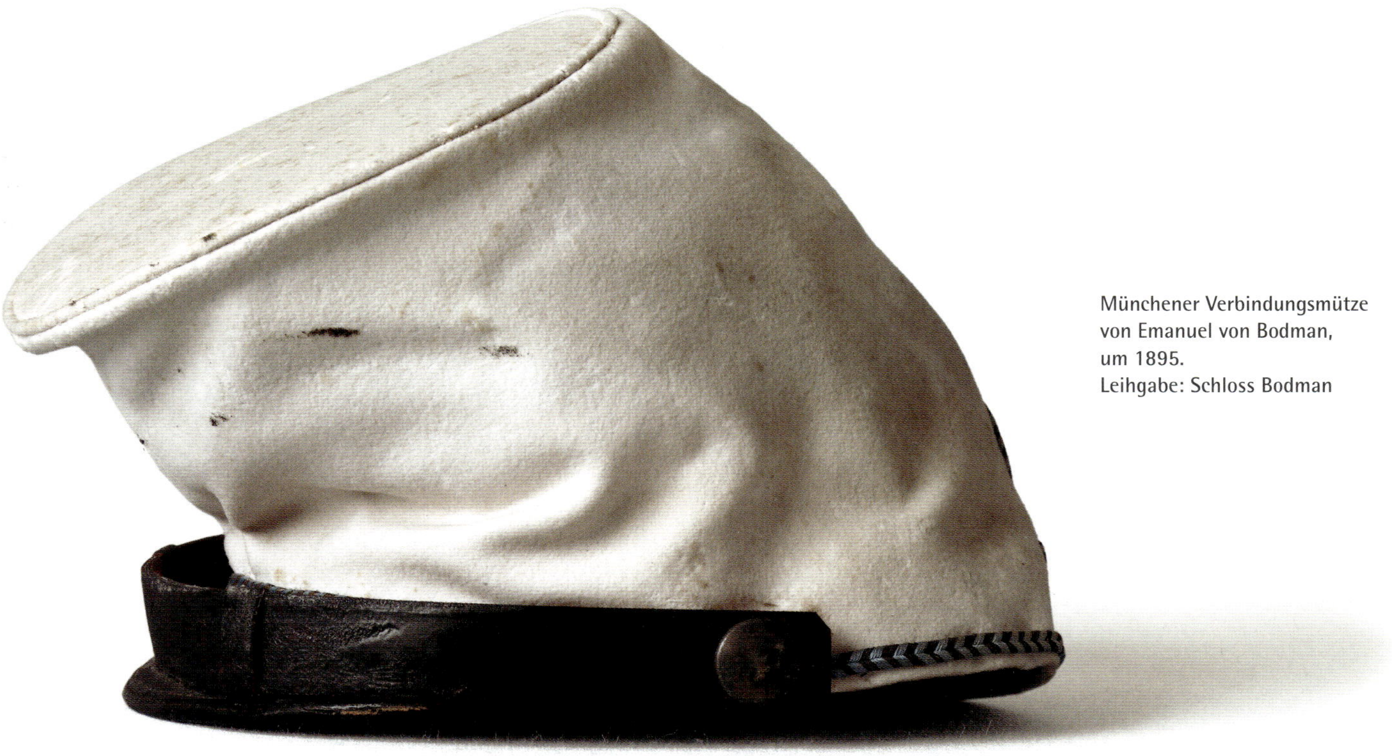

Münchener Verbindungsmütze
von Emanuel von Bodman,
um 1895.
Leihgabe: Schloss Bodman

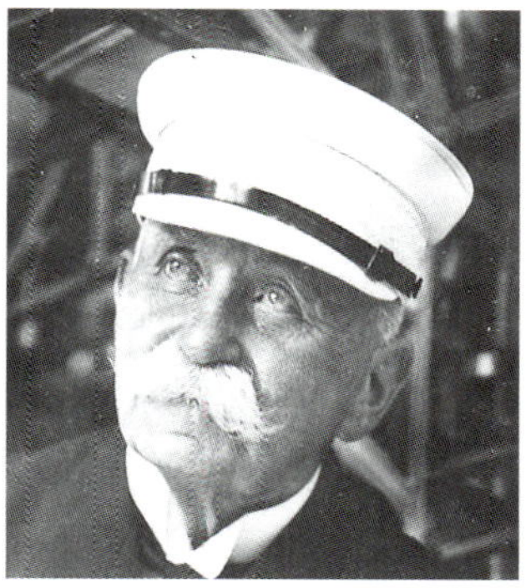

Ferdinand von Zeppelins Ballonmütze

Am 2. Juli 1900 steigt nach jahrelangen Vorarbeiten das erste Starrluftschiff des Grafen Ferdinand von Zeppelin (1838 – 1917) vor Manzell bei Friedrichshafen über dem Bodensee auf. Damit beginnt eine Erfolgsgeschichte, die weit weniger mit dem technischen Fortschritt in der Luftfahrt als mit der Sehnsucht der Deutschen nach nationaler Größe und Weltgeltung zu tun hat. Zeppelin wird mit seinen imposanten, aber anfälligen Fluggeräten zum ersten Medienstar der Deutschen, viel beliebter als der oft grotesk selbstverliebte Kaiser Wilhelm II. Dabei gibt sich der in Konstanz geborene württembergische Graf betont schlicht und volksnah. Niemals trägt er in der Nähe seines Luftschiffs die ihm zustehende Uniform eines württembergischen Generals. Berühmt geworden ist seine zweireihig geknöpfte Wolljoppe und die weiß bezogene Prinz-Heinrich-Mütze. Sie wird auf allen Karikaturen zum Markenzeichen des Luftschiffers. Anfangs jedoch bedeckt Zeppelin sein kahles Haupt während der Fahrten mit einer schlichten Ballonmütze, wie sie auch die Arbeiter seiner Luftschiffwerft tragen. Diese Ur-Mütze des Luftfahrtpioniers wird im Zeppelin-Museum Friedrichshafen aufbewahrt.

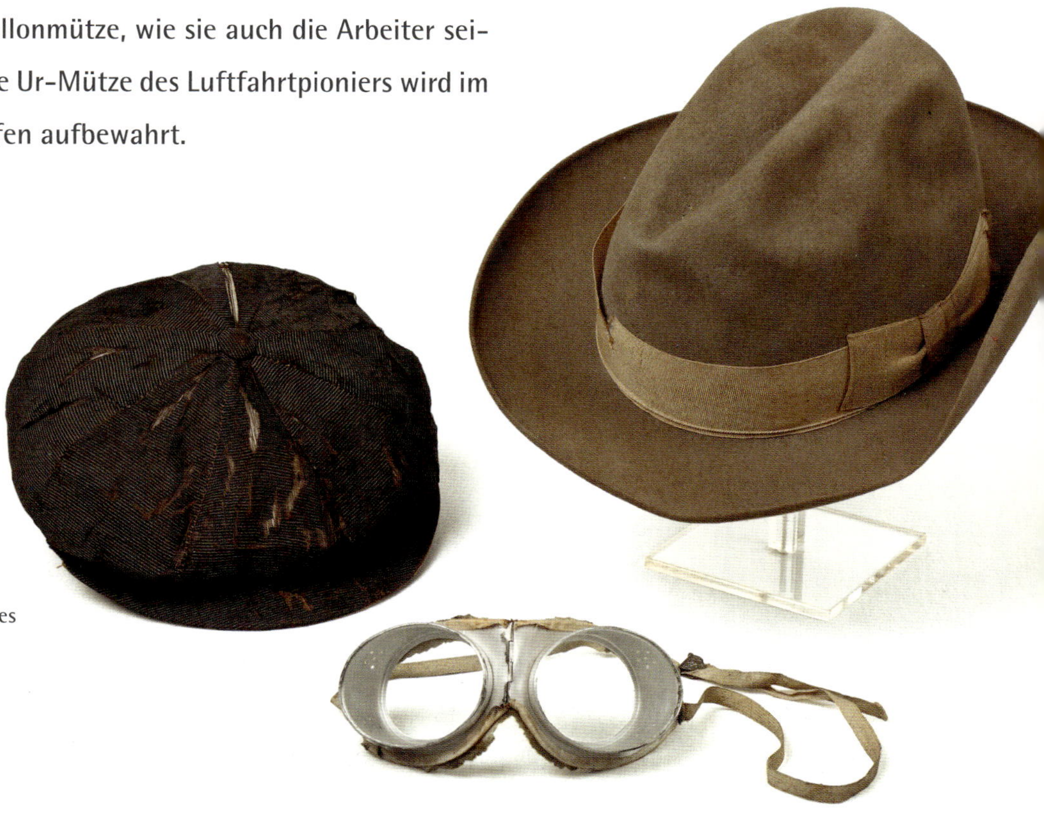

Ballonmütze, Schutzbrille und letzter Hut des Grafen Ferdinand von Zeppelin.
Leihgabe und Foto oben: Zeppelin Museum Friedrichshafen GmbH, Rosgartenmuseum

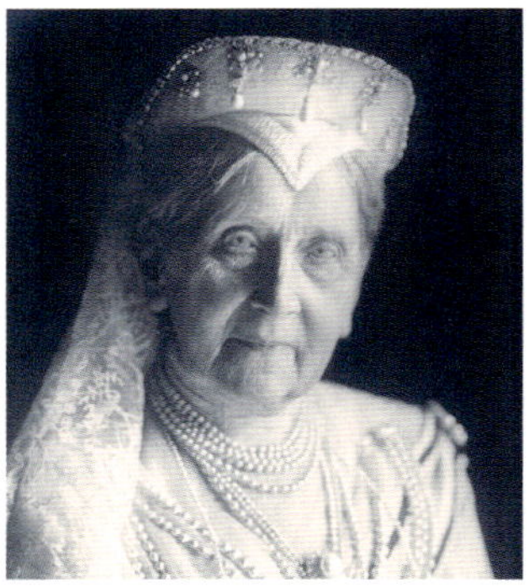

Luise von Baden – Die „Suppen-Luis“

Als preußische Prinzessin, Tochter des späteren deutschen Kaisers Wilhelm I., genießt Luise (1838 - 1923) eine ungewöhnliche Ausbildung: Ihre Mutter, Augusta von Sachsen-Weimar-Eisenach, macht sie früh mit Aufgaben des Sozialwesens vertraut. Nach ihrer Heirat mit dem badischen Großherzog Friedrich I. 1856 widmet sich die junge Großherzogin dem badischen Gesundheits- und Waisenwesen und gründet 1859 den ersten Badischen Frauenverein, eine Vorläuferorganisation der Rotkreuz-Schwesternschaft. Während des Ersten Weltkriegs eilt die inzwischen verwitwete, häufig auf der Mainau residierende Alt-Großherzogin unermüdlich von Lazarett zu Lazarett, spendet Trost und stellt sich sogar an die Essensausgabe. Das bringt ihr den liebevollen Übernamen „Suppen-Luis“ ein. Seit dem jähen Tod ihres jüngsten Sohnes Ludwig, dem Tod ihres Vaters und ihres Bruders Friedrich III. innerhalb weniger Wochen des Schicksalsjahres 1888 trägt Luise von Baden nur noch Trauerkleidung mit dem für sie charakteristischen Spitzenhäubchen. Solche der Schwesterntracht ähnliche Häubchen trug sie schon als Großherzogin in weißer Seidenstickerei lieber als alle Hutmodelle ihrer Zeit. Minuten vor ihrem Tod fragt die 85-Jährige ihren Arzt: „Wissen Sie noch jemanden, dem ich helfen kann?“

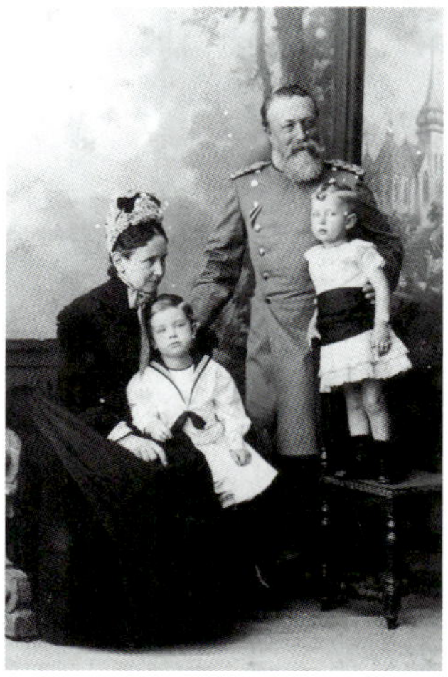

Das Großherzogliche Paar Luise und Friedrich von Baden mit seinen Söhnen Friedrich und Ludwig. Luise trägt eine der für sie charakteristischen Spitzenhauben.

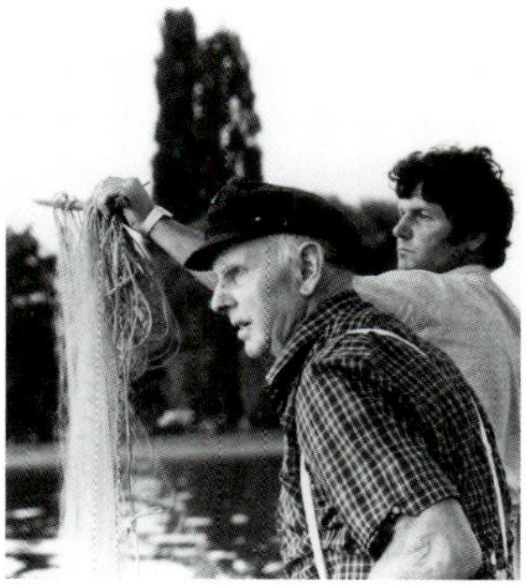

Der älteste Fischer

Nach dem Ersten Weltkrieg gingen am Untersee noch über 200 deutsche und Schweizer Berufsfischer ihrem Handwerk nach, heute sind es rund 40. Einer von ihnen war der 1904 geborene Reichenauer Edmund Müller (1904 - 1998). Noch als über 90-Jähriger fuhr er, der damals älteste Fischer am Bodensee, täglich früh um sechs Uhr mit seinem Sohn Edi zum Fischfang hinaus. Als junger Fischer war er noch mit dem Lastensegler über den See gefahren, um in Radolfzell Saatgut, Holz und Zucker für die Reichenau zu laden. Im Winter wagte er sich mit einem kufenbeschlagenen Eisschiff hinaus, um die eingefrorenen Netze zu bergen. Edmund erlebte Stürme und Hochwasser, Seegfrörnen, wochenlange Regenperioden, große Fischzüge und magere Jahre. Seine wollene Fischermütze hat ihn in all den Jahrzehnten vor Wind und Wetter geschützt. Edmunds Nachfahren halten die Kappe als Erinnerungsstück in Ehren.

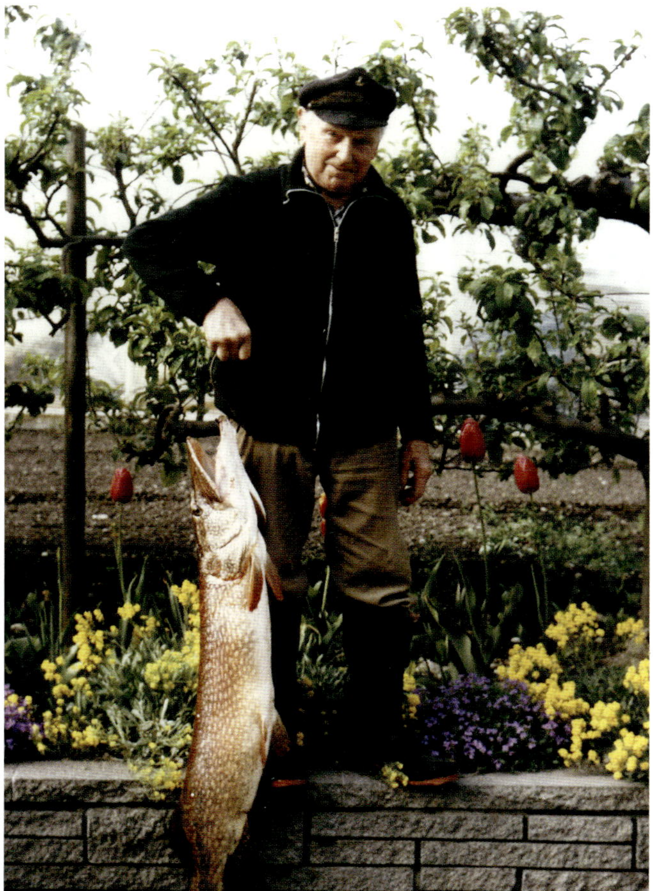

Der hochbetagte Edmund Müller mit seiner stets getragenen Fischermütze präsentiert dem Fotografen einen stattlichen Hecht.

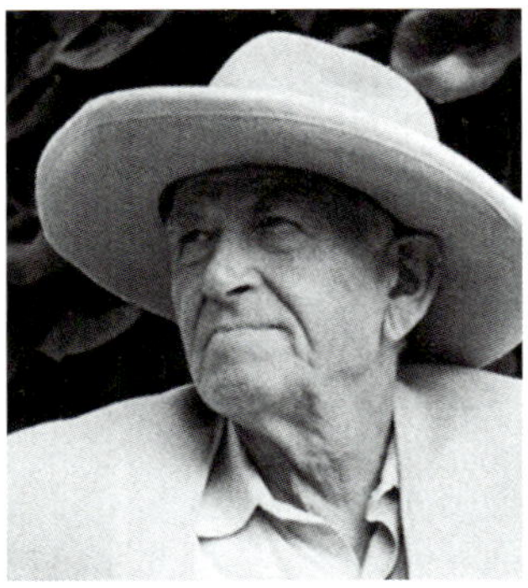

Otto Dix, ein eleganter Spaziergänger

Die legendäre Düsseldorfer Galeristin Johanna Ey, von ihren Künstlern „Mutter Ey" genannt, erinnerte sich an ihre erste Begegnung mit dem jungen Maler Otto Dix (1891 – 1969) in Düsseldorf: „Er kam auch bald mit fliegenden Capes, großem Hut und begrüßte mich mit Handkuss, für mich damals etwas sehr Außergewöhnliches (...) Morgens packte er seinen ‚Karton' aus, es kamen zum Vorschein: Lackschuhe, Parfüms, Haarhaube, alles für die Schönheitspflege. Es war dies alles so neu für mich, weil die anderen Künstler das Gegenteil brauchen als Schönheitspflege." Der Künstler Otto Dix verleugnete nie seine Herkunft aus einer Arbeiterfamilie in Gera; gleichwohl pflegte er schon als junger Mann den stilvoll modischen Auftritt. Noch als alter Mann, so sein Sohn Jan, habe sich der Vater lustvoll „ein maisgelbes Jackett und eine zimtbraune Hose zugelegt".

Nach dem politisch motivierten Rückzug 1933 in den Hegau und auf die stille Höri verlässt er das Haus stets sorgfältig gekleidet zu seinen täglichen Spaziergängen. Steht er vor der Landschaft zunächst „wie eine Kuh", bindet er sie später in sein künstlerisches Schaffen ein. Im Freien entstehen Skizzen. Zum Schutz vor greller Sonnenstrahlung setzt er nun breitrandige graue Hüte aus feinstem Haarfilz auf, die ein Bekannter aus den USA schickt. Auf sommerlichen Wanderungen über die Höri schöpft der Vater für seine Kinder mit einem alten Wanderhut Wasser aus kleinen Bächen.

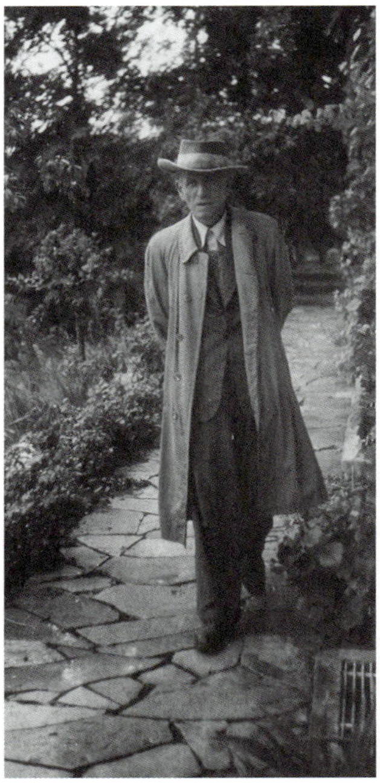

Der Spaziergänger Otto Dix vor seinem Haus in Hemmenhofen auf der Höri
Foto: Haus der Geschichte Baden-Württemberg

In seinen letzten Lebensjahren entdeckte Otto Dix die im Westdeutschland der Studentenproteste nun geschätzte französische Baskenmütze. Sohn Jan erinnert sich: „Das war eine richtig große Baskenmütze, die er so über dem Ohr trug, nicht so ein kleenes Zimthütchen."

„Die Mode heut' erhitzt mein Blut.
Man hat schon früher mal jetragen
ein' steifen Kragen und schlappen Hut -
doch bis ick dachte: „Schön, is jut,
trägst steifen Krag'n und schlappen Hut",
da trug'n die andern, mir zur Wut
ein' steifen Hut und schlappen Kragen!

Otto Reutter (1870 – 1931), Komiker und Sänger

Zwei Hüte von Otto Dix, Marke Harvey, The Hatter, New York, um 1950.
Leihgabe: Jan und Andrea Dix

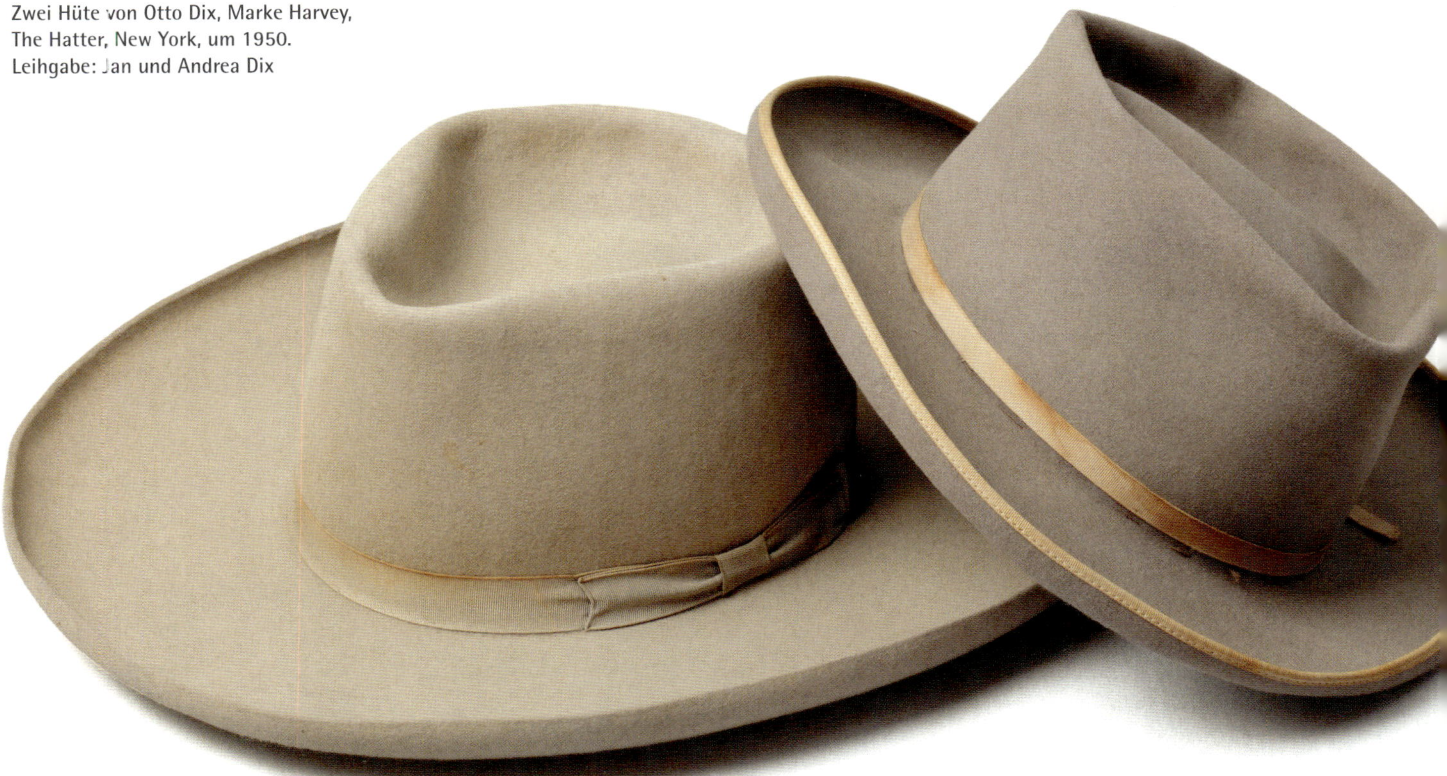

Respektspersonen & Revoluzzer

Soziale Rangabzeichen auf dem Kopf

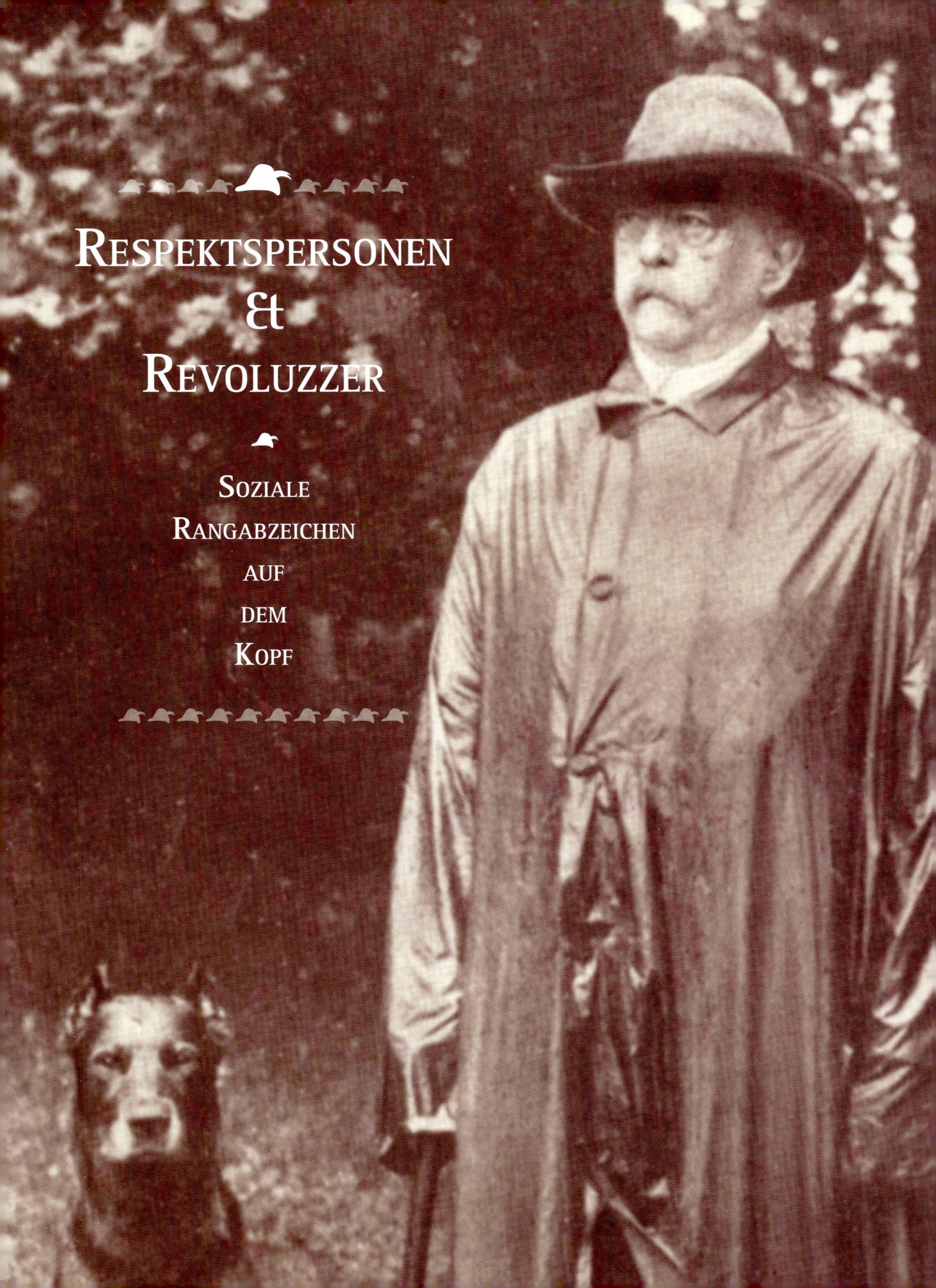

IM Juli 1789 begeistert sich der Journalist, Dichter, Organist und Komponist Christian Friedrich Daniel Schubart in der von ihm herausgegebenen Zeitschrift „Vaterlandschronik" über die neue französische Nationalversammlung, der erstmals Vertreter des Dritten Standes angehören. Er begrüßt den Geist der Freiheit und empfiehlt seinen Landsleuten: „Hierher ihr Windköpfe, die ihr mit den Docken (Puppen) Frankreichs spielt, von deutscher Freiheit sprecht und euch bückt, wenn der Jagdhund eures Gebieters vorübergeht, oder wie jener sklavische sogenannte freie Reichsbürger vor der Perückenschachtel des Bürgermeisters den Hut zieht; hierher, und lernet von den Franzosen, was Gefühl von Menschenwürde, was Freiheitsgeist sei."

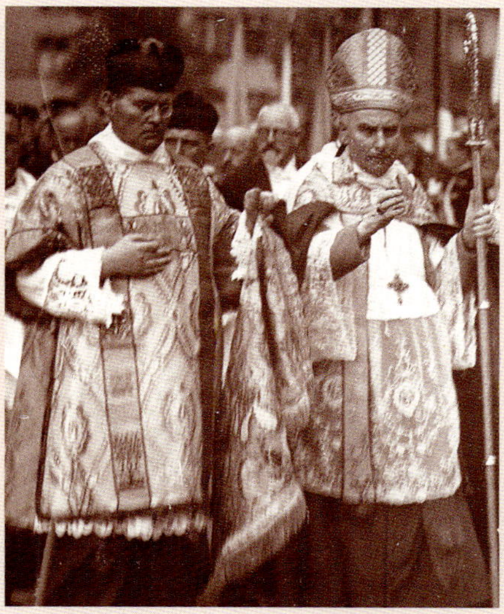

Der Freiburger Erzbischof Conrad Gröber (re.) mit einer festlichen Mitra ornata während einer Fronleichnamsprozession in Konstanz, nach 1932

Schubart weiß, wovon er schreibt: Über zehn Jahre lang hatte ihn der württembergische Herzog Carl Eugen wegen seiner politisch unliebsamen Kritik an Fürstenwillkür und Freiheitsverweigerung ohne Gerichtsverhandlung und Urteil auf der Festung Hohenasperg eingekerkert. Das Bild von der Demutsgeste gegenüber der Kopfbedeckung eines Herrschenden taucht einige Jahre später in literarischer Verarbeitung auf: In Friedrich Schillers 1804 vollendetem Drama „Wilhelm Tell" verweigert der freiheitsliebende Eidgenosse Tell dem auf einer Stange prangenden Hut des habsburgischen Landvogts Gessler den Gruß.

Kopfbedeckungen, das illustriert das Beispiel, sind mehr als Schutz vor Kälte und modische Zierde. Der Kopf ist der wichtigste Teil des menschlichen Körpers. Was ihn bedeckt, zeugt vom Rang und Selbstverständnis des Trägers. Auch ohne seine körperliche Anwesenheit künden sie von seiner Herrschafts- oder Amtsgewalt. Sie senden Botschaften und werden zum Symbol für Machtverhältnisse. Nicht selten verbreiten sie Angst und Schrecken. Hüte und Mützen können aber auch Symbole der Freiheit und der Veränderung der herrschenden Verhältnisse werden, Protest artikulieren und Zeichen der Hoffnung setzen.

Sind die Krone des Herrschers, die Mitra des Bischofs oder die Tiara des Papstes in ihrer starren Schönheit und zeremonialen Würde Ausdruck scheinbar ewig festgefügter Ordnungen, verkörpert die „bonnet rouge", die rote Mütze mit der Kokarde in den Farben der Trikolore wie kein anderes Symbol der Französischen Revolution den Bruch mit Feudalgesellschaft und Fürstenwillkür. Dabei ist auch dieses Symbol eine antikisierende Anleihe, die dem Interesse der Zeit am Klassischen entspringt: Die „phrygische Mütze" stammt aus Kleinasien, wo sie von Galeerensklaven getragen wurde. Die Römer verliehen sie freigelassenen Sklaven als Zeichen ihrer Freiheit. Die rote Wollkappe mit der nach vorne umgelegten stumpfen Spitze wird ein politischer Exportschlager: Überall in Deutschland taucht sie um 1790 als Bekrönung von Freiheitsbäumen auf, Männer heften die dreifarbige Kokarde an den Zylinder, Frauen tragen zu „Freiheitsfesten" Trikoloren-Schärpe und rote Mütze und tanzen zur Marseillaise. Nach der Hinrichtung Ludwigs XVI. verschwindet die Jakobinermode mit einem Schlag, denn Angst vor dem Terror der Revolution erfasst nun die europäischen Nachbarn.

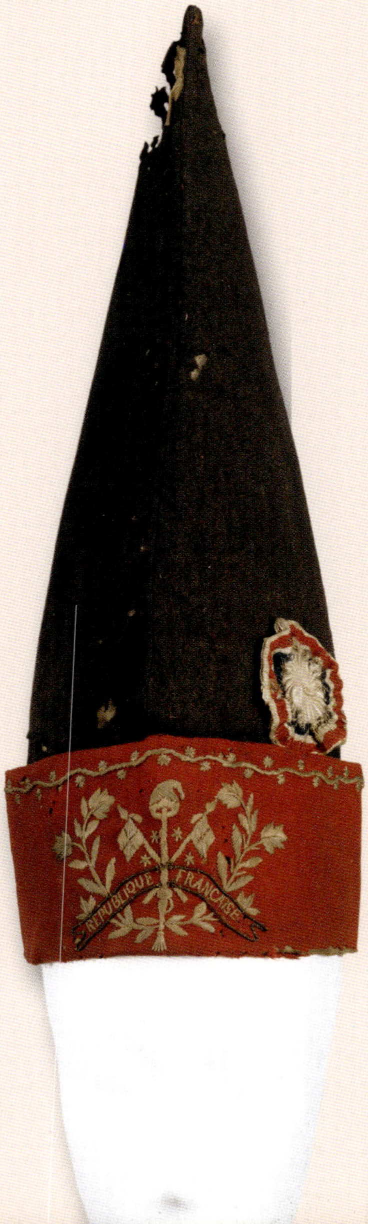

Jakobinermütze von 1790. Die Wollkappe wird in der Französischen Revolution zum Symbol der neuen bürgerlichen Freiheit. Leihgabe und Bild: Badisches Landesmuseum Karlsruhe

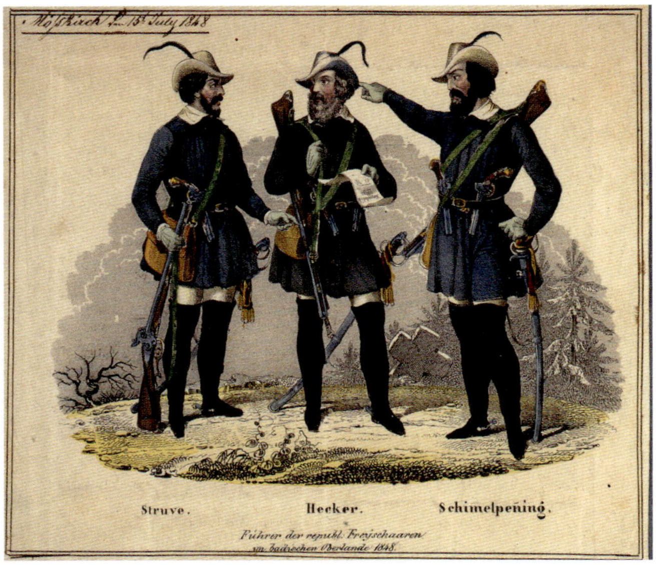

Revolutionäre von 1848: Gustav Struve, Friedrich Hecker und Alexander Schimmelpfennig, mit blauem Leinenkittel und Kalabreser- oder Karbonarihut, dem späteren „Heckerhut"

„Und dieses ist des Landvogts Will' und Meinung:
Dem Hut soll gleiche Ehre wie ihm selbst geschehn,
Man soll ihn mit gebognem Knie und mit
Entblößtem Haupt verehren."

Friedrich von Schiller (1759 – 1805): Wilhelm Tell

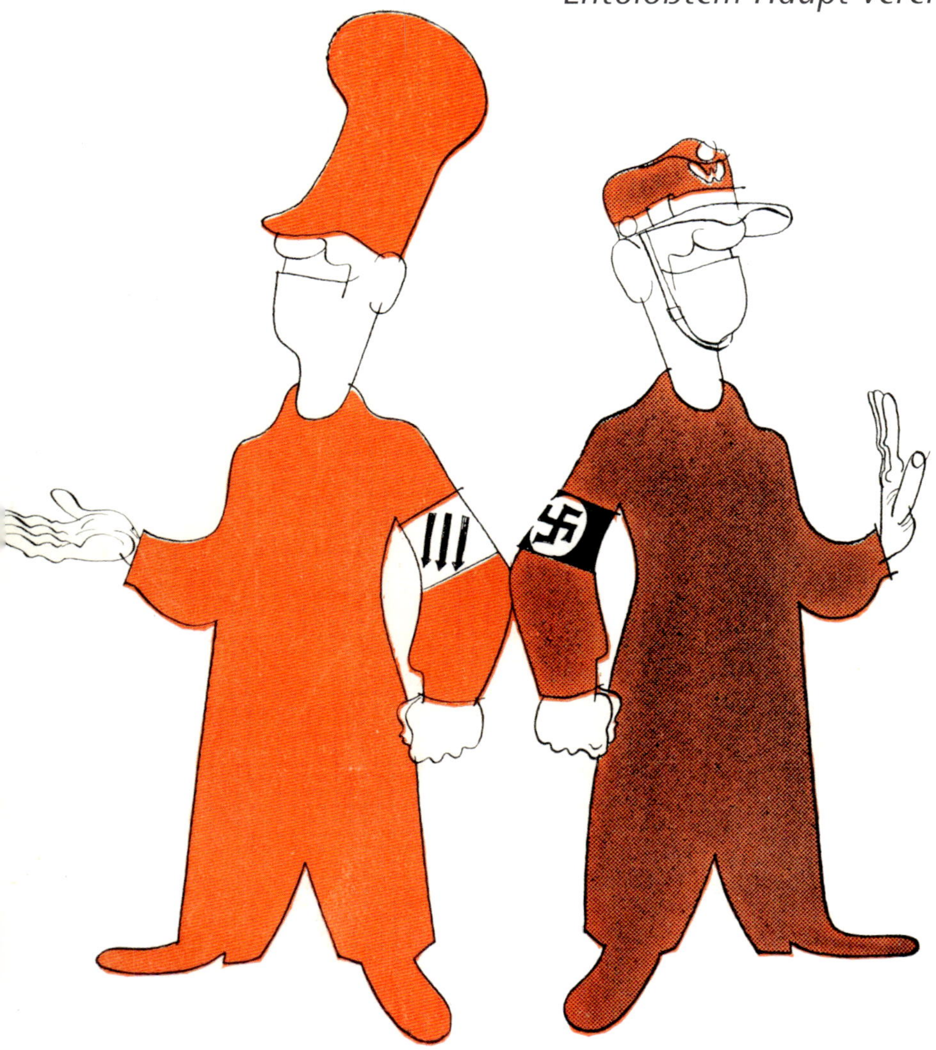

An ihren Hüten sind sie zu erkennen: Links der Rotfrontkämpfer mit stilisierter Ballonmütze des Arbeiters, rechts der SA-Mann mit Sturmmütze. Karikatur aus: „Nebelspalter" 1933

Aus dem verhassten Hut des habsburgischen Landvogts Gessler ist zu Beginn der Epoche der blecherne Freiheitshut geworden, mit dem aufgeklärte Eidgenossen die Freiheitsbäume schmücken. Die Aufstände der kalabrischen Freiheitskämpfer und der Karbonari-Geheimbünde bescheren Europa ab 1820 einen neuen symbolkräftigen Huttyp: Der breitkrempige und weiche „Kalabreser" oder „Karbonarihut" wird in Süddeutschland als „Demokratenhut" oder „Heckerhut" bekannt und nach der Revolution 1848 sogar verboten.

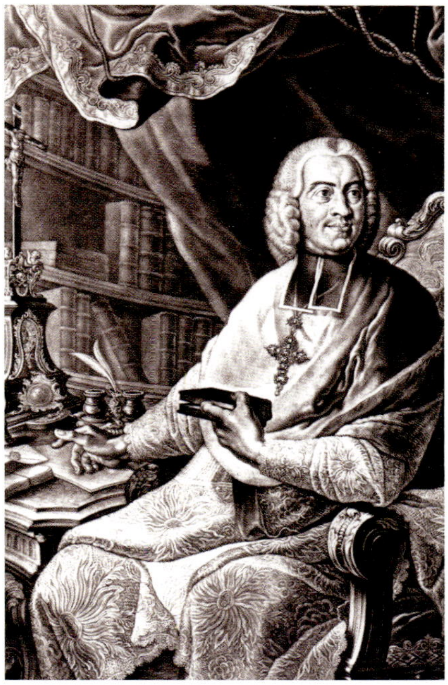

Der Konstanzer Fürstbischof Franz Konrad von Rodt auf dem offiziellen Portrait, mit herrschaftlicher Perücke und Priesterornat.

Bürger, die während der Aufstände noch mutig den „Heckerhut" trugen, wechseln nach dem Sieg der Reaktion rasch auf den Zylinder. Die verfolgten Demokraten bezeichnen den Zylinder deshalb nun als „Angst-röhre" des feigen Biedermanns. Der Zylinder wird zum Symbol der politischen mundtoten Biedermeierzeit. In der Romantik befreien sich junge Dichter von den Konventionen der Kleiderordnung. Sie tragen offene „Schillerkragen", Samtbarette einer schon nationalistisch grundierten „Deutschen Tracht" oder geschwungene Künstlerhüte. Die Lebensreformbewegung am Ende des 19. Jahrhunderts greift diese Elemente wieder auf: Bündische Jugend und Wandervogelbewegung lehnen steife Bürgerhüte, blumengarnierte Wagenräder der Damen, Pomade und Brennschere ab. Bis zum Ende der Monarchie in Deutschland und Österreich beherrschen vor allem Uniform und eine sozial streng strukturierte zivile Kleiderordnung die bürgerliche und adelige Welt. Der italienische Faschismus, der Nationalsozialismus und der Kommunismus sowjetischer Prägung begründen seit Anfang der 1920er Jahre eine neue Vorherrschaft militärischer Kopfbedeckungen.

Nach 1945 haben Amtstrachten, Uniformen und herrschaftliche Kopfbedeckungen ausgespielt: „Unter den Talaren der Muff von 1000 Jahren" skandiert spätestens die 68er Generation und fegt auch die letzten verhassten Abzeichen der bürgerlichen Welt weg: Steife Staatshüte, Professorenbarette und Doktorhüte erscheinen nur noch als Symbole einer verlogenen Bürgerlichkeit, als Kostümierung einer vorgeblichen Gesellschaftselite, die den eigenen Anteil am Nationalsozialismus eisern beschweigt und sich weigert, Verantwortung für die eigenen Taten zu übernehmen. Schriftsteller wie Heinrich Böll, Günter Grass oder der evangelische Theologe Heinrich Albertz tragen die Abzeichen des Aufbruchs: Baskenmütze oder Lederkappe. Radikalere Geister legen sich eine Mao-Mütze oder die olivfarbene Militärkappe von Fidel Castro und Che Guevara zu. Mit der Generation der so genannten Hippies Anfang der 1970er Jahre ersetzt füllige Haarpracht schließlich jede Kopfbedeckung. Es vergeht ein starkes Jahrzehnt, bevor Anfang der 1980er Jahre afrikanisch-bunte Ethnokappen aus dem Dritte-Welt-Laden, Ballon-mützen und die ersten Baseballcaps Verbreitung in Teilen der politisierten Jugendkultur finden.

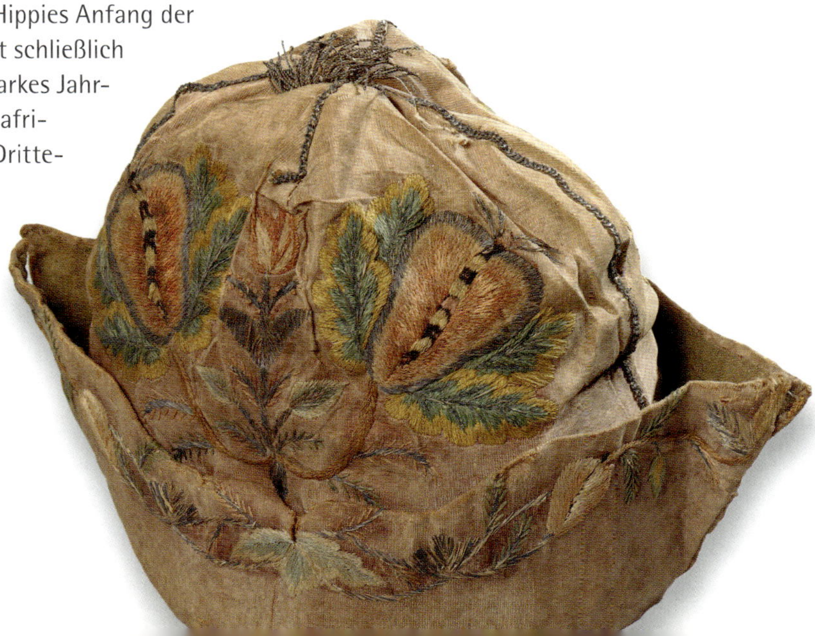

Hut eines Dogen von Venedig, Anfang 19. Jh. Vermutlich aus der Sammlung des Generalvikars von Wessenberg stammend. Sammlung Rosgartenmuseum

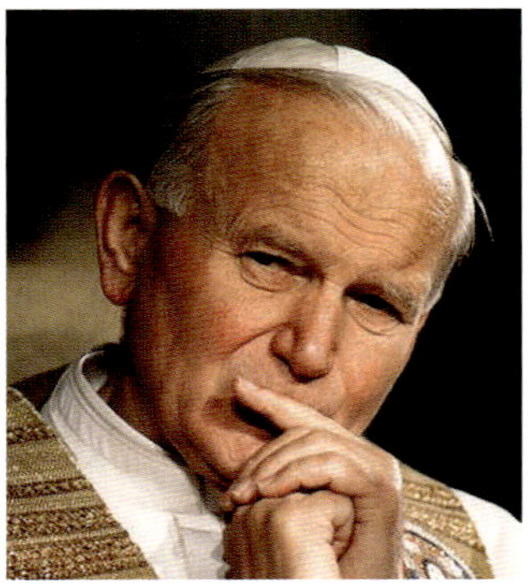

Päpstliches Weiss

Ursprünglich wurde das Scheitelkäppchen von Päpsten, Kardinälen und Bischöfen unter der Mitra getragen. Als hauptbedeckende Kappe diente es dem Schutz gegen die Kälte in den ungeheizten Kirchen. Im 17. Jahrhundert schrumpfte die Größe dieser nicht liturgischen Kopfbedeckung zum heutigen „Pileolus", dem Käppchen. Seit 1464 tragen Kardinäle den scharlachroten, seit 1867 Bischöfe den violetten Pileolus, der auch „Zucchetto" oder „Soli Deo" (nur vor Gott abzunehmen) genannt wird. Äbte tragen das Käppchen in der Farbe ihres Habits. Die Farbe Weiß ist dem Papst vorbehalten. Seine Kleidung ist aus Moiréseide, leichter Wolle („fresco di lana") oder schwerer weißer Winterwolle. Seit 1798 arbeitet die römische Schneiderei Gammarelli an der Piazza della Minerva nahe dem Pantheon als bevorzugte „Sartoria per Ecclesiastici" für die Kurie. Bis auf Pius XII., der einen eigenen Schneider hatte, ließen seither alle Päpste ihre Gewänder bei Gammarelli anfertigen. Auch das hier gezeigte weiße Scheitelkäppchen von Papst Johannes Paul II. (1920 – 2005) stammt vom päpstlichen Hofschneider. In einem seiner seltenen Zeitungsinterviews verrät Filippo Gammarelli 2005, nach dem Tod des Papstes, nur so viel: „Papst Johannes Paul II. bevorzugte leichte Stoffqualitäten." Das hier gezeigte Exemplar ist aus leichter Moiréseide gefertigt und mit Ziegenleder gefüttert.

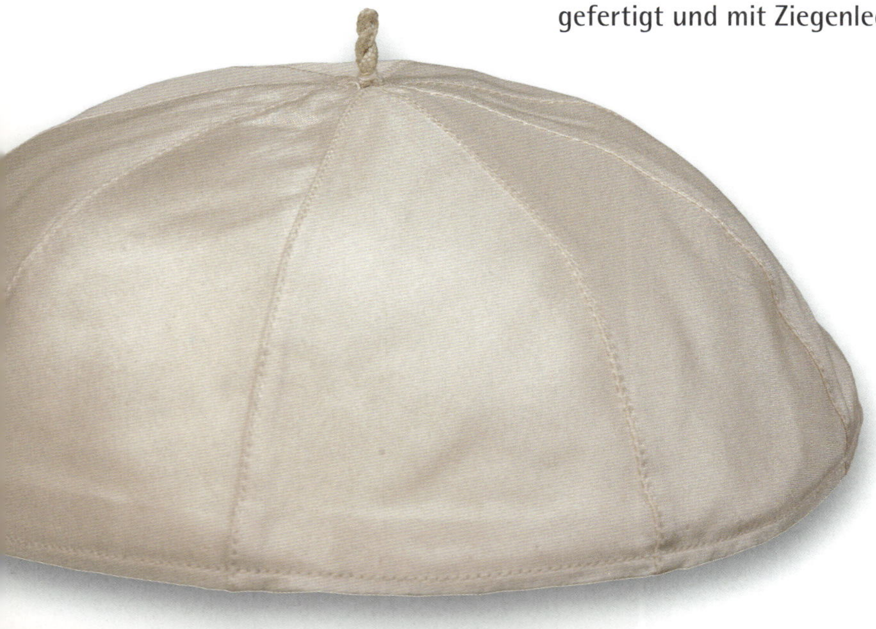

Pileolus von Papst Johannes Paul II.,
Leihgabe aus Privatsammlung

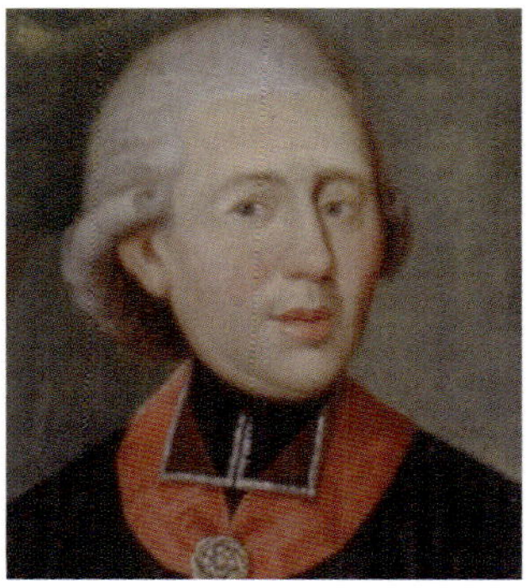

Der letzte Bischof

Im Konstanzer Münsterschatz hat sich eine bestickte Mitra des letzten Bischofs des Bistums Konstanz, Karl Theodor von Dalberg (1744 – 1817), erhalten. Der in Mannheim geborene Reichsfreiherr hat schon eine längere Kirchenkarriere in Mainz und Würzburg hinter sich, als er 1800 zum regierenden Bischof von Konstanz gewählt wird. 1802 wird er zudem Kurfürst-Bischof von Mainz und Bischof von Worms. Im Zuge der Säkularisation von Kirchengut versucht Dalberg eine von Rom unabhängigere deutsche Nationalkirche unter der Leitung eines Fürst-Primas zu schaffen. Als Napoleon I. mehrere Staaten zwangsweise im Rheinbund vereint, lässt sich Dalberg an die Spitze dieses Staatenbunds berufen. Mit Napoleons Sturz verliert er seinen politischen Einfluss.

Der letzte Konstanzer Bischof hält sich nur selten in der Bischofstadt auf. Die Regierungs- und Verwaltungsgeschäfte liegen ganz in der Hand seines Generalvikars Ignaz Heinrich von Wessenberg. Doch wenn Dalberg Konstanz besucht, feiert der als gütig und warmherzig beschriebene Kirchenfürst selbst die Messen, nimmt die Beichte ab und empfängt Hilfesuchende. Zu diesen Gelegenheiten trägt er die hier gezeigte festliche Mitra.

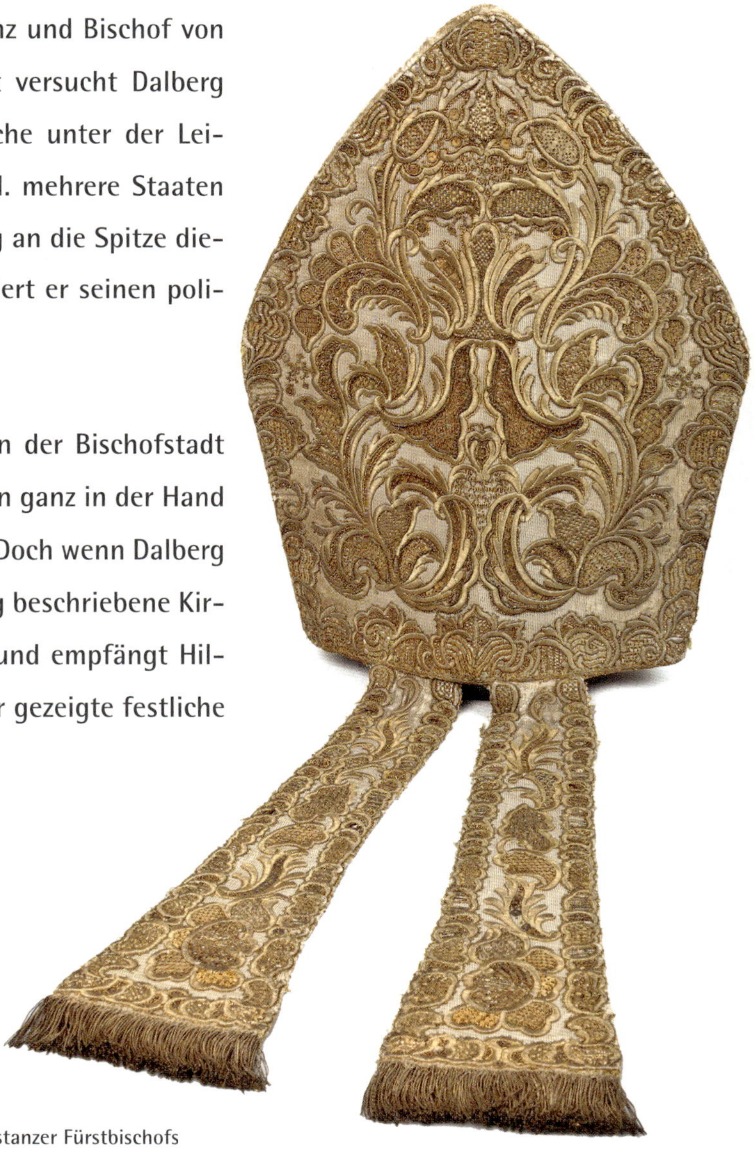

Mitra des letzten Konstanzer Fürstbischofs Karl Theodor von Dalberg, um 1800.
Leihgabe: Schatzkammer des Münsters ULF Konstanz

Behütet in der Kirche

In der kirchlichen Investitur verleiht der Papst dem zum Bischof Erhobenen die Mitra als Zeichen seines Amts und Ausdruck der Verbindung zum Heiligen Stuhl. Nur zu den Hauptgebeten, wenn also Gott und Christus direkt angesprochen werden, nehmen höhere Geistliche die Kopfbedeckung ab. Der einfache Christ entblößt sein Haupt beim Betreten der Kirche, Frauen hingegen müssen in dieser patriarchalischen Ordnung ihr Haar, dessen erotisierende Wirkung Männer beunruhigen könnte, bedeckt halten. Juden und Muslime hingegen bedecken ihr Haupt vor Gott, tragen also in der Synagoge bzw. in der Moschee stets eine Kopfbedeckung. Bei den Juden ist das die dem Pileolus ähnliche Kippa, ein kleines einfarbiges oder buntes Scheitelkäppchen.

Kardinalshut von Erzbischof John Cody (1907 – 1983), seit 1964 Erzbischof von New Orleans und Chicago

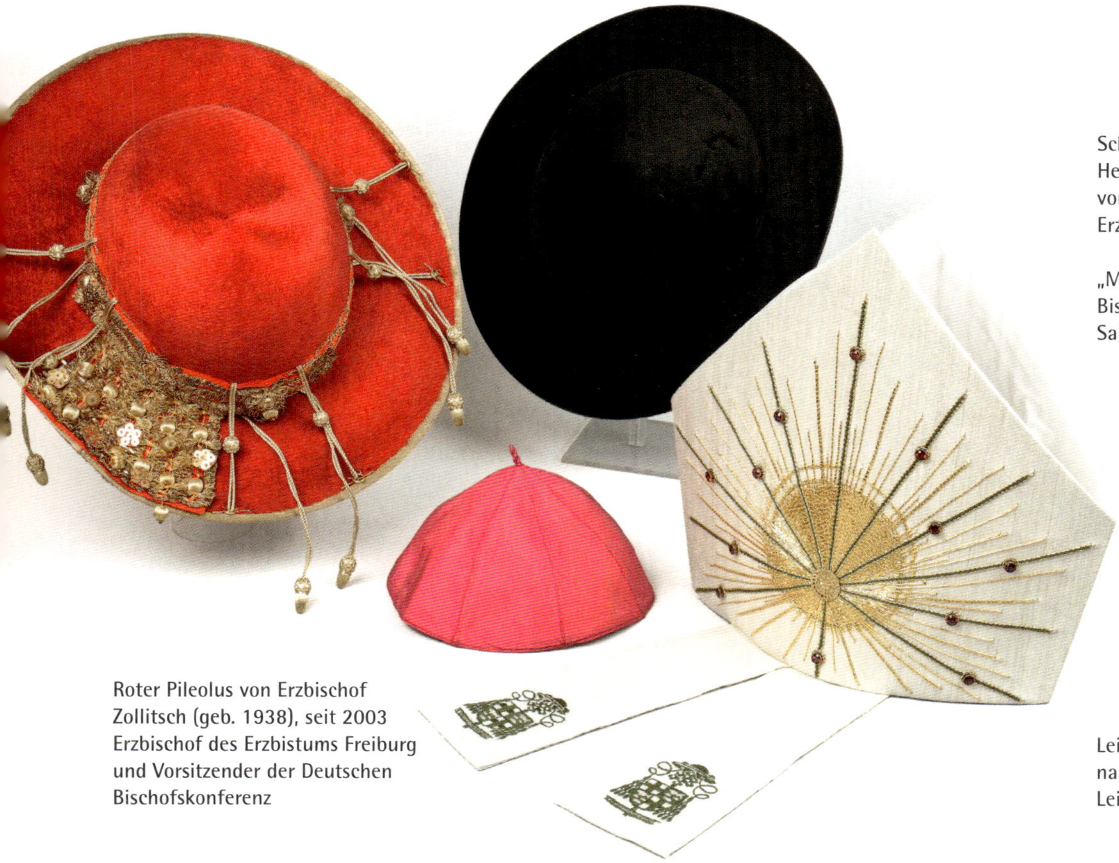

Schwarzer Bischofshut von Erzbischof Hermann Schäufele (1906 – 1977), von 1958 bis zu seinem Tod 1977 Erzbischof des Erzbistums Freiburg

„Mitra ornata“, geschmückte Bischofsmitra von Erzbischof Oskar Saier (1932 – 2002)

Roter Pileolus von Erzbischof Zollitsch (geb. 1938), seit 2003 Erzbischof des Erzbistums Freiburg und Vorsitzender der Deutschen Bischofskonferenz

Leihgaben des Erzbischöflichen Ordinariats Freiburg. Kardinalshut Cody: Leihgabe aus Privatsammlung

Hierarchie der Kleidung

Die römisch-katholische Kirche ist eine hierarchisch gegliederte Institution. Sie versteht sich als das historische Abbild der himmlischen Ordnung, wie sie in Zeiten feudaler irdischer Verhältnisse gedacht wurde: Gott sitzt als gütiger Herrscher auf dem Thron, die nach Rängen geordneten himmlischen Heerscharen dienen ihm. Dieses monarchische Weltbild hat sich in der Struktur der Papstkirche erhalten. Papst, Kardinäle und Bischöfe stehen an der Spitze der Hierarchie. Ornat, Ritus und Gestus unterstreichen in jedem Detail den Herrschaftsanspruch dieser Hierarchie. Die seit Paul VI. nicht mehr getragene, „Tiara" genannte, Papstkrone verkörpert mit ihren drei Kronreifen die Leitung der Kirche, die Rechtsprechungshoheit und das Lehramt des Papstes. Aber sie symbolisiert auch den Vorrang des Pontifex vor den weltlichen Fürsten: „Empfange die dreifache Krone und vergiss nie, das Du Vater der Fürsten und Könige bist, das Haupt der Welt und Statthalter Jesu Christi", lautet seit 1560 die Krönungsformel.

„Wenn man in diesen Raum, der nur ein gedämpftes Licht hat, eintritt, bemerkt man vor allem andern zwei priesterliche Hüte, einen Kardinals- und einen Erzbischofs-Hut, die mit Kordeln und Quasten geschmückt, hoch oben an der Gewölbedecke der Kapelle hängen. Der eine ist der Hut des Kardinals von Cambacérès, der andere der Hut des Erzbischofs Blanquart von Rouen; - sie warten hier oben auf Ablösung. Diese erfolgt, wenn wieder ein Erzbischof der Diozöse stirbt; dann wird, wie bei einem Flaggenwechsel, der älteste Hut niedergelassen und der neue aufgehißt, so dass immer zwei oben sind."

Theodor Fontane (1819 - 1898), „Aus den Tagen der Okkupation" 1871

Auch die von Äbten, Bischöfen, Kardinälen und vom Papst getragene Mitra ist ursprünglich ein Herrschaftskennzeichen persischer Fürsten und taucht als Kopfbedeckung von Würdenträgern des Römischen Reichs auf. Seit den Liturgiereformen des 2. Vatikanischen Konzils sind einige monarchische Herrschaftsabzeichen aus dem Kleiderschrank des Klerus verschwunden. So wird die früher häufig edelsteinbesetzte Mitra heute nur noch als einfache weiße „Mitra simplex" oder als stickereiverzierte „Mitra ornata" getragen. Der an den Fürstenhut des alten Reichs erinnernde rote Kardinalshut fiel den Reformen des Konzils zum Opfer.

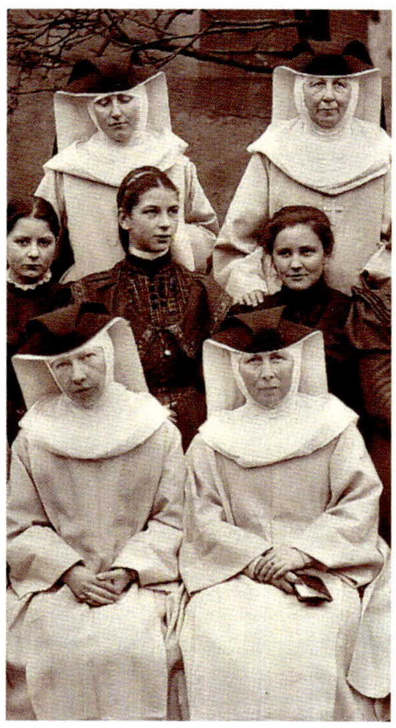

Dominikanerinnen des Klosters Zoffingen Konstanz mit Schülerinnen der Klosterschule. Um 1900

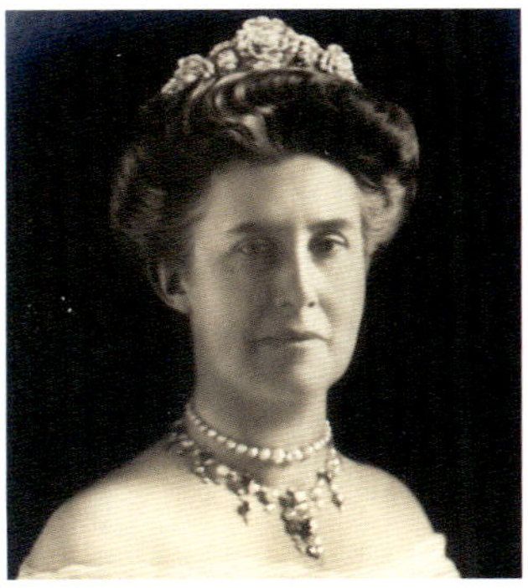

Das Diadem der letzten Grossherzogin

Sie trat ein schweres Erbe an: Nach dem Tod ihres im Land überaus beliebten Schwiegervaters Großherzog Friedrich I. von Baden übernimmt 1907 ihr Ehemann, Erbgroßherzog Friedrich, als bereits 50-Jähriger die Regierung. Großherzogin Hilda (1864 – 1952), eine geborene Prinzessin von Nassau, versucht gegen die Popularität ihrer Schwiegermutter, Großherzogin Luise von Baden, anzukommen. Die öffentlich sehr präsente Alt-Großherzogin residiert weiterhin im Karlsruher Schloss. Hilda und Friedrich wohnen im Erbgroßherzoglichen Palais, dem heutigen Bundesgerichtshof. Auch Hilda engagiert sich wie ihre Schwiegermutter in der Frauenarbeit und fördert die Künste. Doch die eher zurückhaltende, überdies kinderlos gebliebene Frau kommt gegen das dominante Image der „Landesmutter" Luise kaum an. Als begeisterte Reiterin, Wanderin und Schwimmerin schätzt Hilda die große Staatsgarderobe nicht. Nur zu hochoffiziellen Anlässen trägt sie ein dezentes, überaus wertvolles Krondiadem als Zeichen der großherzoglichen Würde. Die Krone des Großherzogtums wird nicht mehr getragen, sie ist eine zur Neugestaltung Badens durch Napoleon damals eilig zusammengesetzte Improvisation und liegt in der Schatzkammer.

Nach elfjähriger Amtszeit unterzeichnet Friedrich II. am Ende des Ersten Weltkriegs im November 1918 auf Schloss Langenstein im Hegau die Abdankungsurkunde, Baden wird Republik. Friedrich II. stirbt 1928, seine Frau lebt bis 1952 in Freiburg, Zwingenberg und Baden-Baden.

„In diesem Jahre werde ich 77, da will ich 77 mal schwimmen!"

Großherzogin Hilda von Baden, 1941 anlässlich eines offiziellen Besuchs des Schwimmbads in Badenweiler

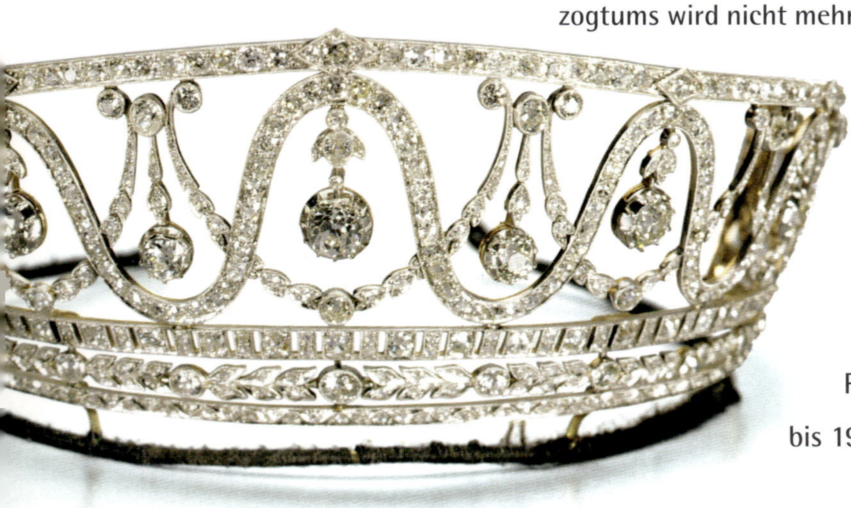

Krondiadem der Großherzogin Hilda von Baden.
Fürstlicher Schmuck nach dem antiken Vorbild eines königlichen Stirnreifs.
Leihgabe und Foto: Badisches Landesmuseum Karlsruhe, Schloss Karlsruhe

Der Zweispitz des Seekreisdirektors

Als Direktor des Seekreises ist Joseph Albrecht von Ittner (1756 – 1825) eine Art Regierungspräsident für den damaligen badischen Verwaltungsbezirk Bodensee. Bevor der Jurist und Diplomat Joseph Albrecht von Ittner 1812 nach Konstanz kommt, hat er das Großherzogtum Baden als Gesandter bei der Schweizerischen Eidgenossenschaft vertreten. Ittner ist kein trockener Verwaltungsmann. Der Anhänger der Aufklärung, der fünf Sprachen beherrscht, literarisch und philosophisch umfassend gebildet ist, pflegt Freundschaften mit Johann Peter Hebel, Ludwig Uhland, mit Bistumsverweser von Wessenberg und dem Schweizer Politiker und Aufklärer Heinrich Zschokke. Er residiert standesgemäß am Münsterplatz (heutige Buchhandlung Hamburger & Hepp), führt dort mit seiner Familie ein offenes Haus, gibt „griechische" Kostümfeste und heitere Gastmähler, zu denen er eigene Erzählungen vorträgt. Seines gesellschaftlichen Ranges ist Ittner dabei immer bewusst: Stolz trägt er den nach dem britischen Feldmarschall „Wellingtonhut" genannten Zweispitz mit der badischen Kokarde. Der Hut ist Teil der damals in ganz Europa aktuellen Amtstracht von Diplomaten und höheren Beamten.

„Ich bemerkte nämlich, dass mich meine Klienten, die guten Landleute, immer mit mehr Ehrfurcht und Vertrauen anredeten, so oft ich sie in der Perücke und in meinem langen Schlafrock gehüllt empfing, als wenn ich nur meine baumwollene Schlafmütze auf dem Kopfe hatte. Ich scheute also die Mühe nicht, sie schnell aufzusetzen, wenn sich Jemand anmelden ließ."

Joseph Albrecht von Ittner über seine Tätigkeit als junger Advokat

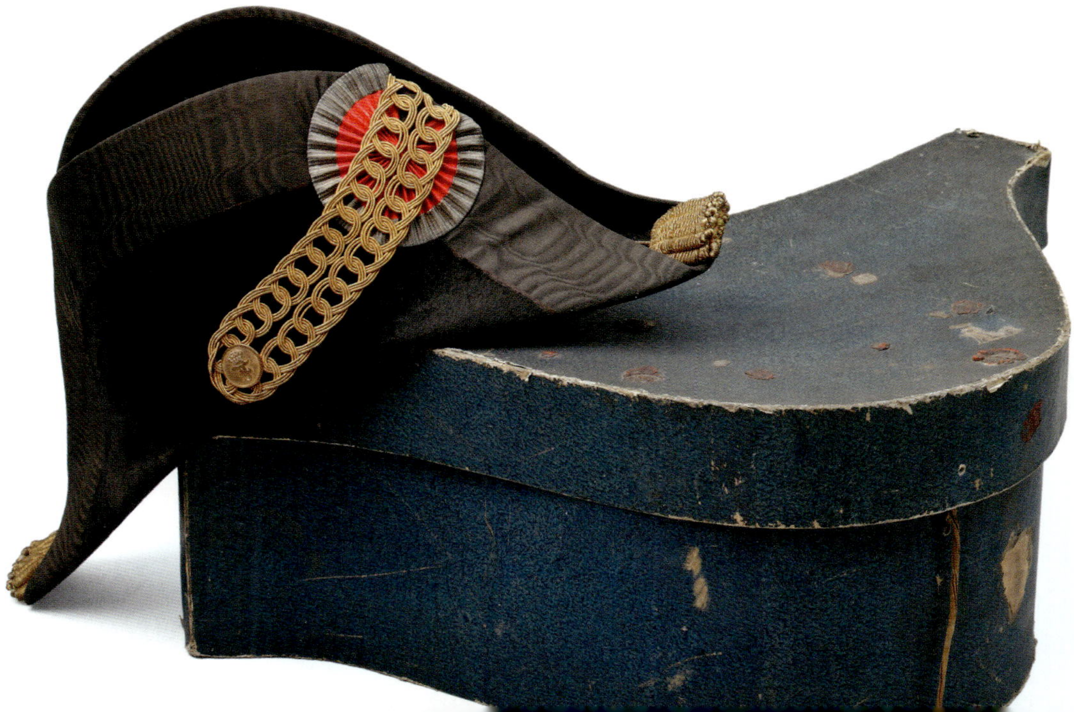

Zweispitz, so genannter „Wellingtonhut", mit Originalschachtel des Badischen Gesandten und Seekreisdirektors Joseph Albrecht von Ittner.
Leihgabe: Firmenarchiv Herrenausstatter Zwicker, Konstanz

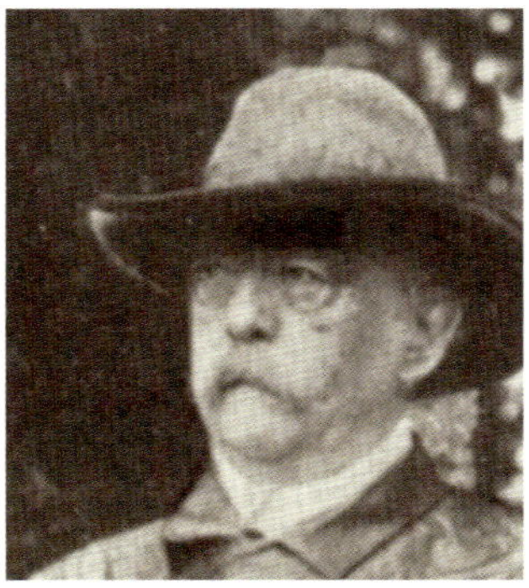

Landedelmann mit Revolutionärshut

Nach seiner Entlassung 1890 als Kanzler des von ihm 1871 wesentlich mit gegründeten Deutschen Reichs zieht sich Fürst Otto von Bismarck (1815 – 1898) auf sein Gut in Friedrichsruh bei Hamburg zurück. Von dort aus agitiert der mit konservativen Zeitungen noch immer bestens vernetzte Altkanzler verdeckt gegen das Regiment des jungen Kaisers Wilhelm II. Hatte er als ultrakonservativer Monarchist und Verächter der Demokratie während seiner Kanzlerschaft sogar im Parlament provozierend die Kürassieruniform mit Mütze oder Gardehelm getragen, so betont er nun auch äußerlich seine Herkunft aus dem altmärkischen Landadel: Am liebsten trägt er grobe Waldarbeiterjoppen, zuweilen mit einer verbeulten Wollkappe und einen wasserdichten bodenlangen Reitmantel. Sein kahles Haupt bedeckt im letzten knappen Lebensjahrzehnt vor allem der breitrandige Hut der europäischen Revolutionäre, der Kalabreser. Als ein Besucher zur offenen Kutschfahrt mit Bismarck über die Ländereien den formellen Zylinder aufsetzen will, reicht ihm Bismarck seinen Schlapphut und sagt: „Ersparen Sie meinen Bäumen diesen Anblick."

Eidesstattliche Erklärung!
Seine Durchlaucht, der Fürst
Otto von Bismarck
trug diesen Kalabreser seit
April 1885
Berlin, den 20. Oktober 1892
Th. Heinrich
Hutfabrik
Lieferant seiner Durchlaucht
des Fürsten Otto von Bismarck

Gesiegelte Beilage zum Hut
Otto von Bismarcks

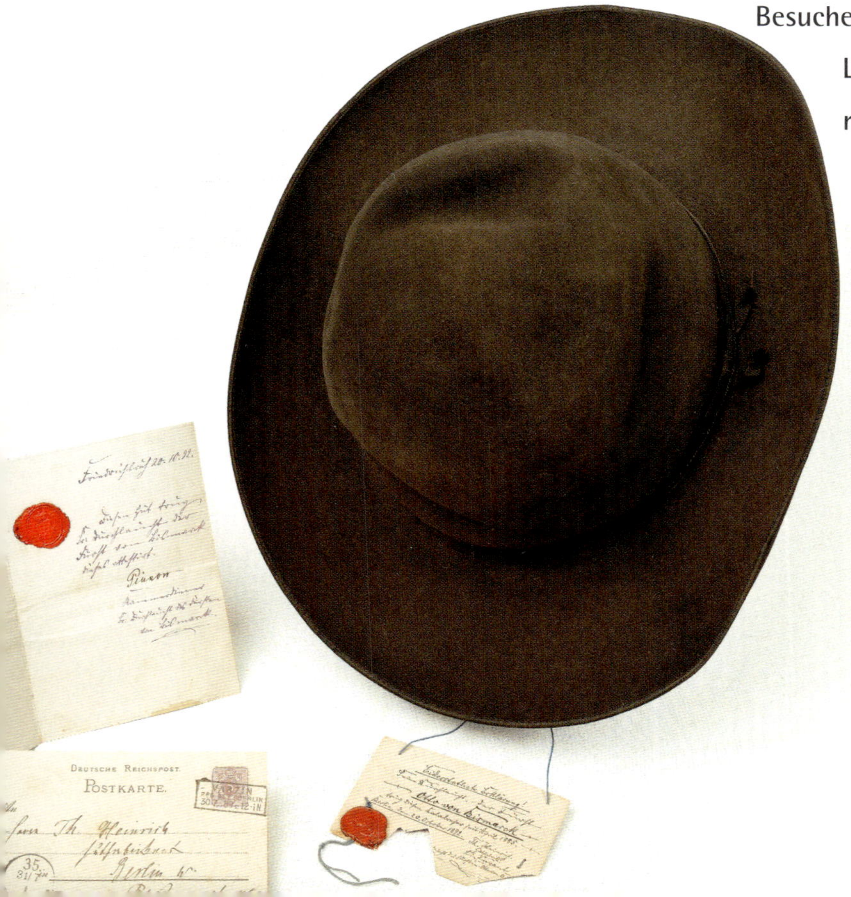

Kalabreser von Reichskanzler Fürst Otto von Bismarck mit Echtheitszertifikaten seines Kammerdieners Pinnow und des Berliner Herstellers des Huts.
Leihgabe aus Familiensammlung

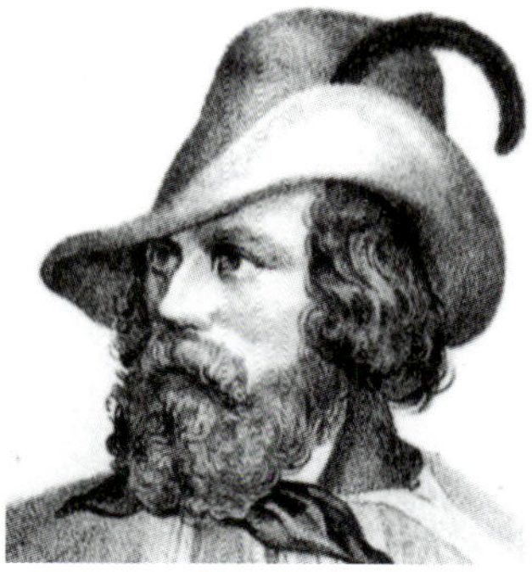

Wahrzeichen der Revolution

Am Abend des 11. April 1848 treffen sich mehrere radikaldemokratische Mitglieder des Frankfurter Vorparlaments mit Friedrich Hecker (1811 - 1881) in Konstanz. Von hier aus, wo keine badischen Truppen stationiert sind, und der ehemalige Leutnant Franz Sigel die Bürgerwehr schon einige Wochen lang militärisch geschult hat, soll eine republikanische Erhebung in Baden ihren Ausgang nehmen. Tags darauf marschieren die Aufstandsbereiten Richtung Karlsruhe los, der später so legendär gewordene „Heckerzug" beginnt. Nach acht Tagen scheitert das Unternehmen im Feuer hessischer Bundestruppen bei Kandern. Doch der Mythos vom mutigen Aufstand gegen die Fürsten überdauert das klägliche Ende. Bald gehen Holzstiche vom "edlen Hecker" von Hand zu Hand. Sie zeigen den militärisch gänzlich unerfahrenen Juristen in der blauen Freischarenbluse, mit Stulpenstiefeln, eingesteckten Pistolen und umhängendem Säbel. Auf dem Kopf trägt dieser Räuberhauptmann der bürgerlichen Revolution das neue Wahrzeichen der Demokratiebewegung: einen romantisch anmutenden, federbesetzten Karbonarihut, die Kopfbedeckung der italienischen Aufständischen nach 1820. Die Obrigkeit kennt die Macht solcher Abzeichen: Als der Hut zur Gesinnungsmode junger Freiheitsfreunde wird, verbietet die preußische Besatzungsverwaltung das Tragen der „Heckerhüte".

„Obgleich das Tragen der schwarzen sogenannten Freischaren-Heckerhüte durch Verordnung der königlichen Kommandantur v. 28. Juni d. J. verboten wurde, so werden trotzdem diese Hüte in neuerer Zeit wieder getragen und dadurch Erinnerungen an jene unheilvolle Rotte, welche das Großherzogthum durch ihr freches Treiben in namenloses Elend gestürzt hat, recht absichtlich wieder hervorgerufen. Alle Zuwiderhandelnden werden sofort arrestiert und mit 3 Wochen Gefängnis bestraft.

Königlich-preußische Kommandantur, 08.12.1849

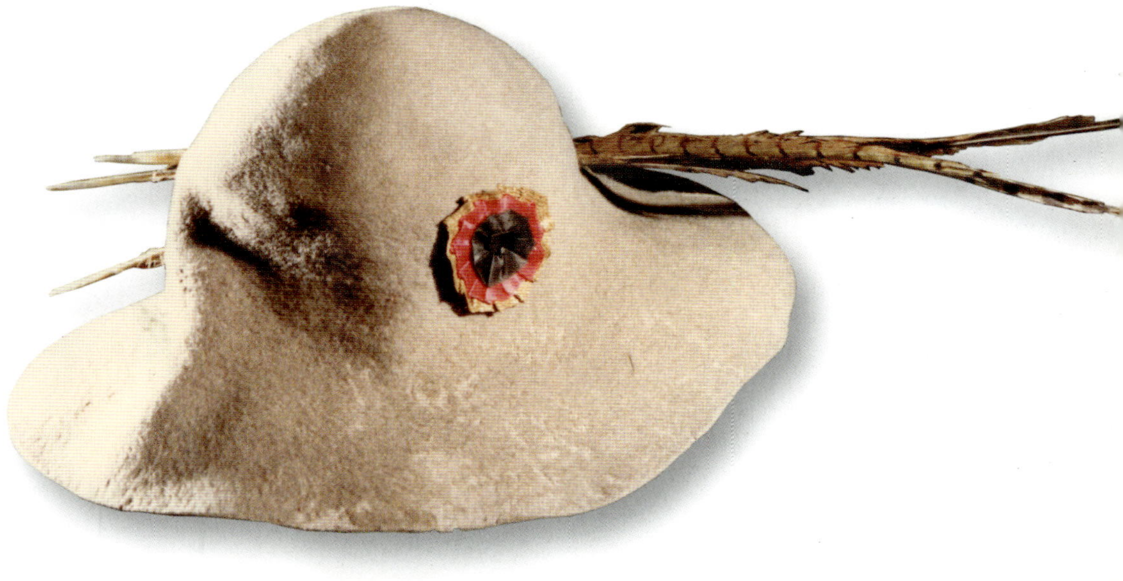

„Heckerhut", Replik frühes 20. Jahrhundert.
Leihgabe und Foto: Pfinzgaumuseum Karlsruhe

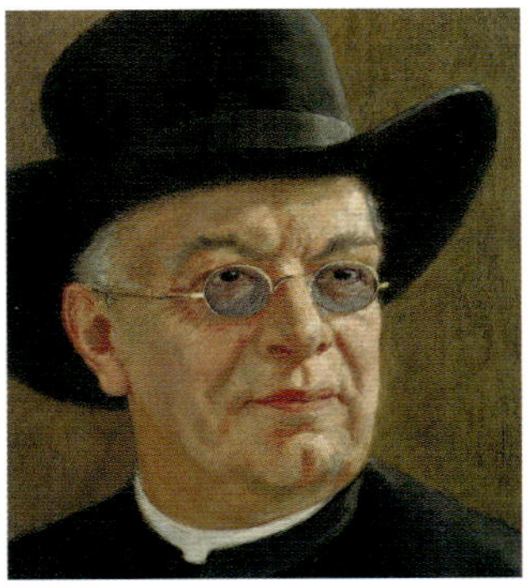

„Schwärmer für die schönste Göttin“

Der Bodenseewein, lange als „Säuerling“ verschrien, verdankt ihm seine Aufwertung: 1881 initiiert der katholische Pfarrer von Hagnau, Heinrich Hansjakob (1837 – 1916), die Gründung des ersten badischen Winzervereins. Er kämpft gegen den Massen- und für den Qualitätsweinbau und hilft den Weinbauern dadurch, die Preise gegen Weinaufkäufer zu sichern. Zu dieser Zeit ist Hansjakob bereits ein bekannter Heimatschriftsteller, dessen Erzählungen zehntausende Leser finden, überaus streitbarer Abgeordneter der Katholischen Volkspartei und bei der staatlichen Obrigkeit höchst unbeliebter Kritiker der Zeitverhältnisse. 1873 sitzt der Pfarrer sechs Wochen wegen Beleidigung eines Staatsbeamten im Radolfzeller Gefängnis. Der baumlange Geistliche verleiht seiner streitbaren Gesinnung als Hutträger auch äußerlichen Ausdruck. In sein Tagebuch schreibt er 1912: „Seitdem ich zu Ehren der zwei Freiheits- und Revolutionsmänner Blum und Hecker ihre Hutformen getragen, bin ich Schwärmer für die schönste Göttin, für die Freiheit, und bin freischärlerisch und revolutionär gestimmt. Und mein Hut verrät dies heute noch.“ Als Geistlicher trägt Hansjakob zur Soutane einen schwarzen Hut, allerdings eine Sonderanfertigung: Es ist ein riesiger schwarzer „Heckerhut“.

„Des Menschen Zierrat ist der Hut, denn wer
Den Hut nicht sitzen lassen darf vor Kaiser
Und Königen, der ist kein Mann der Freiheit“

Friedrich von Schiller (1759 – 1805), Piccolomini

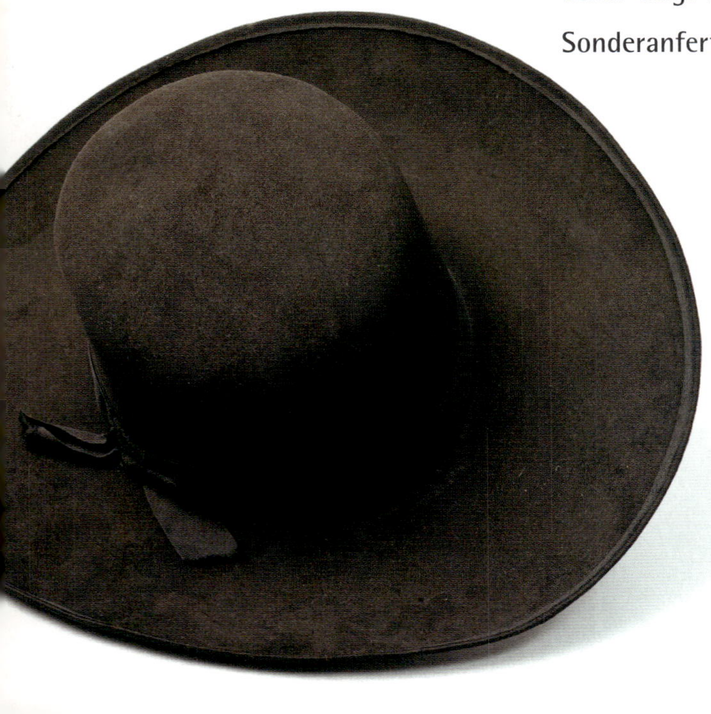

Schwarzer Pfarrerhut von Heinrich Hansjakob.
Leihgabe: Hansjakob-Museum Freihof,
Gemeinde Haslach

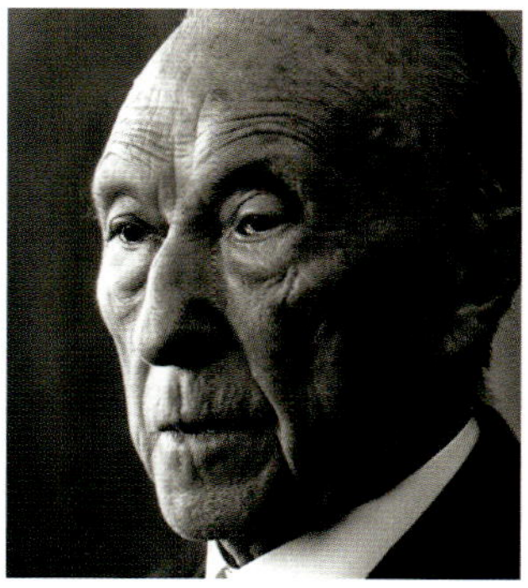

Adenauers „Homburg“

Außenpolitisch setzt Konrad Adenauer (1876 – 1967), der erste Kanzler der Bundesrepublik, auf Westbindung, Aussöhnung mit Frankreich, europäische Einigung und die Wiederbewaffnung Westdeutschlands. Als ehemaliger, von den Nationalsozialisten 1933 abgesetzter Oberbürgermeister von Köln ist der 73-jährig ins Amt gekommene Kanzler ein vertrauenswürdiger Gesprächspartner für die früheren Kriegsgegner im Westen. Gesellschaftspolitisch versucht er eine konservative Politik fortzusetzen, die an das Kaiserreich und die Weimarer Republik anknüpft. Er fürchtet Stalins Expansionsdrang und nimmt eine radikal antikommunistische Haltung ein. Ehemalige Funktionäre und selbst Täter des NS-Regimes integriert er deshalb in die Verwaltungsorgane der neu gegründeten Bundesrepublik. Das persönliche Auftreten Adenauers spiegelt seine zugleich reaktionäre wie fortschrittliche Natur wider: Zu Staatsbesuchen und offiziellen Empfängen trägt er den „Stresemannanzug“ der Weimarer Republik mit schwarzem Homburg. Auf Reisen ins westliche Ausland kleidet er sich etwas zeitgemäßer: Er erscheint im leichten Regenmantel mit grauem Homburg. Dieser ursprünglich in Bad Homburg hergestellte Huttyp verdankt dem späteren englischen König Edward VII. (1841 – 1910) seine Popularität bei Staatsmännern. Auf Wanderungen im Schwarzwald sieht man den Privatmann Adenauer mit einem breit ausladenden Panama-Strohhut.

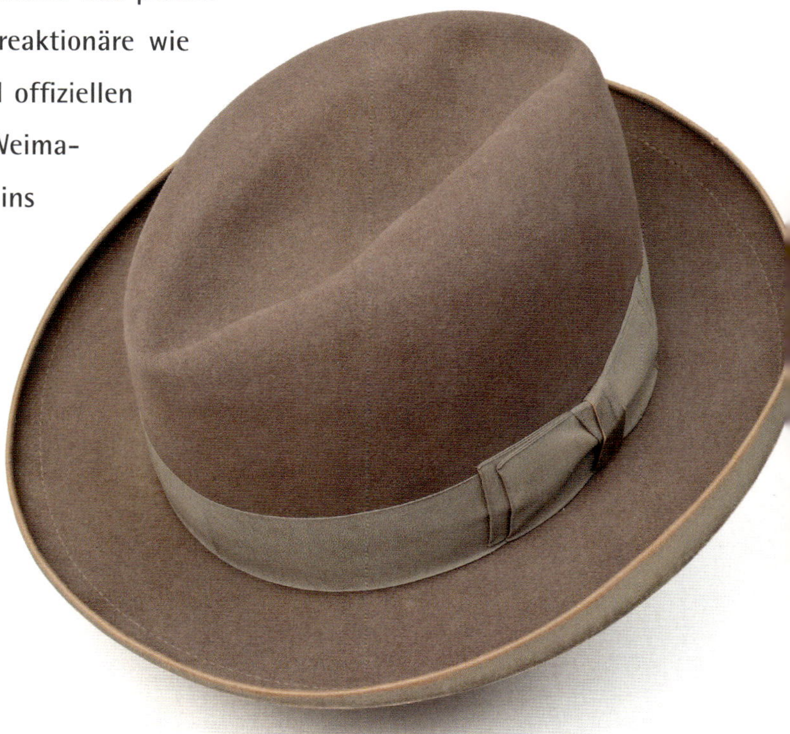

Formeller „Staatshut“ von Bundeskanzler Konrad Adenauer, Modell „Homburg“, um 1950.
Leihgabe der Familie Adenauer

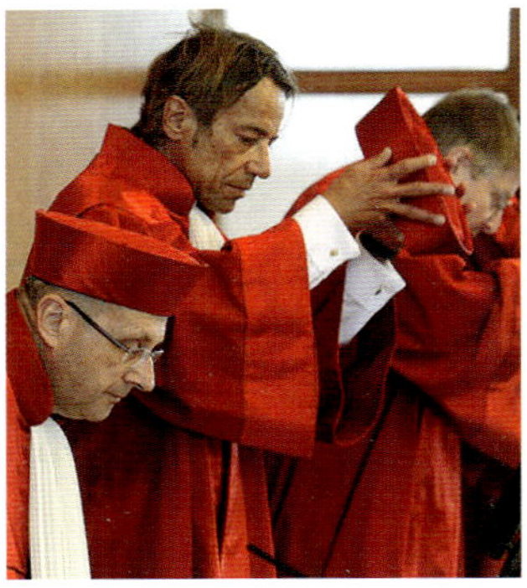

Das höchste Gericht

Das Bundesverfassungsgericht in Karlsruhe ist als unabhängiges Verfassungsorgan oberste Hüterin des Grundgesetzes und Teil der judikativen Staatsgewalt in Fragen des Staats- und Völkerrechts. Seine Entscheidungen liefern Justiz, Politik und Gesellschaft verbindliche Interpretationen der Verfassung.

In der Unrechtsjustiz des NS-Staats trugen die Richter des berüchtigten „Volksgerichtshof" als höchstes Sondergericht für Strafsachen blutrote Roben mit Hakenkreuzemblem, dazu blutrote Barette. Die Gerichtssymbole des höchsten Gerichts der jungen Bundesrepublik sollten nicht an die Zeit der Terrorjustiz erinnern. So orientierte sich der mit der Neugestaltung von Robe und Barett beauftragte Münchner Kostümbildner zwar an der traditionellen Farbe der Justiz, doch er wählte eine alte historische Vorlage zum Vorbild: Die Richterrobe der Stadt Florenz im 15. Jahrhundert stand Modell für die neue scharlachrote Robe mit langem weißen Jabot (Brustschleife) und rotem Seidenbarett. Die inzwischen aktualisierte Form der Richterkleidung wurde vom Karlsruher Mode- und Schneideratelier Zangl ausgeführt, das die maßgeschneiderten Roben nach erfolgten Richterwechseln jeweils für die neuen Richterinnen und Richter anpasst.

Früher setzten Richter in vielen europäischen Staaten das Barett zur Eidesleistung und Urteilsverkündung auf. Heute erscheinen die Richterinnen und Richter des Bundesverfassungsgerichts zur Urteilsverkündung mit Barett, das nach dem Urteilstenor jedoch abgesetzt und vor dem Träger auf der Richterbank platziert wird.

„Du trägst demnächst den Kopf so hoch, dass du dir nicht mehr den Hut aufsetzen kannst!"

Honoré de Balzac (1799 – 1850), aus: «Une fille d'Eve«

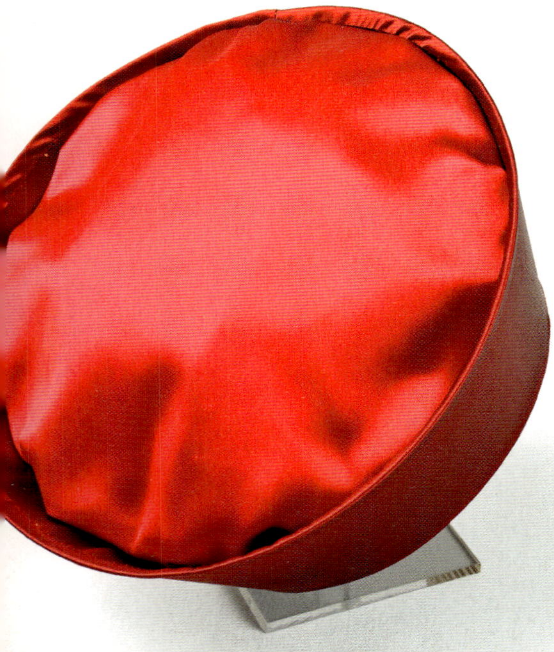

Barett des Bundesverfassungsgerichts der Bundesrepublik Deutschland.
Leihgabe des Vereins der Richter des Bundesverfassungsgerichts Karlsruhe
Foto oben: dpa

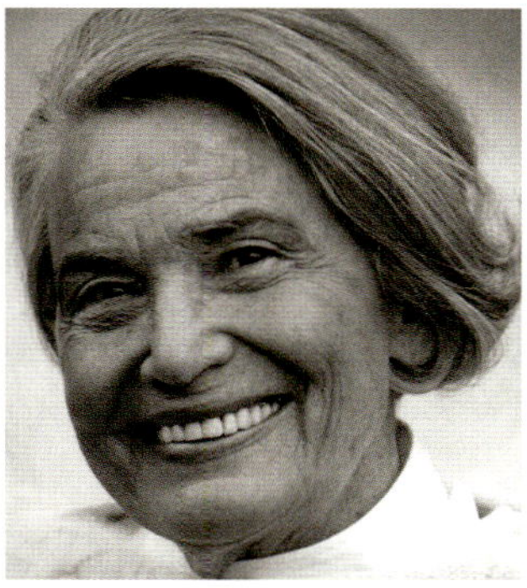

Doktorhut und Talar

Zu den Insignien des redlich erworbenen akademischen Doktorgrads gehörte lange Zeit auch der so genannte Doktorhut oder das Doktorbarett. Mit dem Aufsetzen des Huts und der Übergabe der Urkunde in einer fein gestalteten Papphülse wurde bis zu den stürmischen Veränderungen des Jahres 1968 auch an deutschen Universitäten die Verleihung der Doktorwürde vollzogen. Hierzu trugen die Professoren Talar und Barett. Schwarz war beispielsweise die Farbe der Theologie, rot die Farbe der Juristen. Hut oder Barett sind das Abzeichen des Gelehrten und, in Anlehnung an Traditionen des römischen Rechts, Zeichen der Freiheit, hier vor allem verstanden als Freiheit der Forschung. Seit einigen Jahren wird mit der Verbreitung des akademischen Grads „Master of Business Administration" in Weiterbildungsangeboten deutscher Hochschulen und privater Anbieter die US-amerikanische Tradition der Masterhüte auch hierzulande nachgeahmt: Zur Masterfeier und für das Erinnerungsfoto tragen die meist berufstätigen Weiterbildungsabsolventen dann aus dem Internet bestellte Talare und Mastermützen, die nach Ende der Zeremonie gemeinsam in die Luft geschleudert werden.

"Unter den Talaren - Muff von 1000 Jahren"

Text eines Transparents, das 1967 bei der Rektoratsübergabe an der Universität Hamburg von zwei Studenten enthüllt und zu einer Leitparole der Studentenbewegung dieser Jahre wurde.

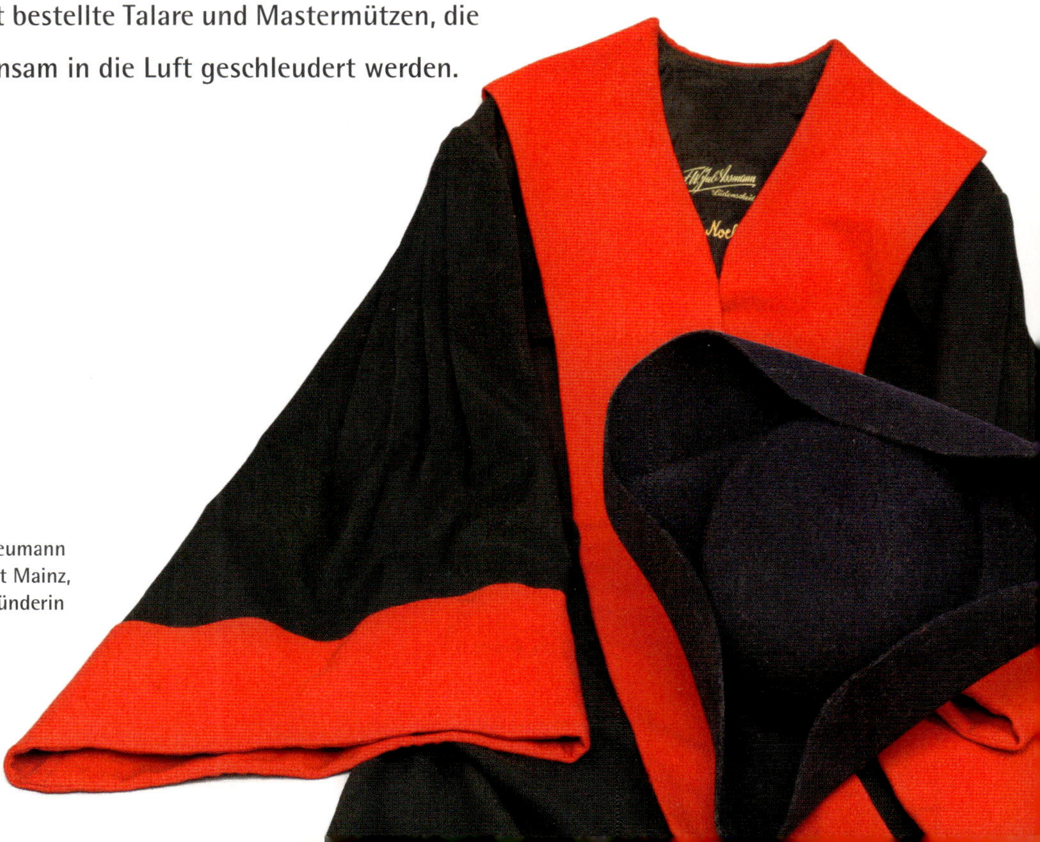

Doktorhut und Talar von Elisabeth Noelle-Neumann (1916 - 2010), Professorin an der Universität Mainz, Ehrendoktorin der Hochschule St. Gallen, Gründerin des Demoskopischen Instituts Allensbach.
Leihgabe aus dem Nachlass.
Foto oben: Wolff-Seybold

Krieg & Frieden

Die Moden des Militärs

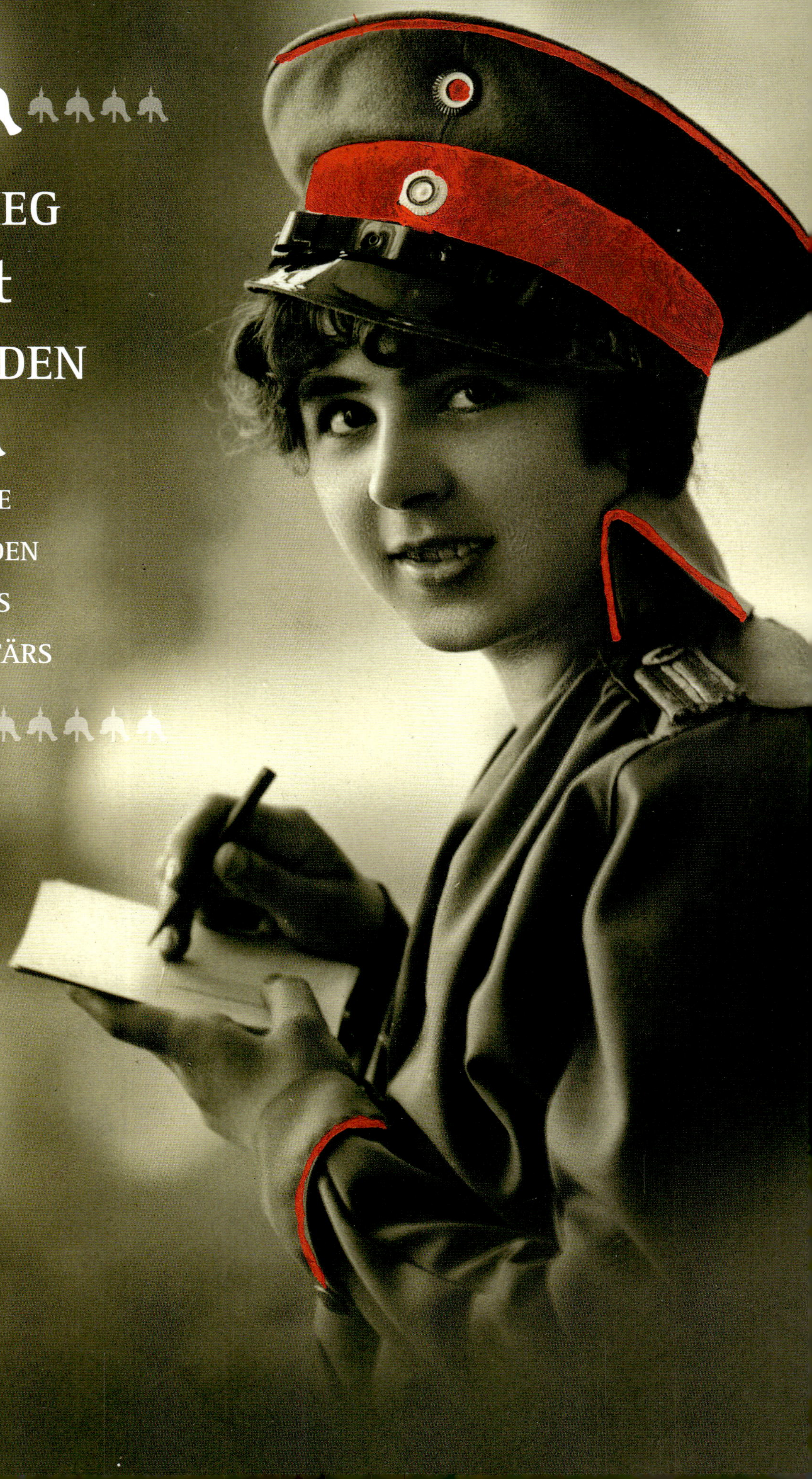

EINES der wenigen unterhaltsamen Beispiele von der Wirkungsmacht der Uniform ist die Geschichte vom Hauptmann von Köpenick: Der haftentlassene und arbeitslose Schuster Friedrich Wilhelm Voigt legt sich 1906 eine alte Offiziersuniform des preußischen 1. Garde-Regiments zu. Als Hauptmann des Kaiserlichen Heeres unterstellt er sich einen Trupp Soldaten und besetzt mit dessen Hilfe ohne jede Gegenwehr das Rathaus der Stadt Köpenick, arretiert den Bürgermeister und lässt sich die Gemeindekasse auszahlen. Selbst Kaiser Wilhelm II., dessen nahezu manische Liebe zu Uniformen und soldatischer Disziplin gefürchtet ist und der an manchen Tagen bis zu sieben verschiedene Uniformen trägt, bekennt in einem Interview: „Ein genialer Kerl!"

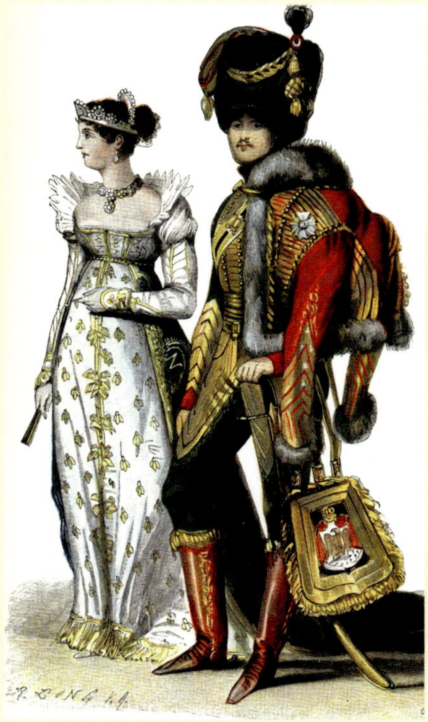

Hoftracht am Kaiserhof Napoleons I. 1806. Die riesige Fellmütze des Husaren ist ein Beispiel für die modische Übersteigerung der Uniformen dieser Zeit.

Bevor die europäischen Armeen in den Schützengräben des Ersten Weltkriegs in Stahlhelm und einheitlichem Grau der Uniformen unter schwerem Artilleriebeschuss verbluten werden, zeigen sie das farbenprächtigste Bild, das sich denken lässt: Öffentliche Paraden, Heerschauen und Manöver bieten in allen Staaten Europas ein Schauspiel, dem Zehntausende hochgestimmt zuströmen. Die leuchtend roten Uniformjacken der Husaren, das strahlende Weiß der Garde, die hellblauen Uniformen der Grenadiere oder das Grün der Jäger, dazu die goldglänzenden und federgeschmückten Paradehelme lassen das Militär des ausgehenden 19. Jahrhunderts als Inbegriff des Nationalstolzes und männlicher Selbstinszenierung erscheinen.

Die Anfänge der militärischen Uniformierung sind schlichter: Der Vater der neuzeitlichen Uniform ist der weite grobe Rock der Landsknechte des 30-jährigen Kr egs (1618 – 1648). Seine Ärmel und Rockschöße wurden aus Gründen der besseren Beweglichkeit aufgeschlagen. Später entwickeln sich aus dieser Praxis die farbigen Ärmelaufschläge der Uniform und die bis heute übliche andersfarbige Biese an Rock und Hose.

Die mittelalterlichen Beckenhauben, Topf- und Nasalhelme machen im 18. Jahrhundert einer modischen Kopfbedeckung Platz: Die neuen stehenden Heere der Zeit tragen sorgfältig frisiertes Haar oder Perücke und den mit Fischbeinstäbchen versteiften Dreispitzhut. Auch er ist ein alter Bekannter aus der Landsknechtzeit: Um besser schießen zu können, bogen die Landsknechte die Krempen ihrer wetterfesten Schlapphüte nach oben und befestigten sie mit Knöpfen oder Schnüren. Nun binden die einfachen Soldaten das Haar zum Zopf zusammen, damit es beim Schießen nicht angesengt wird. Männer mit schütterem Haar erhalten im preußischen Heer eine Perücke. Das Haar wird mit Talg oder Mehl gepudert, auch Pomade wird verwendet. Die seitlichen Lockenrollen in der Perücke der Offiziere sorgen für den sicheren Sitz des Dreispitz. Eine besondere Kopfbedeckung kennzeichnen die Grenadiere: Weil breite Hüte beim Wegschleudern der gezündeten Granate hinderlich sind, tragen diese Soldaten ihre weichen Lagermützen auch im Gefecht. Damit die mit einem Puschel besetzten Mützen auf den Häuptern besser sitzen, werden sie innen versteift und mit einem Vorderschild aus geprägtem Blech versehen. In Frankreich, Österreich und den meisten katholischen Ländern wird die Grenadiermütze zudem mit Fell besetzt: So entsteht die heute noch in England, Dänemark und in den Niederlanden getragene Bärenfellmütze.

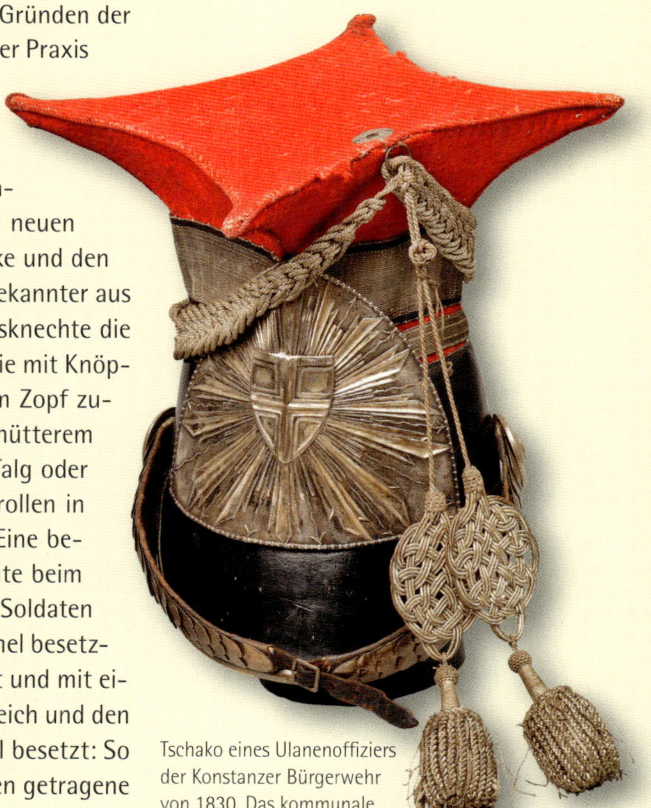

Tschako eines Ulanenoffiziers der Konstanzer Bürgerwehr von 1830. Das kommunale Bürgermilitär hatte überwiegend repräsentative Funktionen.

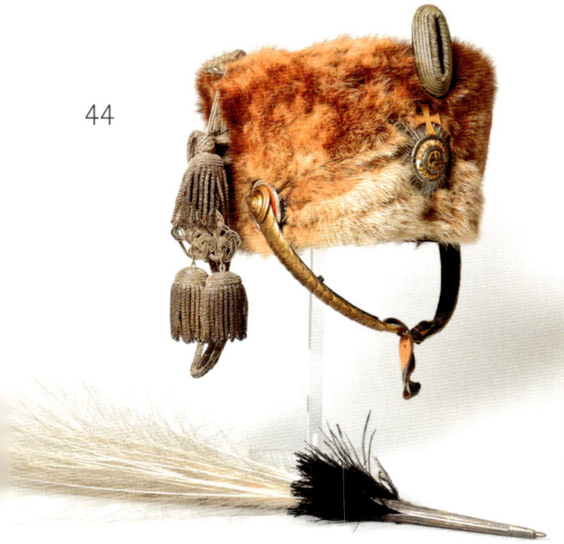

Husaren-Pelzmütze aus Oppossumfell für Offiziere des preußischen Leib-Garde-Husaren-Regiments um 1900. Paradebusch aus schwarz-weißen Reiherfedern

Zwischen 1792 und 1815 herrscht in Europa ständig Krieg. Die Nationen erkennen sich nun auf dem Schlachtfeld zunehmend an den Farben ihrer Uniformen: Blau für Preußen, Scharlachrot für Großbritannien, Dunkelgrün für Russland, Weiß für Österreich und seit der Französischen Revolution Blau-Weiß-Rot für Frankreich. In allen Armeen kehren die Helme zurück: Nach dem Vorbild des modischen Zylinders entsteht der lederne Tschako (eine aus der Türkei über Ungarn nach Österreich gelangte Bezeichnung für den Helm). In Napoleons Frankreich, wo sich Mode, Inneneinrichtung und auch das Militär an antiken Vorbildern orientieren, taucht der hellenische Raupenhelm aus Messing oder glänzendem Eisenblech auf. Diese Modetorheiten treiben nach Napoleons Niederlage wilde Blüten: Die Uniformen werden immer bunter, enger und teurer. Üppig mit Beschlägen, Federbüschen und Pompons garnierte Helme erreichen Turmhöhe. Im Gefecht sind diese Ungetüme nur hinderlich, weshalb die Truppen lieber einfache flache Feldmützen mit Augenschirm tragen. Aus ihnen entwickeln sich die bis heute bekannten Tellermützen nahezu aller uniformierten Formationen.

Heruntergekommene Soldaten der französischen Revolutionsarmee um 1790. Von der Jakobinermütze links über die Grenadiermützen in der Mitte bis zum Zweispitz sind hier die gängigen militärischen Kopfbedeckungen der Zeit zu sehen.

Die revolutionären Bewegungen der 1830er und 1840er Jahre lösen eine neue Sachlichkeit aus. Preußen führt 1843 die lederne, mit einer Spitze aus Messing versehene Pickelhaube ein. Der Helm ist der natürlichen Kopfform angepasst, sitzt daher gut und schützt den Träger gegen Säbelhiebe. Die Schirme schützen

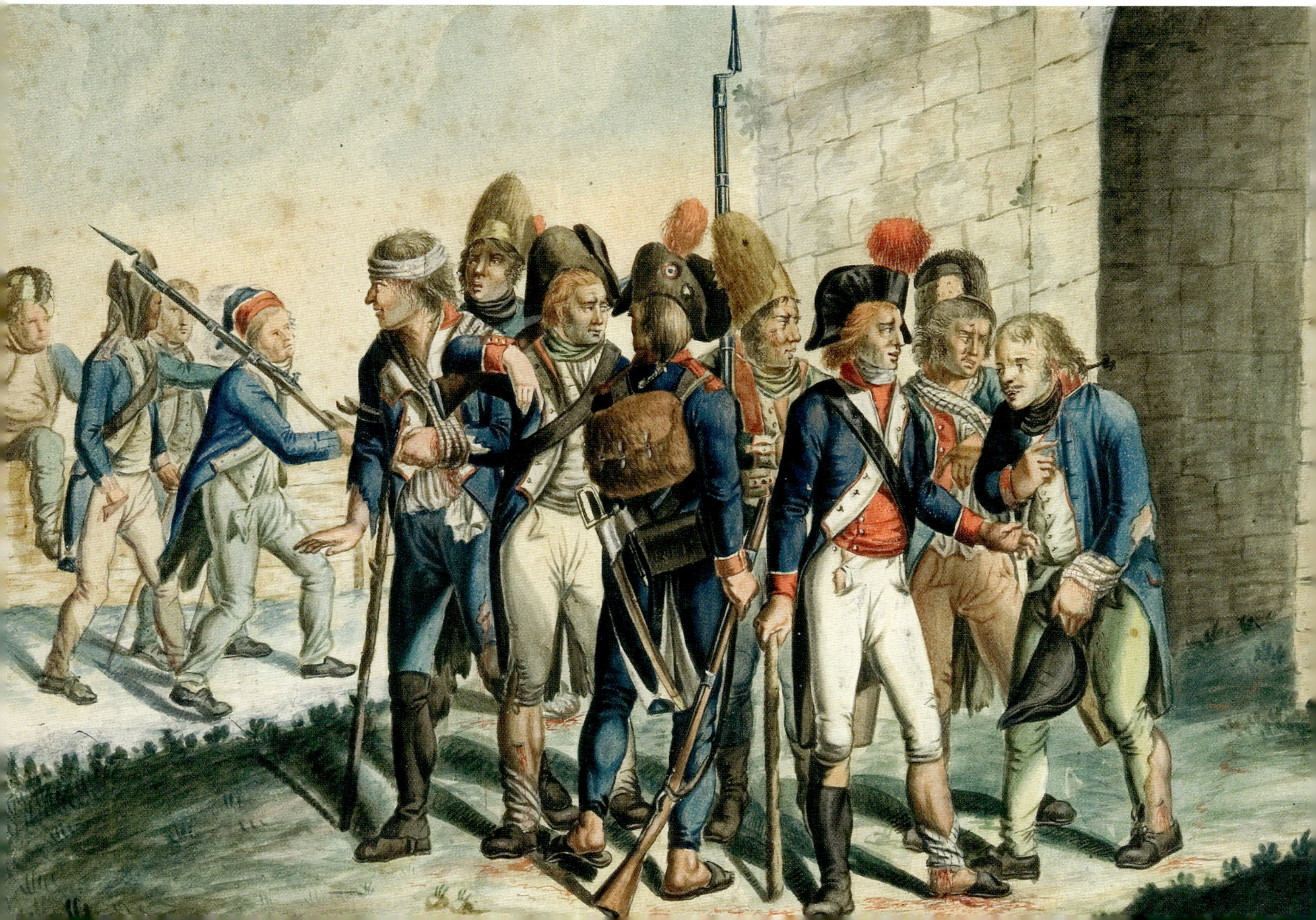

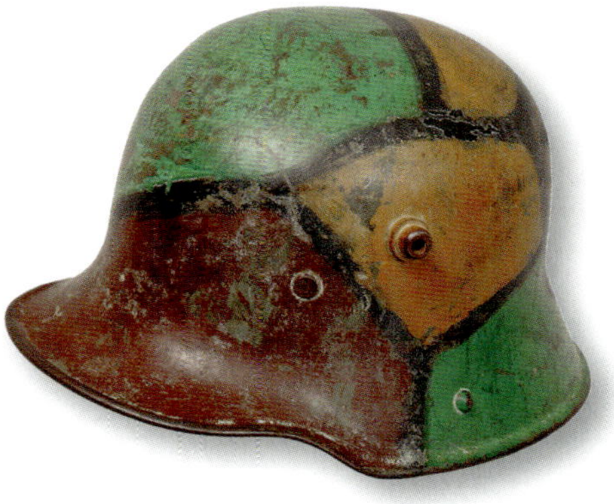

Stahlhelm mit Tarnanstrich, Modell 1916, getragen von einem württembergischen Sanitätsunteroffizier

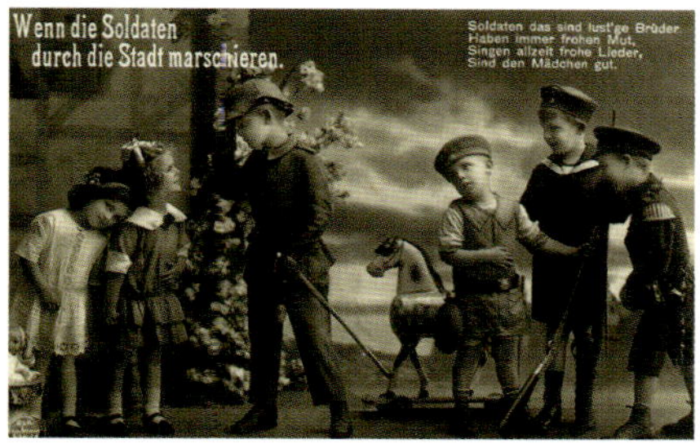

Schon in den Kinderjahren wurden männliche und weibliche Rollenbilder verfestigt: Jungs sind tapfere Soldaten, die von Mädchen bewundert werden.

vor Nässe und Sonnenstrahlen. Eine Anekdote behauptet, König Friedrich Wilhelm IV. habe anlässlich eines Besuchs beim russischen Zaren in dessen Arbeitszimmer Skizzen zu dieser Helmform gesehen und ihn zu Hause gleich nachbauen lassen – möglicherweise ein früher Fall von militärischer Produktpiraterie. Das neue Helmmodell findet jedenfalls weltweit Anklang und Nachahmer. Seit der gewaltsamen Niederschlagung der Demokratiebewegungen vor allem durch Preußen in den Jahren 1848/49 und bis in den Ersten Weltkrieg hinein wird die Pickelhaube das verhasste Wahrzeichen der Reaktion und des preußisch-deutschen Militarismus.

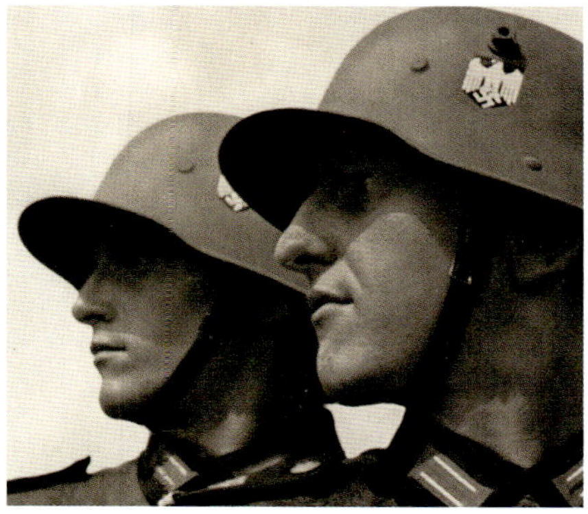

Gepanzerte Männer: Das rassistische Idealbild der NS-Propaganda zeigt den behelmten Mann als Teil einer formierten Masse.

Das Ende der „schimmernden Wehr" kommt in den Schützengräben des Ersten Weltkriegs. Tschako und Pickelhaube bieten keinen Schutz gegen Granatsplitter und MG-Feuer. Manche Regimenter verlieren in den ersten Kriegswochen bis zu 60 Prozent ihres Mobilmachungsbestands. 47 von 100 Gefallenen sterben an Kopfverletzungen. Franzosen und Briten setzen bereits Stahlhelme ein, die Franzosen verzichten sogar auf ihre symbolisch bedeutende leuchtend rote Uniformhose. Das deutsche Heer wartet bis 1916 auf Verbesserungen. Dann ersetzt der von einem Chirurgen und einem Ingenieur entwickelte, an mittelalterliche Vorbilder angelehnte graue Stahlhelm die alten Lederhelme. Mehrfach modifiziert bleibt der Stahlhelm bis Ende des Zweiten Weltkriegs in Gebrauch. Die Helme der heutigen Armeen sind Hightech-Produkte. Sie sind überwiegend nicht mehr aus Metall gefertigt und dienen mit Sprechfunk und Nachtsichtgeräten ausgerüstet nicht mehr nur dem Schutz des Trägers.

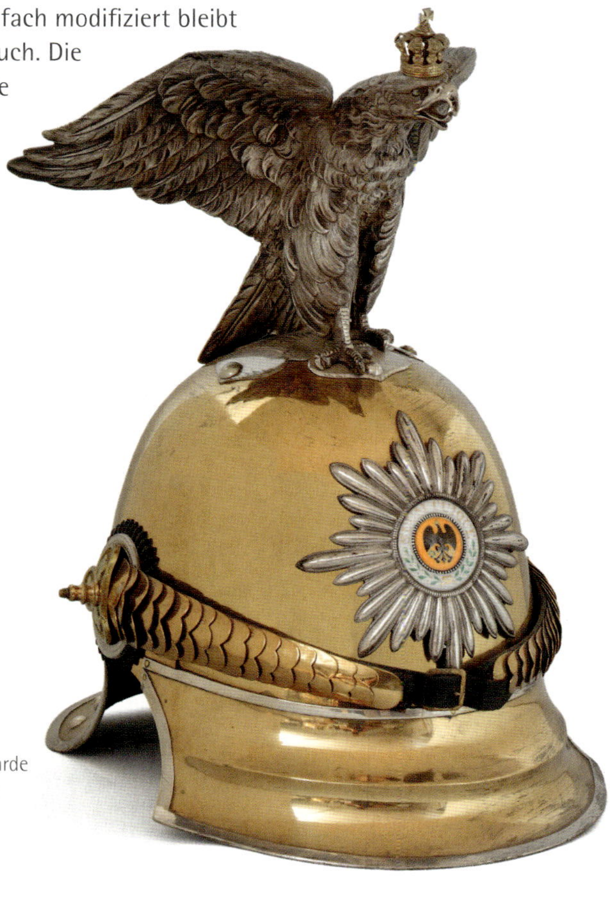

Der Gipfel männlicher Selbstdarstellung: Messinghelm für Offiziere der preußischen Garde du Corps mit silbernem Paradeadler, um 1900

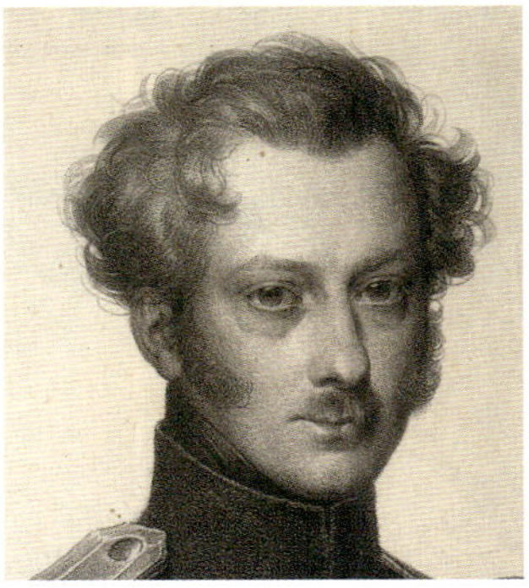

Die Pickelhaube des Markgrafen

Maximilian von Baden (1796 -1882) entstammt der nicht standesgemäßen Verbindung des Markgrafen Carl Friedrich mit Karoline Luise Geyer von Geyersberg. Als jüngster Bruder des späteren Großherzogs Leopold ist ihm eine militärische Laufbahn vorbestimmt. Er nimmt als blutjunger Husar an den letzten Kämpfen gegen Napoleon teil, wird später Chef eines Dragoner-Regiments und im Revolutionsjahr 1848 zum General befördert. Maximilian drängt seinen durch den Aufstand eigener Truppenteile zutiefst verunsicherten und entscheidungsschwachen Bruder Leopold dazu, die Preußen zur Hilfe zu rufen: Unter der Führung des Kronprinzen Wilhelm, des späteren Kaisers Wilhelm I., schlagen sie die bürgerliche Revolution blutig nieder. Das Wehrgeschichtliche Museum Rastatt bewahrt Maximilians prachtvolle, mit vergoldeter Montierung und Emailleschild versehene Pickelhaube auf, die er als General der Kavallerie und Chef des 2. Dragoner-Regiments 1856 getragen hat.

Schlaf mein Kind schlaf leis,
dort draußen geht der Preuß
Deinen Vater hat er umgebracht,
Deine Mutter hat er arm gemacht
Und wer nicht schläft in guter Ruh,
dem drückt der Preuß die Augen zu.
Schlaf mein Kind schlaf leis,
dort draußen geht der Preuß.

Spottlied auf die preußischen Besatzer, 1849

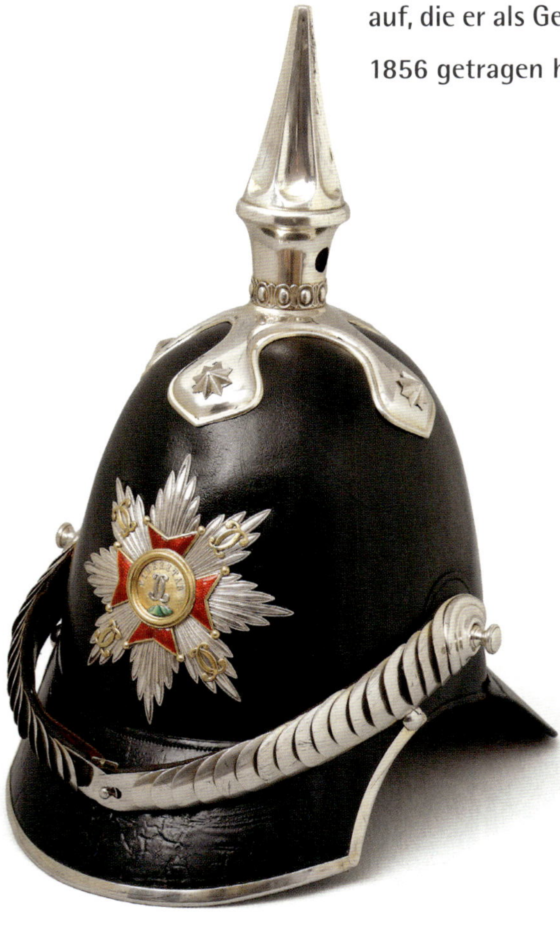

Pickelhaube des Generals Maximilian von Baden, Karlsruhe 1856.
Leihgabe: Wehrgeschichtliches Museum Rastatt

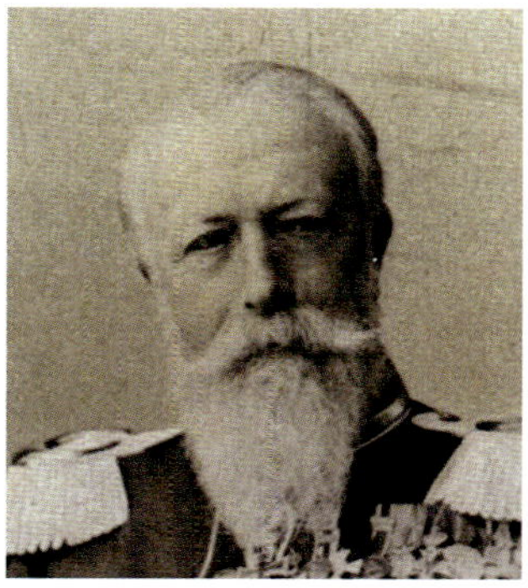

Ein Badener in preussischer Uniform

Die großen Staatsporträts des vorletzten badischen Großherzogs Friedrich I. (1826 – 1907) zeigen ihn in Uniform. Der Schwiegersohn des späteren Deutschen Kaisers Wilhelm I. setzt politisch früh auf die deutsche Einigung. Als es 1871 nach dem deutsch-französischen Krieg soweit ist, darf er im Spiegelsaal in Versailles das erste Hoch auf den zum Deutschen Kaiser proklamierten preußischen König Wilhelm ausbringen. Zuvor hatte Baden auf Souveränitätsrechte verzichtet und eine umfassende Militärkonvention unterzeichnet, nach der die badischen Streitkräfte komplett der Kommandogewalt Preußens unterstellt wurden. Fortan trägt der badische Großherzog eine preußische Generalsuniform, obwohl er kein Militär ist.

Einer nationalistischen Übersteigerung der Reichsgründung ist der liberale, in allen politischen Lagern anerkannte konstitutionelle Herrscher gleichwohl nicht verdächtig. Innenpolitisch fördert Friedrich die Hochschulen, die technisch-industrielle Entwicklung des „Musterländles" und die Künste, auch setzt er sich für die Gleichberechtigung der Juden im Land ein. Die Sommermonate verbringt er seit 1856 mit seiner Frau Luise auf der Mainau. Dort sieht man den Großherzog, mit weichen Sonnenhüten auf dem ergrauten Haupt. Der Landesvater ist zwar beliebt, gibt sich aber im öffentlich zugänglichen Park der Mainau nicht ganz so jovial wie sein württembergischer Amtsbruder König Wilhelm II.: Der hasst Uniformen und spaziert in Zivil mit seinen beiden Hunden ohne Bewachung morgens durch den Stuttgarter Schlosspark. Wer dem Monarchen begegnet, sagt „Grüß Gott, Herr König". Im preußisch-protestantisch geprägten Baden wäre das undenkbar.

Preußische Offiziersmütze von Friedrich I., Großherzog von Baden. Leihgabe: Wehrgeschichtliches Museum Rastatt

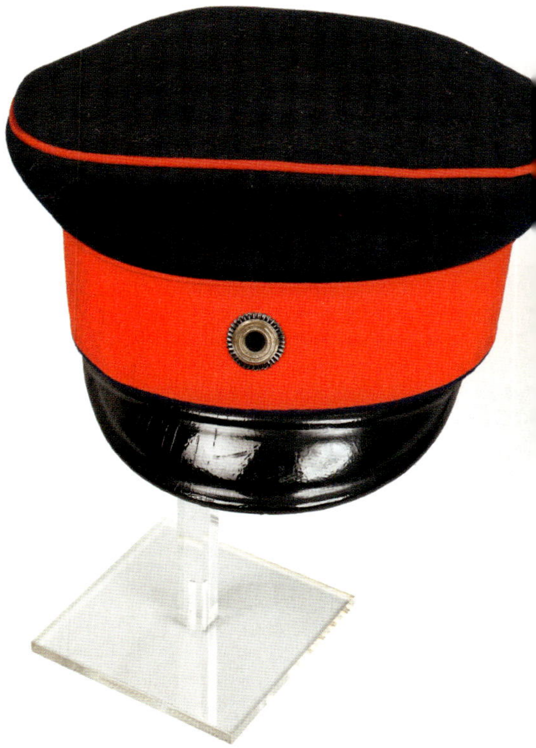

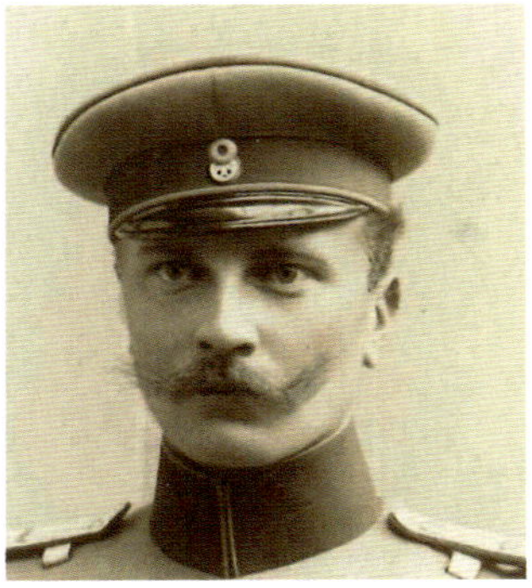

Johannes Othmar Graf von und zu Bodman

Seit dem 12. Jahrhundert sind Mitglieder der Familie Bodman am Überlinger See nachweisbar. Zur Zeit der Staufferkaiser verwalteten Vertreter der Adelsfamilie die Kaiserpfalz in Bodman, die auch dem Bodensee (Lacus Bodamicus) den Namen gab. Auch Johann Othmar Graf von und zu Bodman (1868 – 1930) widmete sich wie seine Vorfahren der Verwaltung der Güter am Bodensee. Als Grund- und Majoratsherr betrieb er die von den Vorfahren geerbte Land- und Forstwirtschaft. Der treue Untertan des großherzoglichen Hauses und des Deutschen Kaisers war stolzer Königlich Preußischer Major der Reserve des ehemals 1. Badischen Leib-Dragoner-Regiments Nr. 20. Die lederne Pickelhaube mit dem weißen Rosshaarbusch für Paraden und dem schwarzen Helmaufsatz für Trauerfälle sowie der leinene Wetterschutz des Helms stammen noch aus der Friedenszeit vor 1914. Die schon teils feldgraue Offiziersmütze trug Johann Othmar von Bodman während des Ersten Weltkriegs.

Badische Offizierspickelhaube mit Zubehör, Offiziersmütze des Ersten Weltkriegs. Leihgabe und Foto oben: Wilderich Graf von und zu Bodman

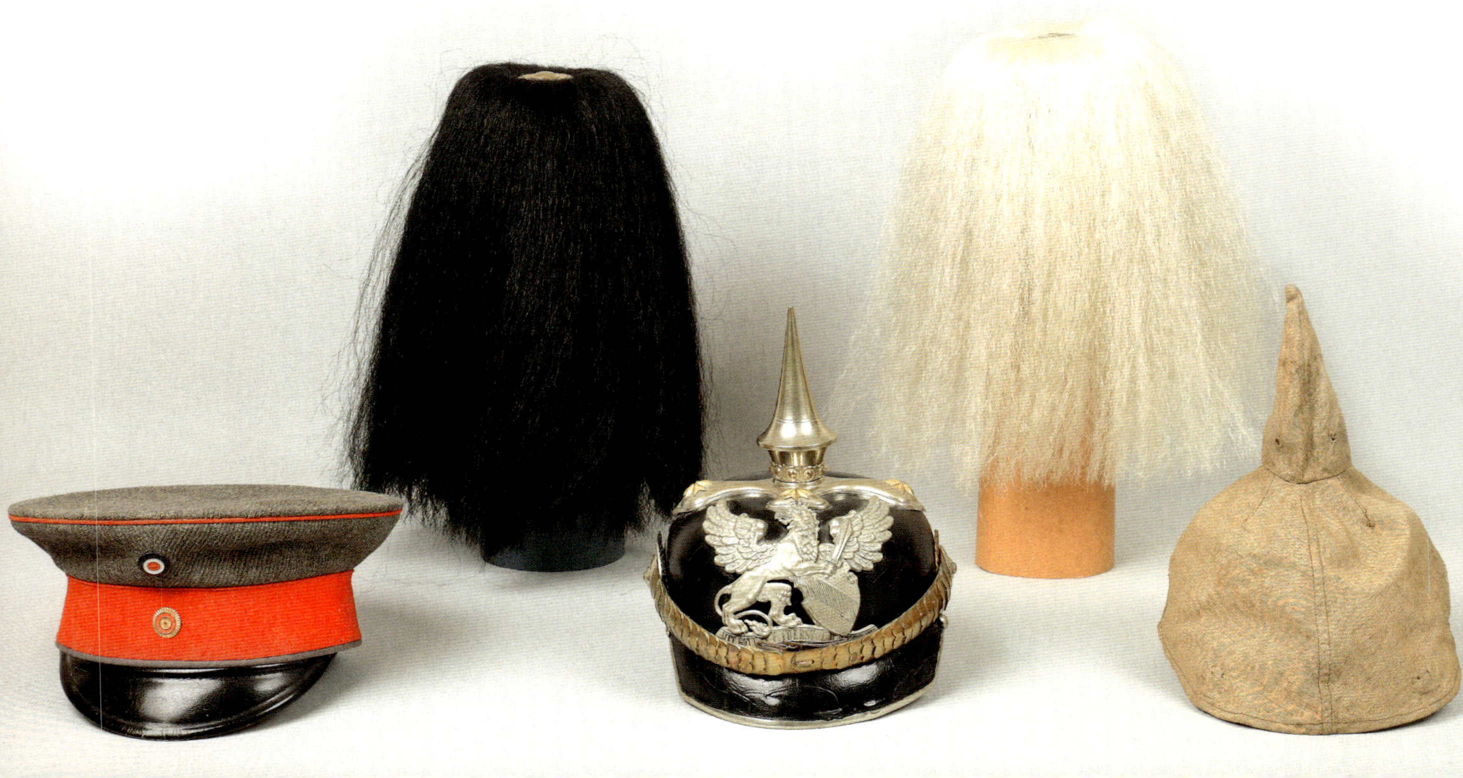

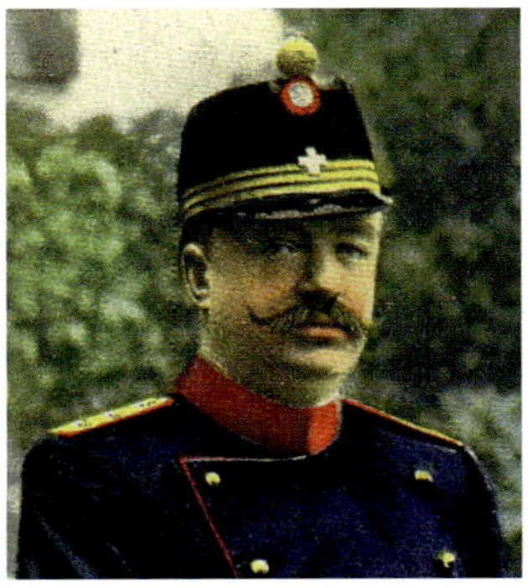

Die „Verpreussung" der Schweiz

Sein großes militärisches Vorbild war Preußen. Wie dort sollte auch der Schweizer Bürger durch scharfen militärischen Drill zum tauglichen Soldaten einer modernen Armee erzogen werden. Die Anhänger der traditionellen Bürgerarmee der Schweiz werfen dem Oberinstruktor der Kavallerie, Ulrich Wille (1848 – 1925), deshalb die „Verpreußung" der Milizarmee vor. Als er ausgerechnet die in Konstanz lebende deutsche Gräfin Clara von Bismarck heiratet, erhält der Vorwurf der Deutschfreundlichkeit weitere Nahrung. Nach Intrigen gegen ihn wird Wille aus dem Instruktionskorps entlassen. Als Divisions- und Korpskommandant nimmt er 1907 starken Einfluss auf die Reform der Schweizer Militärorganisation. Im Herbst 1912 leitet er ein großes Manöver im Thurgau, das den festen Willen der Schweiz demonstrieren soll, ihre Neutralität mit Waffengewalt zu verteidigen. Als Ehrengast nimmt der deutsche Kaiser Wilhelm II. am Manöver teil.

Mit dem Beginn des Ersten Weltkriegs wird Wille am 3. August 1914 vom Parlament zum General der Schweizer Armee gewählt. Die Kritik an seiner Deutschfreundlichkeit und an seiner demokratiefeindlichen Staatsauffassung verstummt jedoch nicht. Während des Generalstreiks 1918 fordert Wille, die Armee solle die streikenden Arbeiter in die Fabriken zurück treiben. Der Streik wird tatsächlich mit militärischer Gewalt beendet, was den Militärreformer Wille zu einem der meistgehassten Schweizer macht und das innenpolitische Klima auf Jahre schwer belastet. Ulrich Wille ist der profilierteste Vertreter eines Schweizer Militarismus, für den Stärke und Selbstbehauptung der Nation vor Demokratie und individueller Freiheit rangierten.

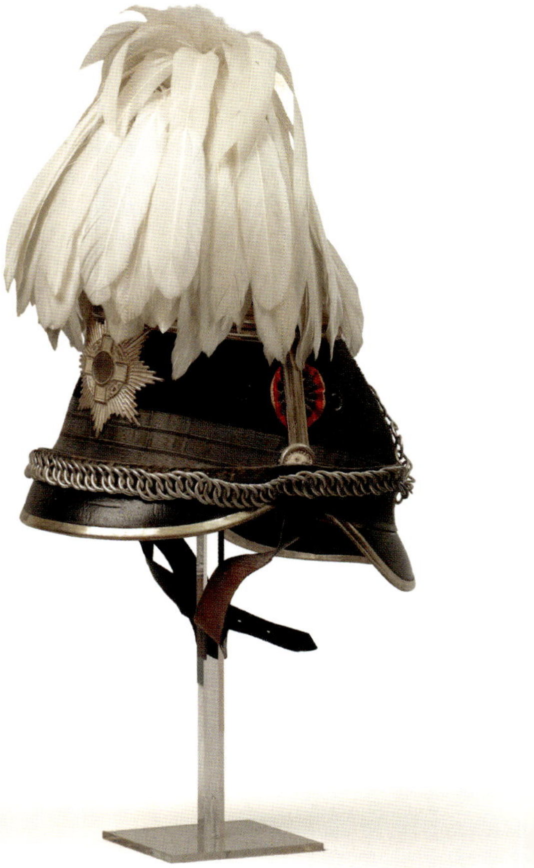

Diensttschako und Parade-Tschako des Generals Ulrich Wille, um 1912.
Leihgabe und Foto oben links: Familie Wille, Schweiz

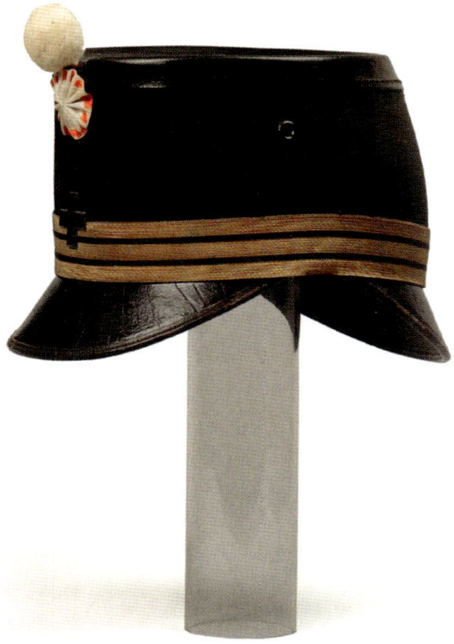

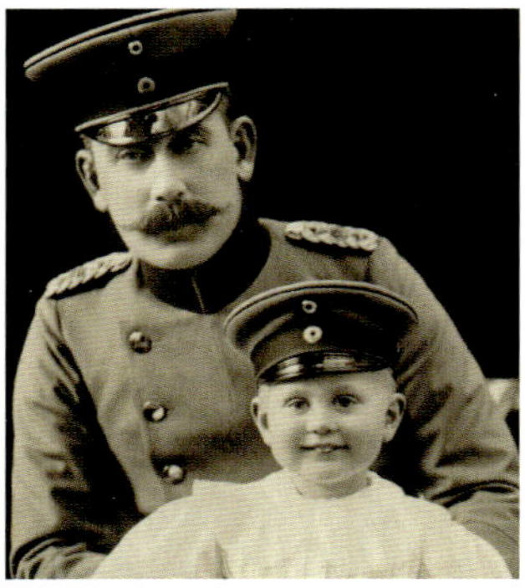

Der letzte kaiserliche Reichskanzler

Der badische Thronfolger Prinz Max von Baden (1867 – 1929) widmet sich während des Krieges mit großem diplomatischen Erfolg als Ehrenpräsident des Badischen Roten Kreuzes der Fürsorge für die Gefangenen. Der über die neutrale Schweiz laufende internationale Gefangenenaustausch wird über den Bahnhof Konstanz abgewickelt. In allen kriegsführenden Staaten wird der liberale Prinz wegen seiner ausgleichenden Haltung sehr geachtet. Im Herbst 1918, in militärisch aussichtsloser Lage, wird Prinz Max mit Zustimmung Kaiser Wilhelms II. zum Reichskanzler ernannt. Die Oberste Heeresleitung will nicht selbst die Verantwortung für die bevorstehende Niederlage übernehmen. Max von Baden setzt Zeichen: Er beendet den U-Boot-Krieg, entlässt General Ludendorff und verkündet am 9. November eigenmächtig die Abdankung des Kaisers und den Thronverzicht des Kronprinzen. Als der Sozialdemokrat Philipp Scheidemann daraufhin die Republik ausruft, übergibt Prinz Max das Reichskanzleramt an den Sozialdemokraten Friedrich Ebert.

Bald schon als angeblicher Totengräber des Kaiserreichs geschmäht, zieht sich Prinz Max als Privatmann nach Salem zurück, wo er zusammen mit dem Pädagogen Kurt Hahn 1920 die bis heute bestehende Internatsschule gründet. Während seiner Jahre als kaiserlicher Reichskanzler trägt Max von Baden meist eine preußische Dragoneruniform. Im Kreis der Familie bevorzugt der weltläufige Adelige in auffälligem Kontrast zur uniformversessenen wilhelminischen Gesellschaft jedoch elegante Maßanzüge, bequeme Sportmützen, leichte Strohhüte und weiche Filzhüte.

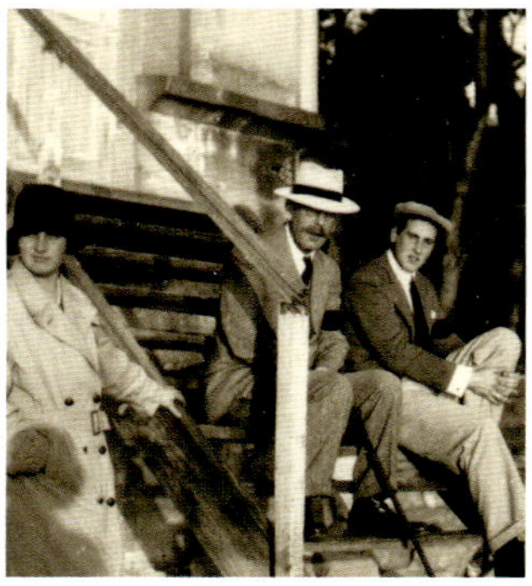

Prinz Max von Baden mit Strohhut, begleitet von seinen Kindern Prinzessin Marie-Alexandra und Prinz Berthold, vor dem Seepavillon bei Schloss Kirchberg, Herbst 1928.
oben: Prinz Max von Baden in preußischer Generalsuniform mit seinem Sohn Berthold

„Verstand ohne Charakter hat keinen Wert."

Prinz Max von Baden

Grauer Trachtenhut, Strohhut und Preußische Offiziersmütze des letzten kaiserlichen Reichskanzlers Max von Baden.
Leihgabe und Fotos oben: Haus Baden, Schloss Salem

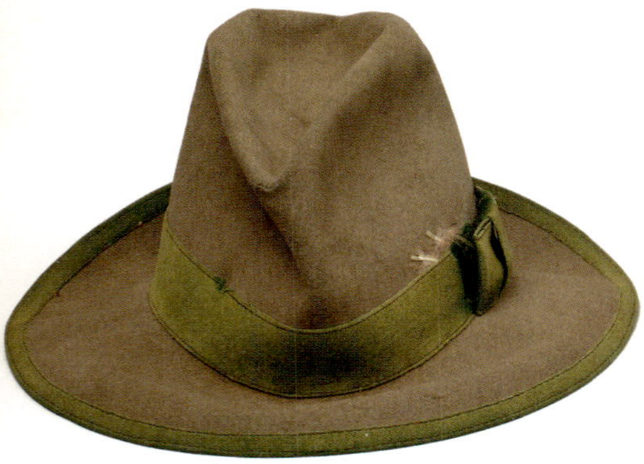

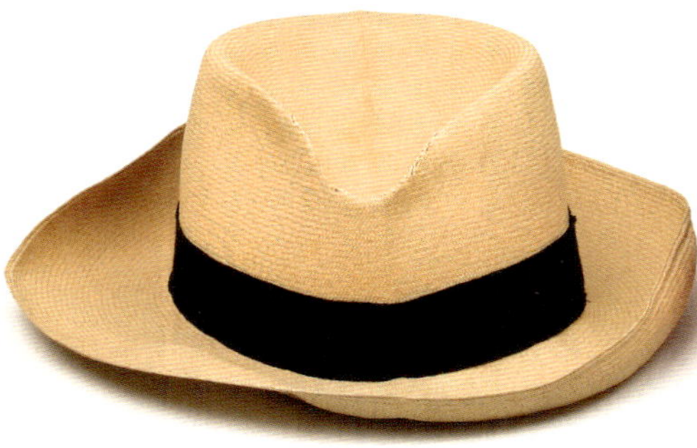

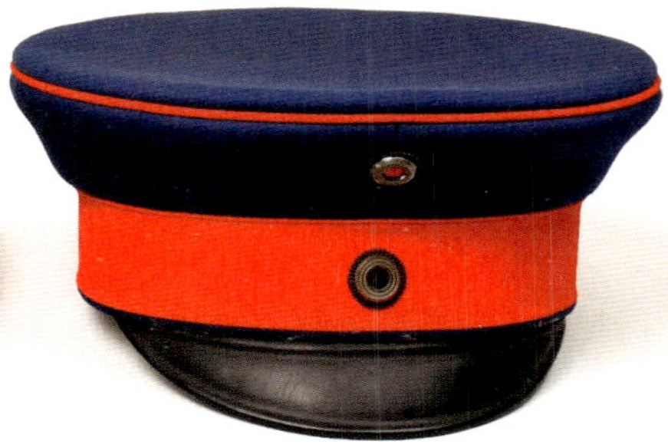

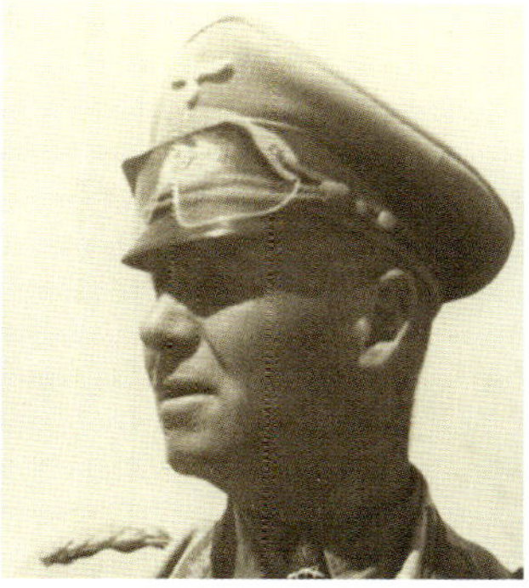

Mythos Rommel

Die Lebensgeschichte des deutschen Generalfeldmarschalls Erwin Rommel (1891 – 1944) ist ein Musterbeispiel der Wirkungsmacht politischer Propaganda: Selbst nach dem Zweiten Weltkrieg gilt der 1944 von Hitler zum Suizid gezwungene Armee-Oberbefehlshaber der deutschen Truppen in Nordafrika und Sieger der Schlacht um Tobruk als leuchtendes Beispiel der angeblich „sauberen Wehrmacht". Dabei ist der „Wüstenfuchs" lange Hitlers „Lieblingsgeneral" und stellt als eher unpolitischer Berufsmilitär zu keinem Zeitpunkt die verbrecherische Natur des Nationalsozialismus infrage. Das Attentat der Verschwörer des 20. Juli, von dem er gewusst haben soll, billigt er keineswegs. Doch der Mythos Rommel lebt weiter. Auf damals entstandenen Propagandafotos erscheint der General, in seiner Khaki-Uniform mit umgehängtem Feldstecher und der Panzerbrille um die Offiziersmütze geschnallt, auch heute noch als untadeliger Heerführer. Aus seinem Nachlass hat sich eine Kopfbedeckung aus den Anfängen seiner Soldatenlaufbahn erhalten: Erwin Rommels lederner Tschako aus dem Gebirgskrieg 1915 an der italienischen Isonzo-Front. Die „Wetterbespannung" des Helms diente dort dem Schutz des Trägers vor Scharfschützen: So waren die blinkenden Metallteile des Helms verdeckt.

„In jener Nacht fuhr ich, im Taxi auf dem Heimweg, den Tauentzien und den Kurfürstendamm entlang. Auf beiden Straßenseiten standen Männer und schlugen mit Eisenstangen Schaufenster ein. Überall krachte und splitterte Glas. Es waren SS-Leute, in schwarzen Breeches und hohen Stiefeln, aber in Ziviljacken und mit Hüten. Sie gingen gelassen und systematisch zu Werke."

Erich Kästner, über die Pogromnacht am 9. November 1938. Ihre schwarzen Mützen hatten die SS-Leute zur Tarnung gegen zivile Hüte und Jacken vertauscht.
Aus: Notabene 45. Ein Tagebuch

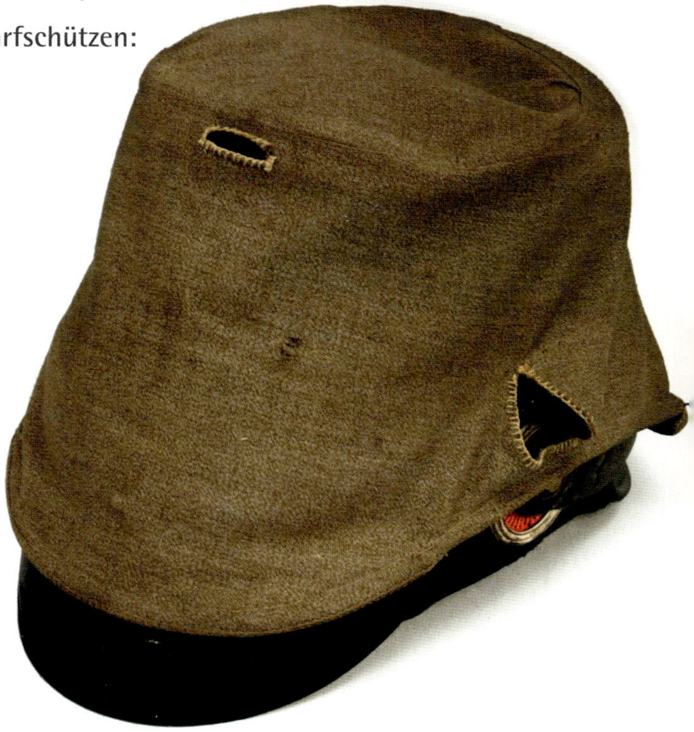

Erwin Rommels Tschako des Württembergischen Gebirgsbataillons mit Wetterschutz, um 1916.
Leihgabe und Foto oben: Haus der Geschichte Baden-Württemberg

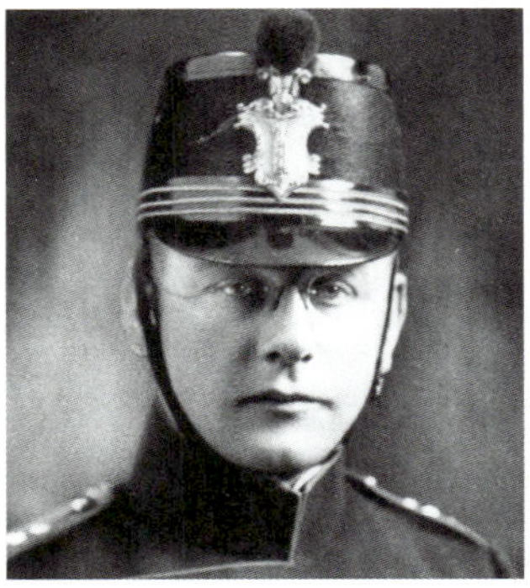

Flüchtlingshelfer in Uniform

Die Polizeiuniform und der schwarze Tschako, die Polizeichef Paul Grüninger (1891 – 1972) zu offiziellen Anlässen trägt, verheißen politisch und rassisch Verfolgten in diesen Jahren nichts Gutes: Die Schweizer Kantone Thurgau und St. Gallen betreiben während der Jahre des nationalsozialistischen Regimes in Deutschland eine flüchtlingsfeindliche Politik. Politische Verfolgung wird selten anerkannt, bedrohten Juden gewähren diese Kantone höchstens kurze Aufenthalte – gegen hohe Gebühren. Später liefert die Schweiz Flüchtlinge sogar an den Verfolgungsapparat des NS-Staates aus.

Der St. Galler Polizeikommandant Hauptmann Paul Grüninger verweigert dieser Politik die Gefolgschaft: Nach dem „Anschluss" Österreichs und den nun einsetzenden Flüchtlingswellen plädiert er während einer Konferenz der kantonalen Polizeidirektoren für eine offene Asylpolitik. Seine Vorschläge werden öffentlich verschwiegen. 1938 bewilligt der Schweizer Bundesrat eine Vereinbarung mit NS-Deutschland über die Einführung eines „Juden-Stempels" für die Pässe jüdischer Menschen und erlässt eine Visumpflicht für jüdische Deutsche. Paul Grüninger handelt: Trotz der verfügten Grenzsperre nimmt er mehrere hundert Flüchtlinge im Kanton St. Gallen auf, missachtet die Weisungen des Bundes und übertritt auch Gesetze, um die Flüchtlinge zu schützen. Im Mai 1939 wird er von der St. Galler Regierung fristlos entlassen. Im Jahr darauf steht er wegen Amtspflichtverletzung und Urkundenfälschung vor dem St. Galler Bezirksgericht und wird verurteilt. Auch nach 1945 erfährt er keine Rehabilitierung. Bis zu seinem Tod lebt er in Armut. Erst 1993/94 rehabilitieren die St. Galler Regierung und der Schweizer Bundesrat den widerständigen Polizeihauptmann.

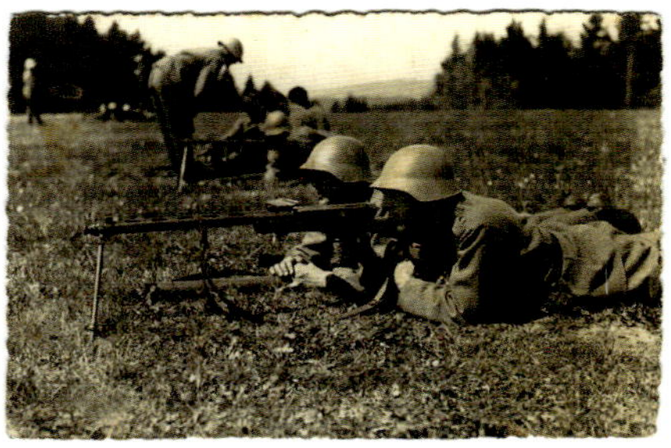

Ausbildung von Schweizer Infanteristen während der Grenzbesetzung des Zweiten Weltkriegs.
oben: Der St. Galler Polizeichef Paul Grüninger nach seiner Beförderung zum Hauptmann.
Fotos: Paul Grüninger-Stiftung St. Gallen

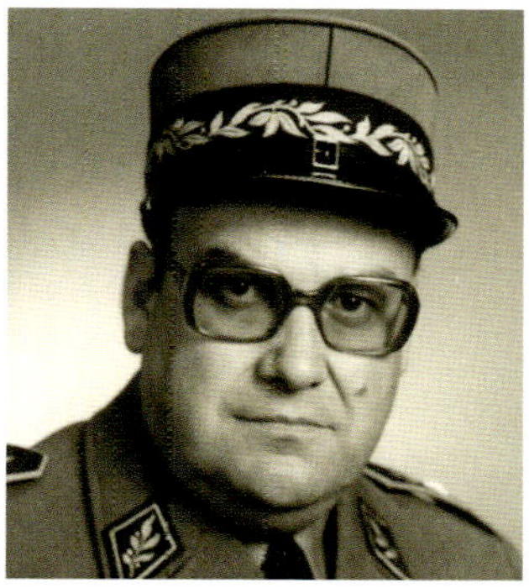

Kalter Krieger und Europäer

Als Direktor des Ausbildungszentrums der Schweizer Bank UBS auf Schloss Wolfsberg am Untersee bringt Ernst Mühlemann (1930 – 2009) zwei Jahrzehnte Jahre lang Politiker, Kunstschaffende und Wirtschaftsführer aus der ganzen Welt zusammen. Seit 1983 vertritt er den Thurgau als liberaler Abgeordneter im Schweizer Nationalrat. Wegen seiner weltweiten Verbindungen gilt er als „heimlicher Außenminister" der Schweiz. Vor dem Fall des Eisernen Vorhangs ist der hohe Offizier der Schweizer Milizarmee jedoch ein Kalter Krieger. Erst die Begegnung mit Michail Gorbatschow lässt ihn nach eigenem Zeugnis zum überzeugten Europäer werden. Zuvor vertritt er als Brigadier, Stabschef des Feldarmeekorps 4 und Kommandant der Grenzbrigade 7 eine offensive Variante der Schweizer „Vorwärtsverteidigung": Im Konfliktfall will Mühlemann die Konstanzer Rheinbrücke sprengen, um den Feind aus dem Osten hier aufzuhalten. In späteren Jahren erzählt er diese Geschichte mit feiner Selbstironie. Damals aber, in den frühen 1980er Jahren, trägt er die Uniform des Brigadiers mit der an den Tschako des 19. Jahrhunderts erinnernden eichenlaubbestickten Mütze mit großem Stolz.

„Nach manchen Gesprächen mit einem Menschen hat man das Verlangen, einen Hund zu streicheln, einem Affen zuzunicken oder vor einem Elefanten den Hut zu ziehen!"

Max Gorki (1868 – 1936)

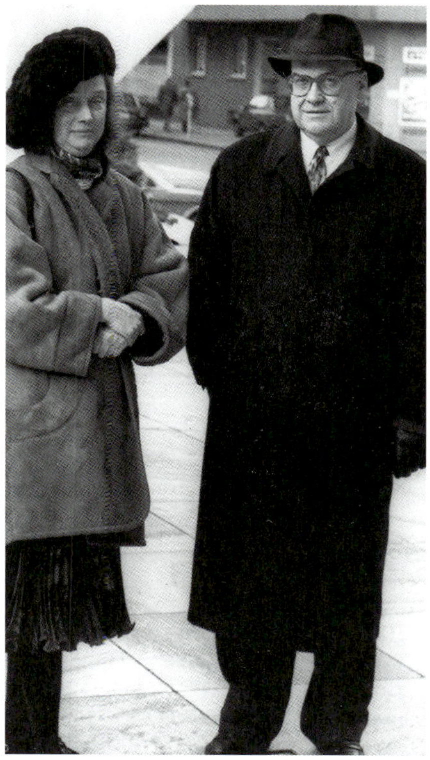

UBS-Direktor Ernst Mühlemann mit der Malerin und Bildhauerin Niki de Saint Phalle (1930 – 2002), die eine ihrer berühmten großen Strickmützen trägt.
Foto oben: Brigadier Ernst Mühlemann in Uniform, um 1980.
Fotos: Familienarchiv Mühlemann

Heimat, deine Hüte

Regionales Brauchtum, Freizeit und Vereinswesen

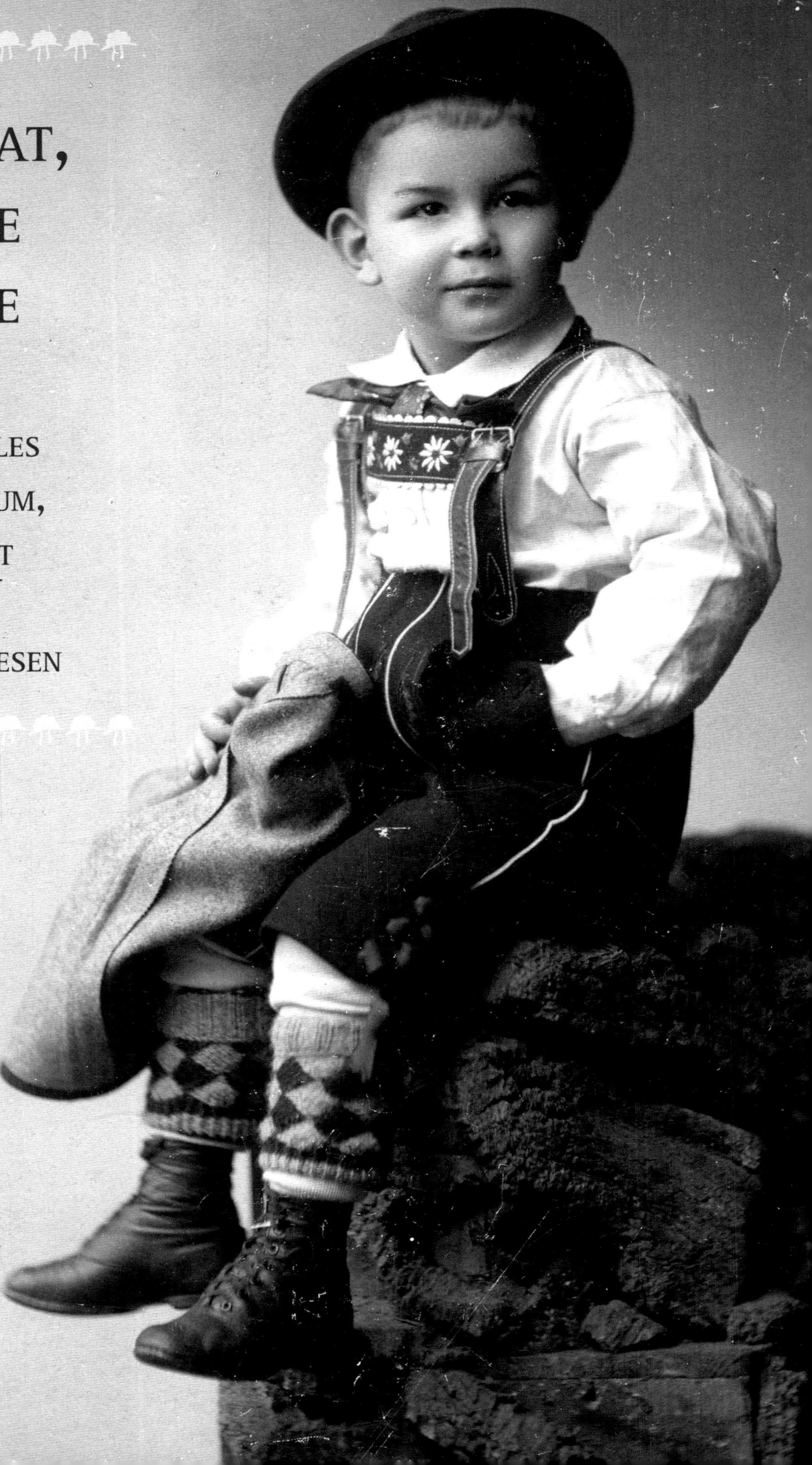

ANFANG des 20. Jahrhunderts ist eine „Konstanzer Tracht" in der Stadt unbekannt. In den benachbarten Schweizer Kantonen Thurgau, Appenzell und St. Gallen haben sich dagegen ursprünglich ständische Kleidungsvorschriften für die Bauern in regionaltypischen Festtagstrachten erhalten. Die Trachtenbewegung des späten 19. Jahrhunderts greift vor allem alpenländische Vorbilder auf: Adel und Großbürgertum ziehen zur „Sommerfrische" in bayerische und österreichische Kurorte, wo sie die Kleidung der bäuerlichen Bevölkerung imitieren. So finden Janker, Lederhose, Dirndl und Tirolerhut als neue Mode der Oberschicht europaweite Verbreitung. Mit der Lebensreformbewegung um 1900 setzt ein Gegentrend ein: Anhänger des „Wandervogels" und Mitglieder der bündischen Jugend lehnen solche Verkleidungen ab – und wählen neue: Zum offenen Schillerkragen tragen Männer und Frauen betont formlose Wanderschlapphüte, breite Samtbaretts oder langes offenes Haar.

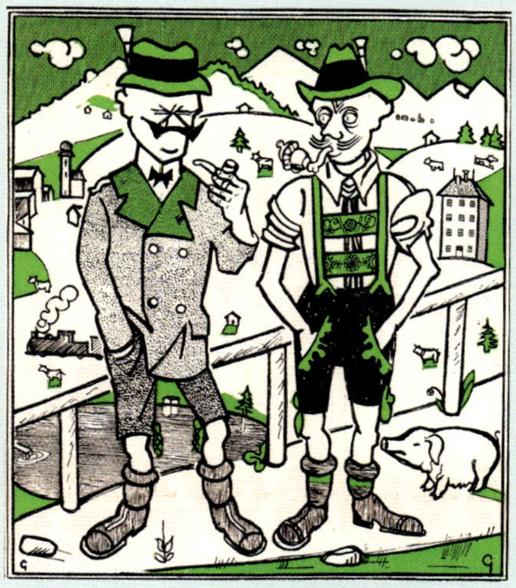

Der hässliche Deutsche: Karikatur des Schweizer „Nebelspalter" 1933 über den Tracht tragenden Großstädter, der in die Gebirgslandschaft einfällt.

Einige im Rosgartenmuseum aufbewahrte goldgewirkte und perlenbesetzte Radhauben und Kostümrelikte von Frauen aus vornehmen Bürgersfamilien des 18. Jahrhunderts werden 1926 zum Vorbild einer lokalen Trachten-Renaissance: Die aus Stuttgart stammende Konstanzerin Emma Einhart greift populäre Ideen der bereits völkisch angehauchten Heimatbewegung auf und gründet eine Trachtengruppe „Alt-Konstanz". Die Frauen dieser Gruppe tragen die städtische Tracht des späten 18. Jahrhunderts mit Taftrock, Schürze und seidenem Halstuch, dazu die große Radhaube. Die Männer erscheinen im biedermeierlichen Frack mit bunter Weste, langen Hosen und hohem Filzzylinder.

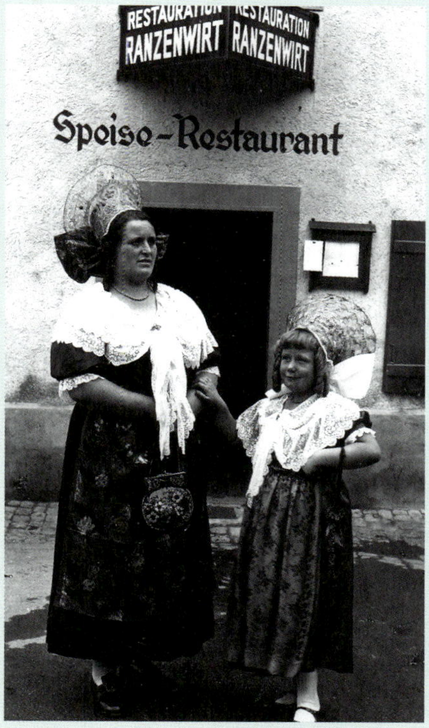

Die Konstanzer Wirtin Maria Sauter mit ihrer Tochter in „Alt-Konstanzer Tracht", Aufgenommen vor dem Lokal „Ranzenwirt" am Gautrachtenfest 1938.

Im Nationalsozialismus wird die Trachtenbewegung als angeblich urdeutsche Tradition staatlich gefördert. Die politisch gleichgeschalteten Bodensee-Gautrachtenfeste in Lindau 1937 und Konstanz 1938 werden von jeweils 1500 Trachtenträgern aus Oberschwaben, Bayern, Vorarlberg und aus dem Schwarzwald besucht. Die Schweizer Nachbarkantone bleiben außen vor. Hier wird die ideologische Vereinnahmung der Trachtenbewegung deutlich sichtbar, denn noch in den 1920er Jahren traf man sich grenzüberschreitend. Auch bestand damals in Konstanz noch eine Deutsch-Schweizerische Trachtenvereinigung. Der von zugewanderten Bayern initiierte Verein „Oberrheintaler", dem auch der spätere Hitler-Attentäter Johann Georg Elser zeitweise angehörte, widmete sich bayerischen Gebirgstrachten, veranstaltete Heimatabende und spielte Zithermusik. Heute pflegt der Heimat- und Volkstrachtenverein diese alpenländischen Traditionen, und auch die Trachtengruppe „Alt-Konstanz" ist bei festlichen Anlässen in der Stadt präsent.

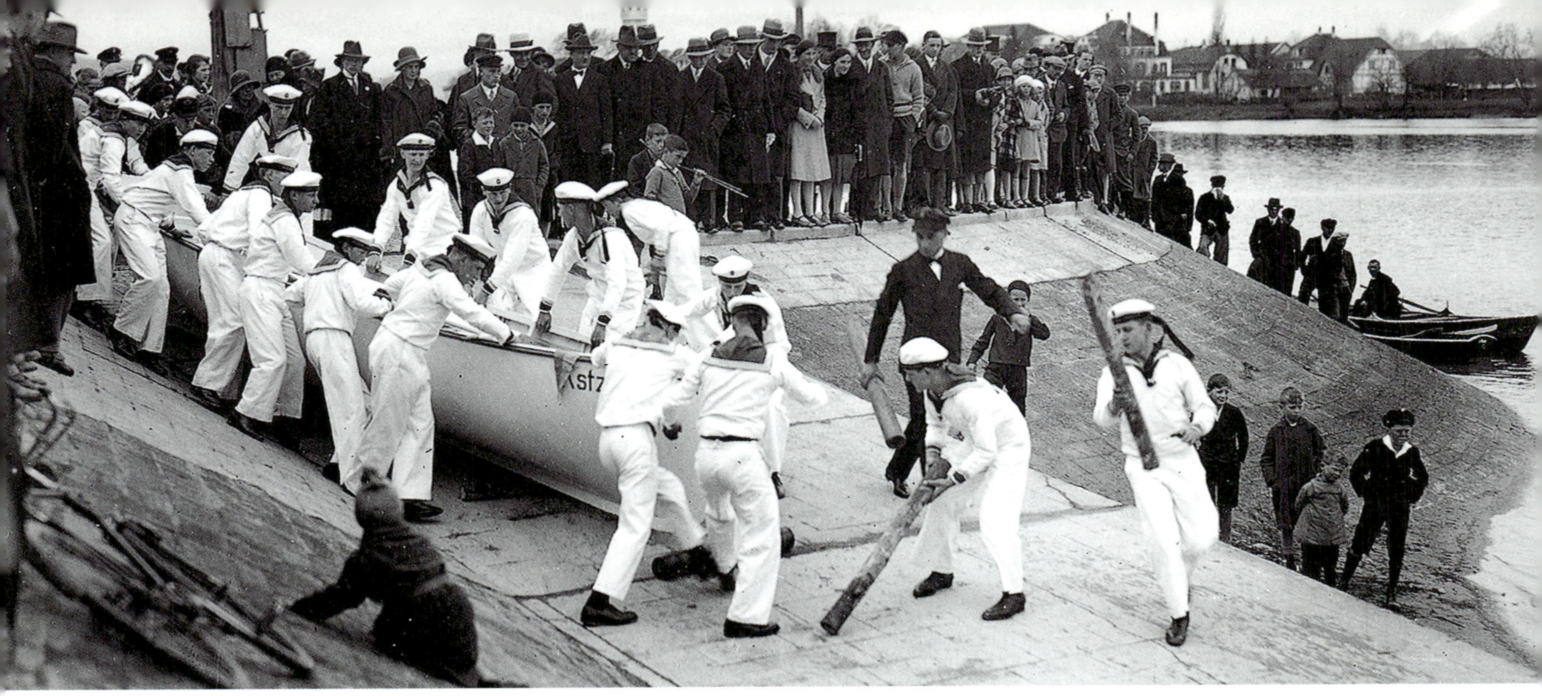

Winterlicher Stapellauf eines neuen Ruderkahns der Marinekameradschaft Konstanz, 1920er Jahre

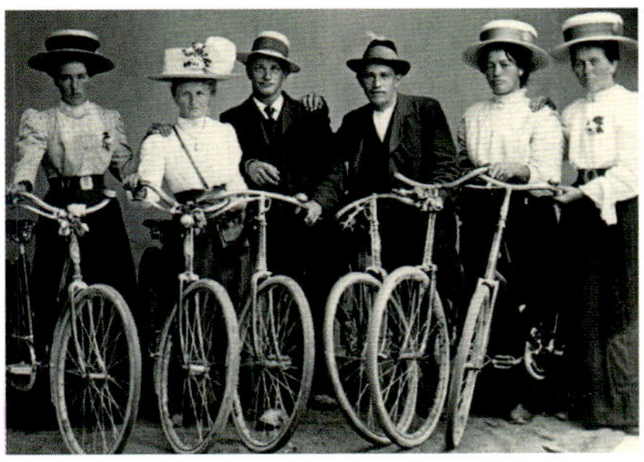

Radsportler mit üppigen Matelot-Hüten aus Allgäuer Produktion. Um 1900

Größere Verbreitung erfahren im Bodenseeraum regionale Kleidungsbesonderheiten, die mit der Nutzung des Wassers in Verbindung stehen: Seit 1824 verbinden Dampfschifffahrtslinien die Uferorte miteinander. Die zweireihige Schifferjacke aus blauem Wolltuch und die wollene Schiffermütze mit Anker und Hoheitszeichen des jeweiligen Anrainerstaats, oder mit dem Wappenschild der Stadt, werden im letzten Drittel des 19. Jahrhunderts die typische Bekleidung des Personals der Schifffahrtsgesellschaften. Die Fischer des Sees tragen zum Schutz gegen Regen und Schnee bis in die 1950er Jahre dicke Lodenjoppen, gewachste Baumwollmäntel und dazu den „Südwester“, einen imprägnierten Hut mit langgezogenem Nackenschutz und tiefem Augenschild.

Der um 1880 aufkommende Wassersport etabliert eigene Kopfbedeckungen: Die Freizeitkapitäne der exklusiven Yachtclubs in Friedrichshafen und Konstanz tragen weiß-blaue Kleidung und weiß bezogene Kapitänsmützen, die das gestickte Emblem des Clubs ziert. Im 1885 gegründeten Konstanzer Ruderverein „Neptun“ hält sich bis in die Zeit nach dem Zweiten Weltkrieg eine an englische Vorbilder angelehnte Ruderkappe aus hellem Tuch mit Augenschirm und Scheitelknopf. Zu festlichen Anlässen, etwa zum Besuch großherzoglicher Hoheiten, tragen die Ruderer eine weiße Prinz-Heinrich-Mütze.

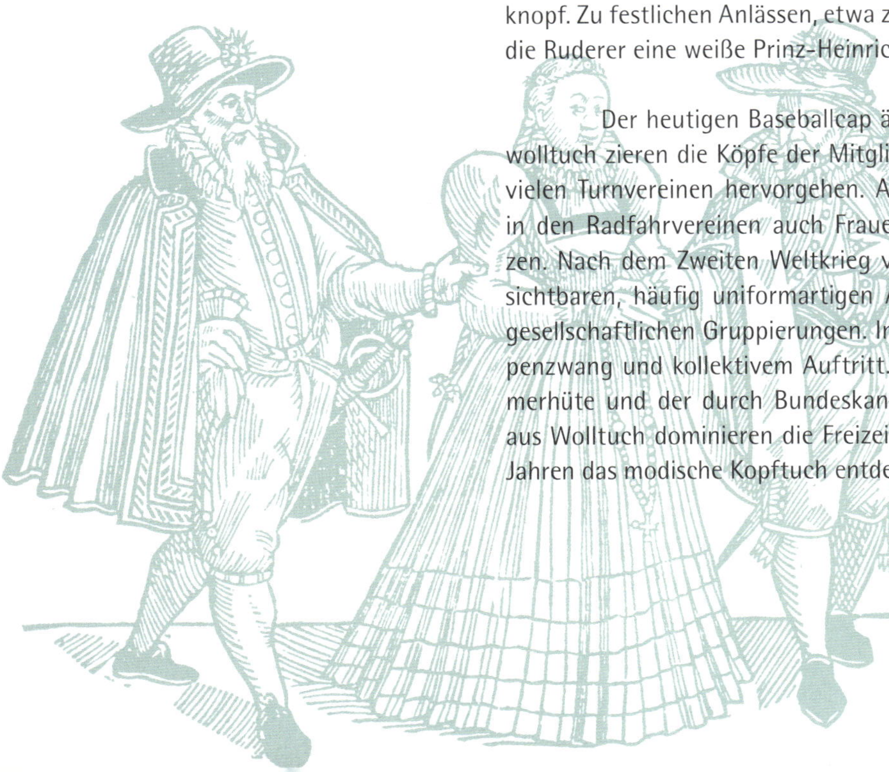

Der heutigen Baseballcap ähnliche Sportmützen aus Leinen- und Baumwolltuch zieren die Köpfe der Mitglieder von Radfahrvereinen, die nach 1880 aus vielen Turnvereinen hervorgehen. Als sensationell wird damals empfunden, dass in den Radfahrvereinen auch Frauen Hosen tragen und Männermützen aufsetzen. Nach dem Zweiten Weltkrieg verlieren sich in Westdeutschland viele dieser sichtbaren, häufig uniformartigen Attribute der Zugehörigkeit zu Vereinen und gesellschaftlichen Gruppierungen. Individualität rangiert nun eindeutig vor Gruppenzwang und kollektivem Auftritt. Flache Schlägermützen, kleinkrempige Sommerhüte und der durch Bundeskanzler Adenauer bekannt gewordene Pepitahut aus Wolltuch dominieren die Freizeithutmode, während die Damen in den 1950er Jahren das modische Kopftuch entdecken.

„Die Volkstrachten sind als kostbares Kulturgut viel zu wertvoll, als dass man sie zu bloßen Maskeraden und ‚Revue-attraktionen' herabwürdigen dürfte. Der ‚Salontiroler' ist eine Kulturschande, ähnlich wie die sogenannten ‚original oberbayerischen Trachtengruppen', die man in Berliner Vergnügungslokalen zu sehen bekommt."

Die nationalsozialistische Bodensee-Rundschau zum Bodensee-Gaufest der Trachten, 5. Mai 1938

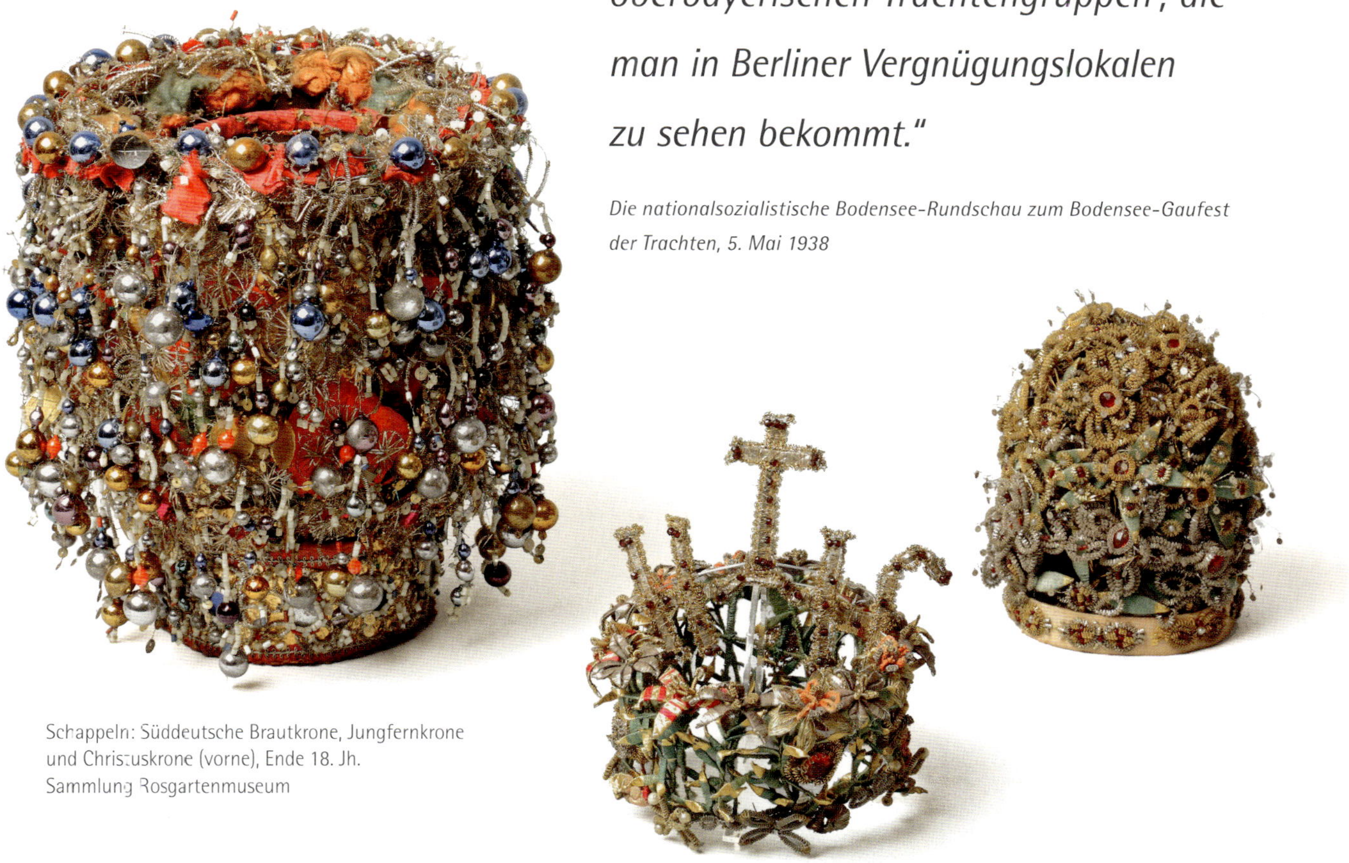

Schappeln: Süddeutsche Brautkrone, Jungfernkrone und Christuskrone (vorne), Ende 18. Jh. Sammlung Rosgartenmuseum

Die sicher auffälligsten Kopfbedeckungen regionaler Prägung bringen seit dem 19. Jahrhundert Karneval und Fasnacht hervor. Die älteste Konstanzer Fasnachtsgesellschaft, die 1880 gegründete Elefanten AG, orientiert sich mit ihrem roten Frack und der federbesetzten Elferratsmütze an rheinischen Vorbildern: Die bunte Hörnermütze ist eine Nachfahrin der mittelalterlichen Narrenkappe. Diese hatte die phrygische Freiheitsmütze zum Vorbild, das spätere Symbol der Französischen Revolution. Viele seit den 1930er Jahren gegründete maskentragende Zünfte der schwäbisch-alemannischen Fasnacht wählen sich Kopfbedeckungen aus dem Fundus frühneuzeitlicher Hofmoden: Hauben und Barette, hohe spanische Hüte und ausladende Landsknechtshüte, oft feder- oder pelzbesetzt, prägen bis heute das Bild dieser zuweilen etwas angestrengt um historische Originalität bemüht wirkenden Fasnachtsmode.

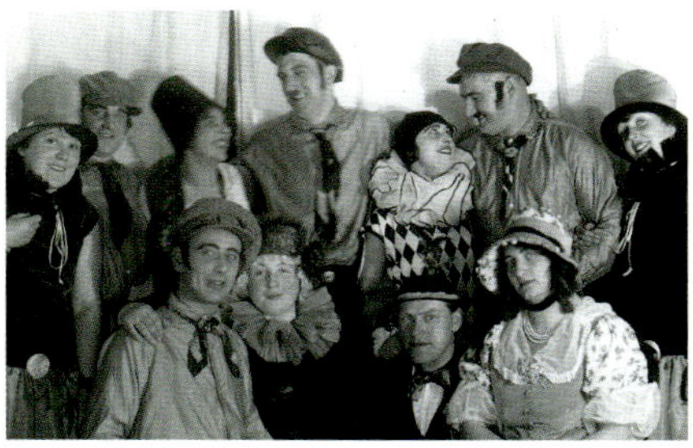

Alles erlaubt: Hutkreationen während der Fasnacht. Ballaufnahme aus dem Hotel Halm Konstanz, Mitte der 1920er Jahre

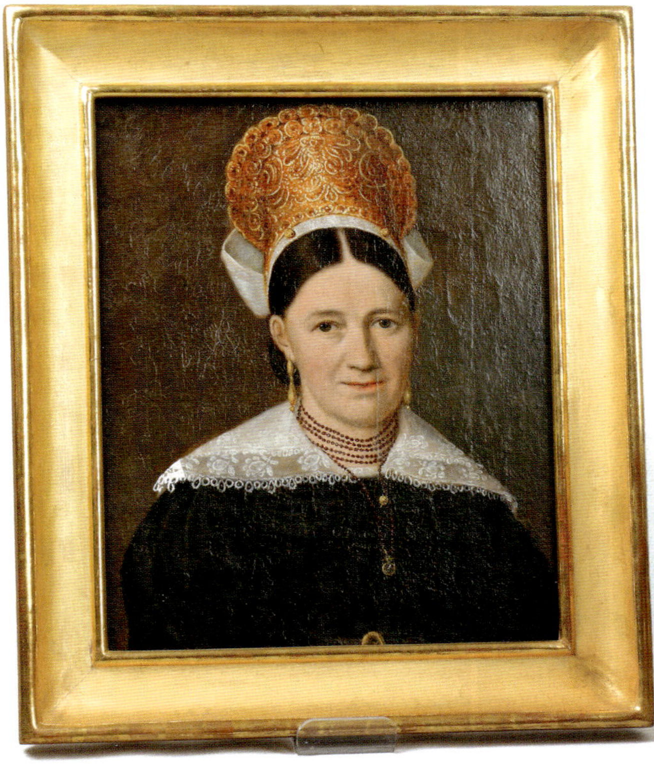

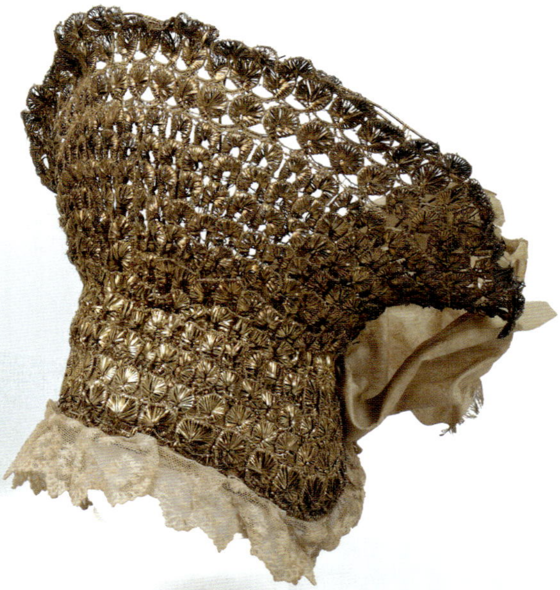

Wendelin Moosbrugger: Die Konstanzer Bürgerin Christine Sulger, geb. Weber, mit kleiner Radhaube. Mitte 19. Jh. Rechts: Kleine Radhaube, mit Goldlahn umflochten, Rüschen und Seidenschleife.

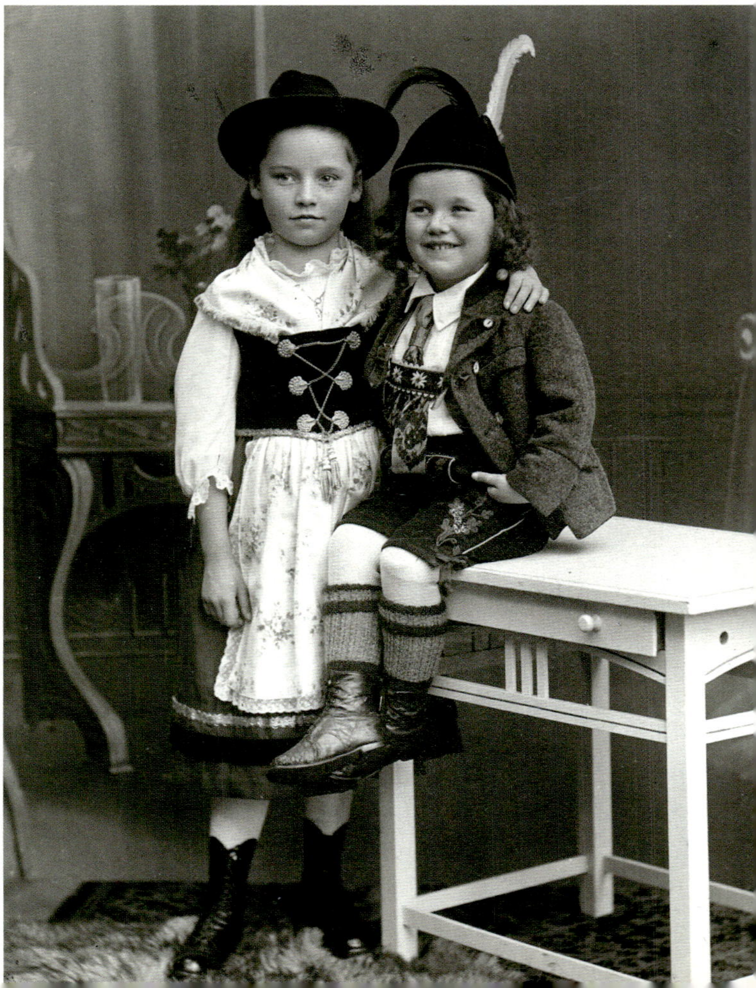

Die Töchter des Konstanzer Bürgermeisters Ernst Dietrich als Trachtenpärchen. Gertrud Dietrich (rechts) wurde nach dem Zweiten Weltkrieg „Blätzlemutter" der Narrenzunft Blätzlebuebe.

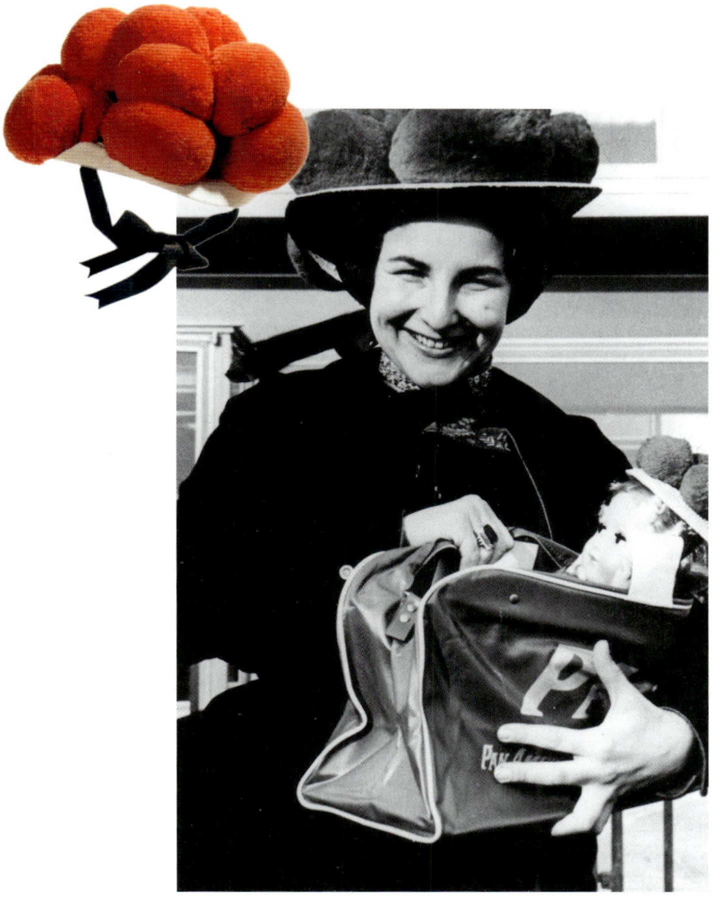

Anneliese Schuhholz mit dem „Tomato-Hat". In der Tasche der amerikanischen Fluglinie PanAm ruht ein Schwarzwald-Püppchen.

Mitte der 1950er Jahre schickte der baden-württembergische Fremdenverkehrsverband die junge Stuttgarterin Anneliese Schuhholz als „Botschafterin" des neuen Südweststaats in die USA, um dort unter anderem bei deutschen Clubs Werbung für das Reiseland Baden-Württemberg zu machen. Die Hauptperson dieser Promotionstour wurde mit einer Wutachter Tracht ausgestattet, weil man glaubte, der Bollenhut sei das international bekannteste Symbol des deutschen Südwestens. Doch die freundlichen und von der jungen Deutschen begeisterten US-Bürger verbanden mit dem Hut nicht, wie erwartet, den Schwarzwald. Sie gaben der Botschafterin vielmehr einen auf ihren Hut bezogenen, liebevollen Übernamen: „The girl with the tomato-hat!"
Inzwischen hat Anneliese Schuhholz dieses Relikt des vermutlich ersten gemeinsamen Standortmarketings von Badenern und Württembergern dem Haus der Geschichte Baden-Württemberg überlassen, nachdem er Jahrzehnte lang in ihrer Küche gehangen hatte.

Leihgabe: Haus der Geschichte Baden-Württemberg, Stuttgart
Foto: Archiv Schuhholz

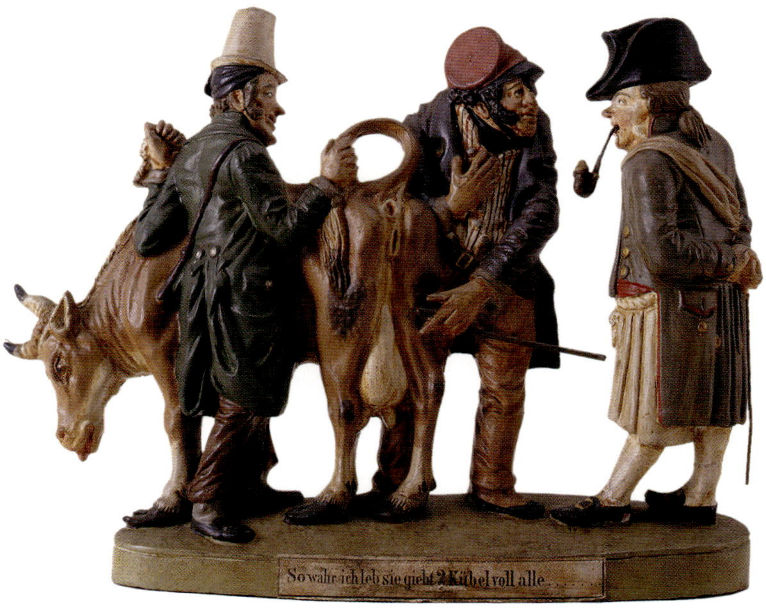

Alemannische Landjuden auf dem Viehmarkt.
Sie tragen die damals typischen Kopfbedeckungen der Landbevölkerung: Stopselhut, Schildmütze und Zweispitz.
Zizenhauser Terrakotta, um 1850, Sammlung Rosgartenmuseum

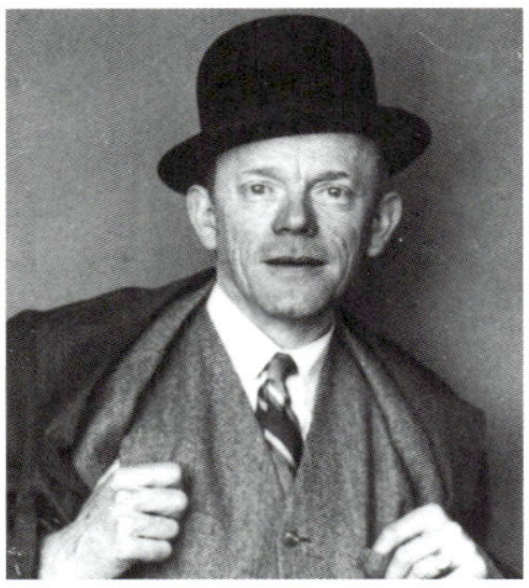

Karl Valentins behütete Welt

In Couplets, Sketchen, Moritaten und kleinen Theaterstücken, auf Schallplatten und in Filmen karikiert der Volksschauspieler, Sänger und surrealistische Aktionskünstler Karl Valentin (1882 – 1948) die kleinen und großen Katastrophen im Leben des Kleinbürgers. Über vier Jahrzehnte gilt er zusammen mit seiner Bühnenpartnerin Liesl Karlstadt als die Verkörperung des bayerischen Humors schlechthin. In nahezu jeder seiner Rollen spielen Kopfbedeckungen eine bedeutende Rolle: Skurrile bayerische Trachtenhüte und Kappen, der überdimensionale Zweispitz und immer wieder die zu kleine Melone kennzeichnen die Hilflosigkeit seiner Protagonisten in ihrem Kampf gegen die Widrigkeiten des Alltags. Der von Panikattacken und manischen Ticks geplagte Karl Valentin fürchtet sich vor Autofahrten und Bahnreisen, erträgt keine Menschenansammlungen und meidet aus Angst vor Bazillen den Händedruck mit anderen Menschen. Auf die Straße geht er, aus Furcht vor Erkältung, nie ohne Hut und selbst in seiner Requisitenwerkstatt schützt ein Filzhut den Kopf des sensiblen Künstlers. Zugleich karikiert er humorvoll auch die eigene Erscheinung: An seiner Taschenuhr in der Weste baumelt die einfache Kette einer Wasserklosettspülung aus dem Eisenwarenladen – Valentins ironische Antwort auf eine neue Schmuckkette, die Liesl Karlstadt zum Geschenk erhalten hatte.

„Ich kenne keine Angst, es sei denn ich kriagat Angst!“

Karl Valentin

„Er war der stärkste Selbstdarsteller menschlicher Unzulänglichkeiten, den ich neben Charlie Chaplin kenne. Und nichts stellte er dar als die Wahrheit.“

Oskar Maria Graf

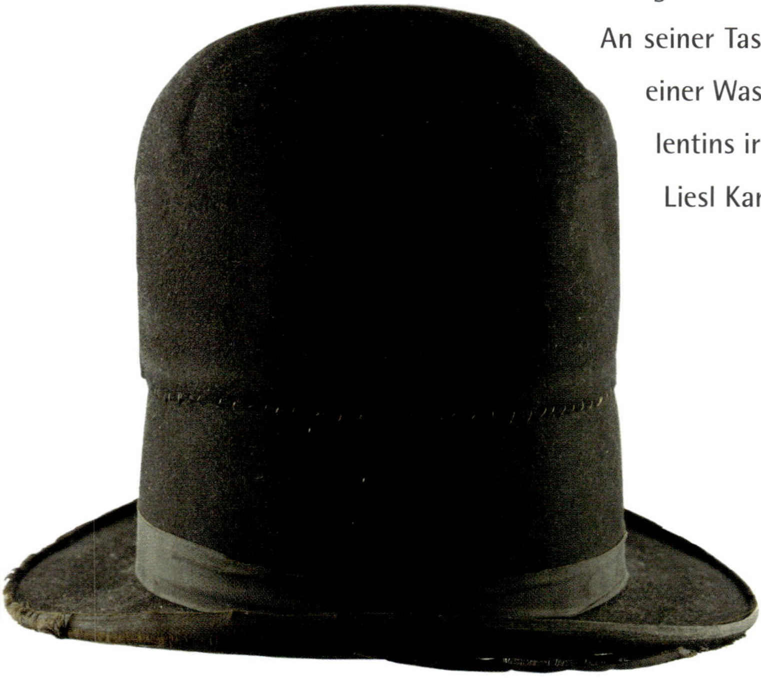

Doppelte Melone, Kreation von Karl Valentin für den Sketch „Christbaumbrettl“, aufgeführt 1927. Leihgabe und Foto: Karl-Valentin-Musäum München / Stadtmuseum München

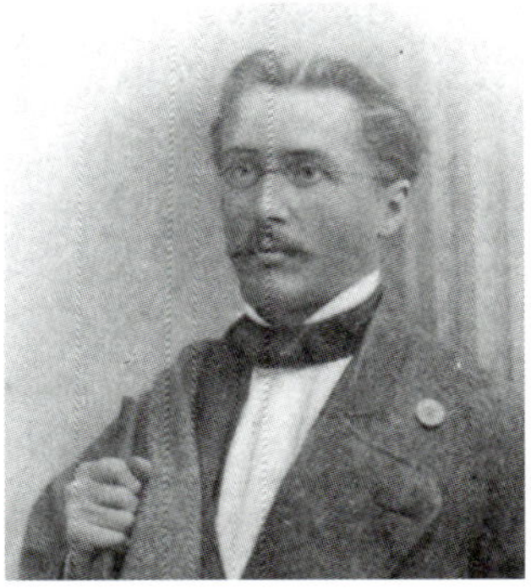

Streitbarer Dichter mit Wanderhut

Joseph Victor von Scheffel (1826 – 1886) ist einer der meist gelesenen Schriftsteller im wilhelminischen Deutschland. Im „Trompeter von Säckingen", im historischen Roman „Ekkehard" und in den Balladen „Gaudeamus" huldigt er humorvoll einem neuen deutschen Nationalgefühl und preist die angeblich bodenständigen Tugenden der Deutschen gegen intellektuellen Bildungsballast und verhasste europäische Geistesgeschichte. Die Liebe zu „deutscher Erde, deutschem Wald und germanischem Erbe" lebt Scheffel, der sich auf einem Gut auf der Halbinsel Mettnau niederlässt, auch im Privatleben: Wanderstock und Hut sind „mein ganzes Geräte", schreibt der begeisterte Wanderer. Auf seinen Touren zeichnet er Burgen, Ruinen und Klöster der Bodenseeregion in romantischer Verklärung. Mit seinen Nachbarn und den Fischern der Reichenau aber liegt der reizbare Gutsherr der Mettnau jahrelang in erbittertem Rechtsstreit. Einer seiner Hüte, ein typischer Kalabreser-Künstlerhut des 19. Jahrhunderts, charakterisiert das spannungsreiche Selbstbild des einerseits nationalistisch, andererseits revolutionär gesinnten Dichters.

„Und auch die Maidlin vom Wald schauten gar vergnüglich mit ihren Pechkäpplein, langen Zöpfen, kurzen Miedern und vielfarbigen, vielfaltigen Röcken in die Welt hinaus und haben gewiss manche malitiöse Bemerkung über das abnorme Kostüm der andern Damen gemacht, denn da waren auch noch Müllheimerinnen und Fricktälerinnen mit der großen Bandschleife an der Haube, von welcher, sowie von den Zöpfen aus, ein ganzes System von langen Bändern im Wind herumflog, wie bei einem Admiralsschiff, das alle Flaggen aufgezogen hat."

Joseph Victor von Scheffel über Schwarzwälder Trachtenträgerinnen beim Sankt Fridolinfest in Säckingen, März 1850

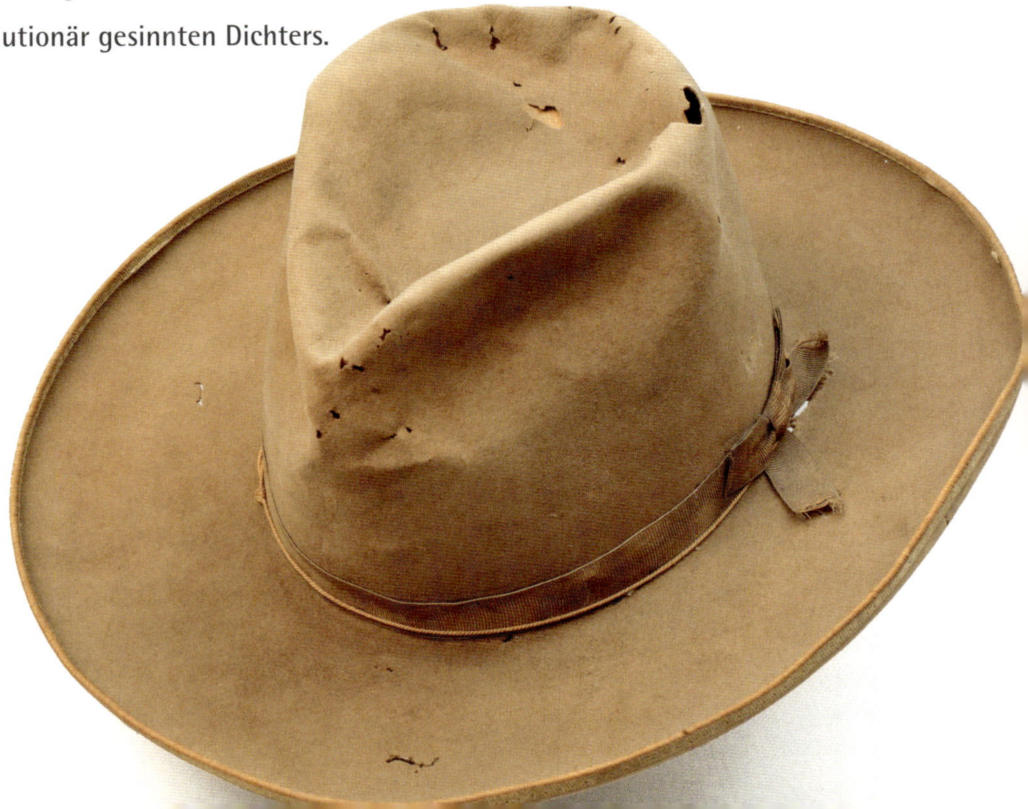

Victor von Scheffels Wanderhut, löchriger und ausgebleichter Kalabreser. Leihgabe und Foto oben: Stadtmuseum Radolfzell

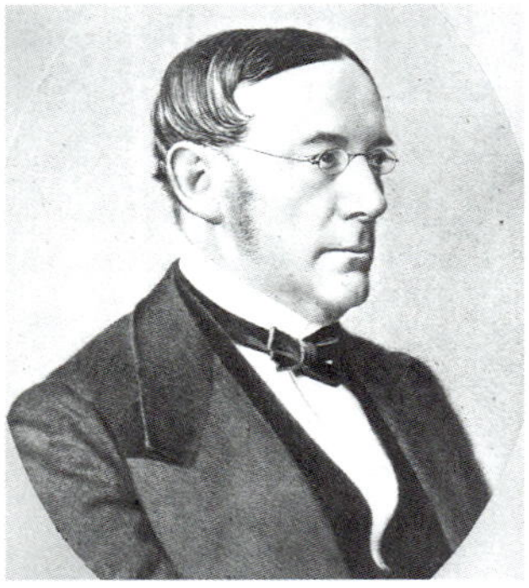

Ein Thurgauer bei Hofe

Der aus Berlingen am Bodensee stammende Jurist Johann Konrad Kern (1808 – 1888) ist einer der profiliertesten Politiker und Staatsmänner der Schweiz im 19. Jahrhundert. Als sich die Eidgenossenschaft 1848 nach dem Sonderbundskrieg verfassungsrechtlich als demokratischer Bundesstaat neu konstituiert, schreibt der einflussreiche Thurgauer Kantonsrat an der Verfassung mit. Innenpolitisch spielt Kern als Mitgründer der Eidgenössischen Technischen Hochschule Zürich ETH, in der Schulreform und in der Erneuerung des Zivil- und Strafrechts eine wichtige Rolle. Zwischen 1857 bis 1883 vertritt er die Eidgenossenschaft als Gesandter in Paris. Mit Kaiser Napoleon III. ist er seit dessen Jugend auf dem Arenenberg eng verbunden und hat leichten Zugang zum Monarchen. Auf dem glatten gesellschaftlichen Parkett der Hauptstadt des Zweiten Kaiserreichs fühlt sich der radikalliberale Thurgauer dagegen nicht ganz so wohl. Mit Napoleon spricht er zuweilen alemannisch, was die Hofgesellschaft verächtlich kommentiert. Zu offiziellen Empfängen bei Hofe erscheint Kern in der Diplomatentracht mit schwarzem, goldbestickten Frack und Zweispitz, den die Farben seiner Heimat zieren.

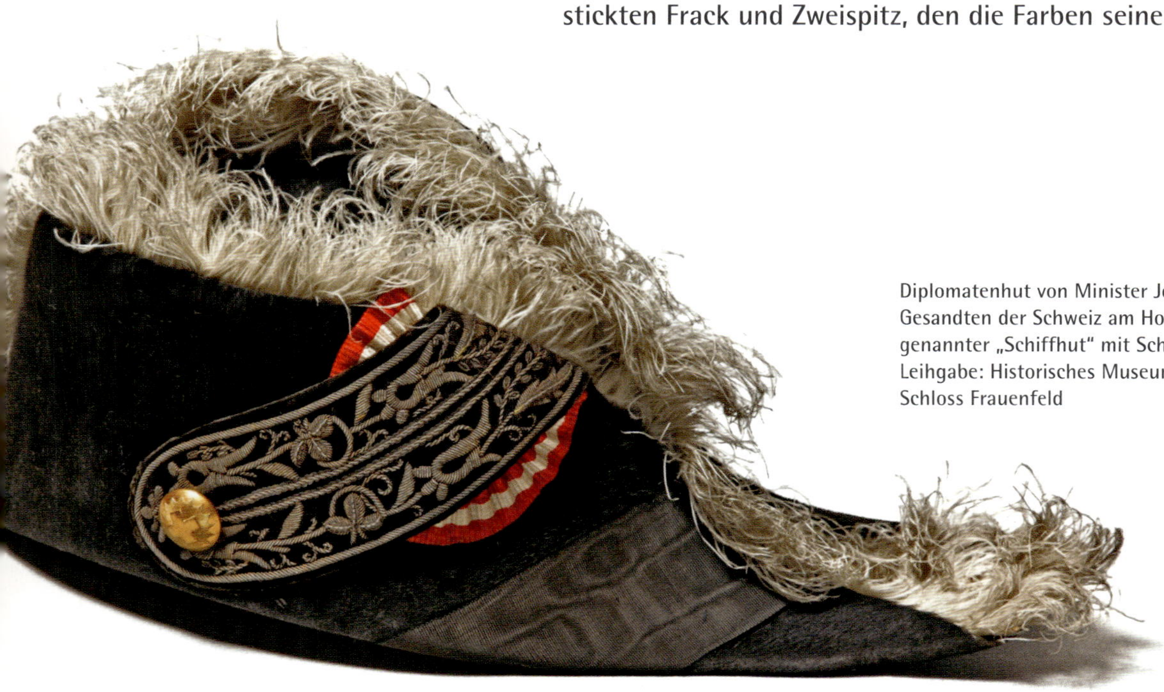

Diplomatenhut von Minister Johann Kern, dem Gesandten der Schweiz am Hof Napoleons III., ein so genannter „Schiffhut" mit Schweizer Kokarde.
Leihgabe: Historisches Museum des Kantons Thurgau, Schloss Frauenfeld

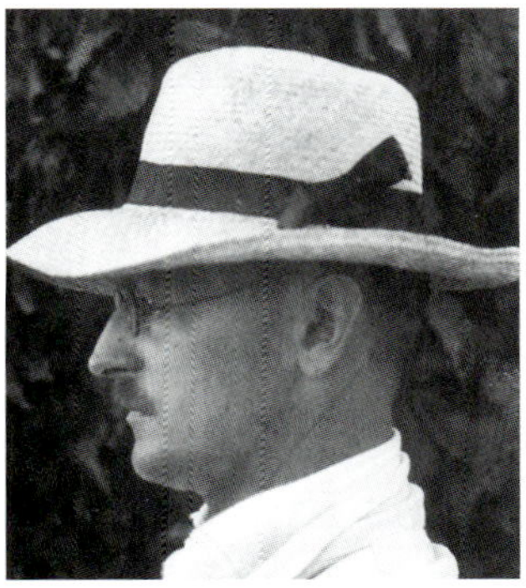

Hermann Hesse: „Mantel, Hut und Stock“

Auf den Biedersinn seiner pietistischen Nachbarn im schwäbischen Städtchen Calw schaut der spätere Literaturnobelpreisträger Hermann Hesse (1873 – 1962) schon früh mit mildem Spott: „Manchmal kamen am Sonntag Leute zu meinen Eltern, um ‚Besuch zu machen', Männer mit Zylinderhüten in ungeschickten Händen, die in steifen Glacéhandschuhen staken, wichtige, würdevolle, vor lauter Würde verlegene Männer, Anwälte und Amtsrichter, Pfarrer und Lehrer, Direktoren und Inspektoren, mit ihren etwas ängstlichen, etwas unterdrückten Frauen." Als der junge Dichter nach ersten literarischen Erfolgen mit seiner Familie 1905 auf die abgelegene Höri am Bodensee zieht, hat er diese Welt äußerer Konventionen längst hinter sich gelassen. Selbstverwirklichung und Selbstwerdung, Naturbegegnung und Freiheit von zu großer Bindung sind seine neuen Themen.

„Mein Hut liegt auf der braunen Mauer, und ein blauer Schmetterling setzt sich darauf. Im fernen Tal pfeift dünn und sanft eine Eisenbahn. Auf den Sträuchern blinkt noch hier und dort der Morgentau“

Hermann Hesse, Autobiografische Schriften

Während eines längeren Aufenthalts in der Aussteiger- und Lebensreformerkolonie Monte Verità über Ascona im Tessin findet Hesse zur Geistesgeschichte östlicher Kulturen und zu asiatischen Weisheitslehren, die künftig sein Leben und Werk mitprägen. Für das „Leben im Kollektiv“ sei er nicht geschaffen gewesen, bekennt er später. Immer wieder bricht der seit 1919 im Schweizer Kanton Tessin lebende Dichter auch aus dem eigenen familiären Umfeld aus, nimmt „Mantel, Hut und Stock“ und sucht in der Natur nach Neuorientierung. Der Hut als das Symbol des Aufbruchs zu neuen Ufern taucht in vielen seiner Texten auf. Er selbst trägt als entschiedener Fußgänger und Wanderer ausgebeulte Wanderhüte und im Sommer weit ausladende, von langen Wegstrecken gezeichnete Strohhüte.

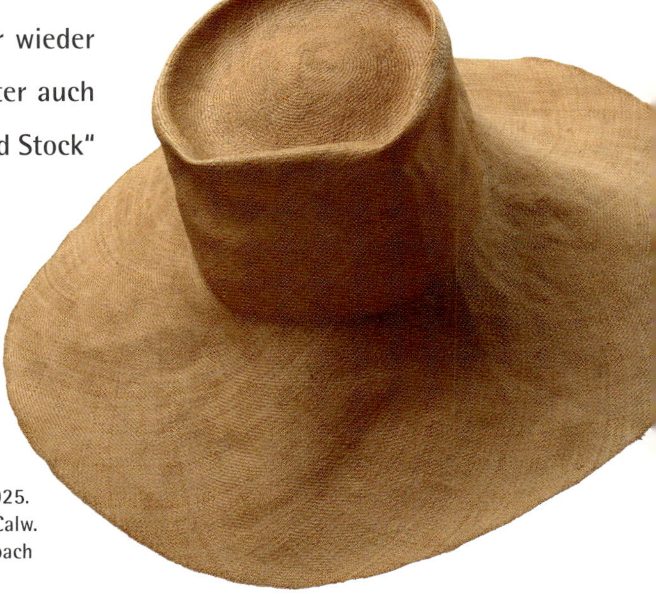

Strohhut von Hermann Hesse, um 1925.
Leihgabe Hermann-Hesse-Museum Calw.
Foto: Deutsches Literaturarchiv Marbach

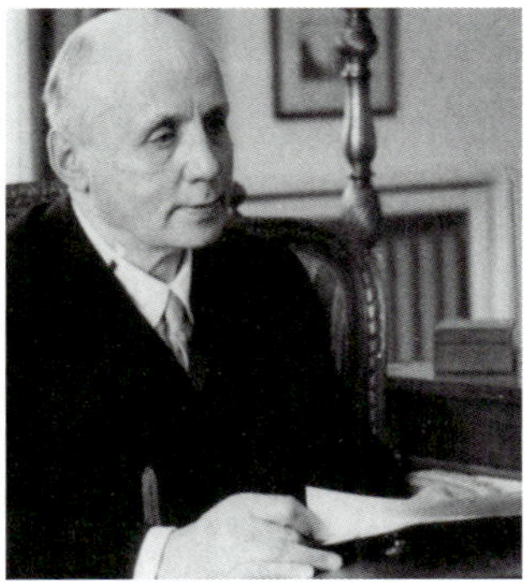

Ein Tropenhelm am Bodensee

Der Gründer und langjährige pädagogische Leiter der Internatschule Schloss Salem, Kurt Hahn (1886 - 1974) leidet infolge einer angeborenen Verengung der Nervenbahnen im Hinterkopf zeitlebens an Kopfschmerzen. Er muss vor allem direkte Sonneneinstrahlung vermeiden. Deshalb trägt er regelmäßig einen Tropenhelm. Diese seit dem späten 19. Jahrhundert bei zivilen und militärischen Funktionsträgern in den Kolonien übliche Kopfbedeckung passt nicht recht an den Bodensee, wo Hahn seit 1920 am neu gegründeten Landerziehungsheim tätig ist. Auch deshalb wird sie zum auffälligen Markenzeichen des Pädagogen. Hahn ist sich des kuriosen Anblicks durchaus bewusst: so setzt er den extravaganten Helm auch humoristisch ein, etwa wenn er selbst an Parodien und Sketchen der Schüler mitwirkt.

„Man muss an die Macht der Erziehung glauben..."

Kurt Hahn

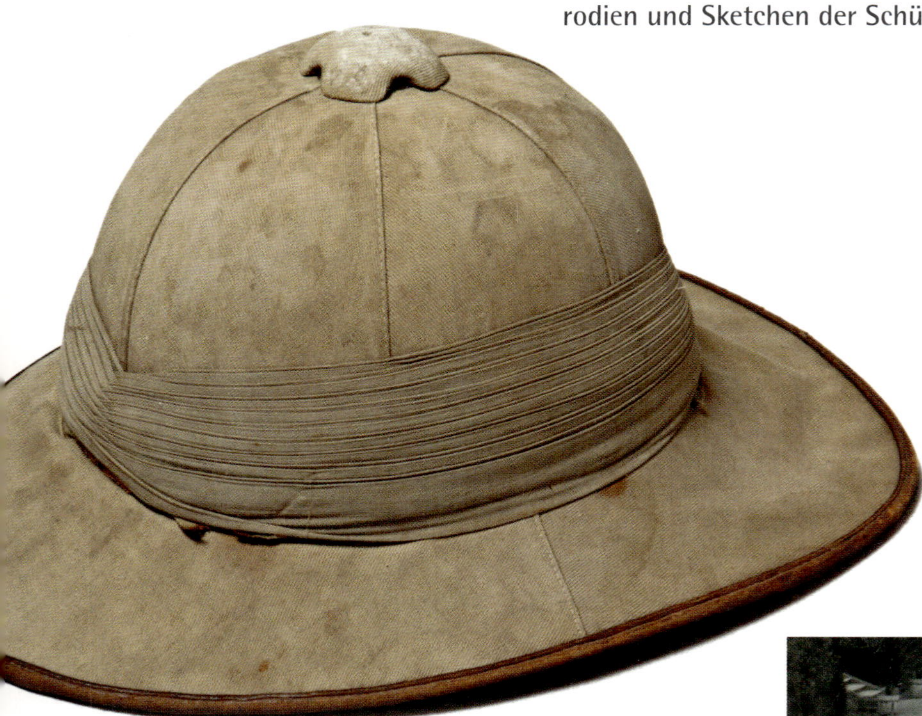

Khakifarbener Tropenhelm von Kurt Hahn, leinenbespannter Kork.

Kurt Hahn mit Tropenhelm (Mitte) als Teilnehmer an einem Schülerstreich, dem Besuch eines geheimnisvollen indischen Magnaten in der Schule Salem.

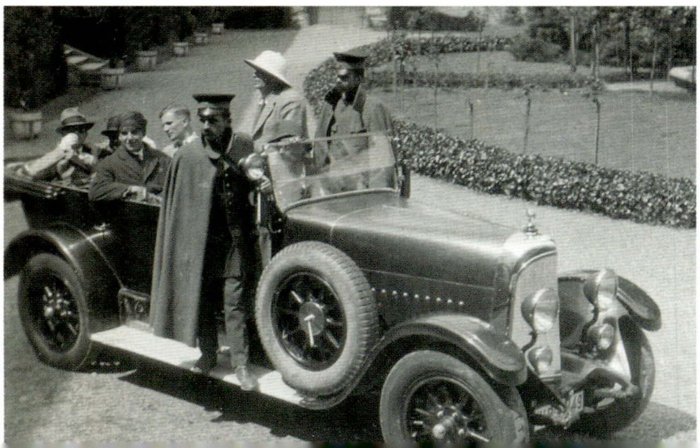

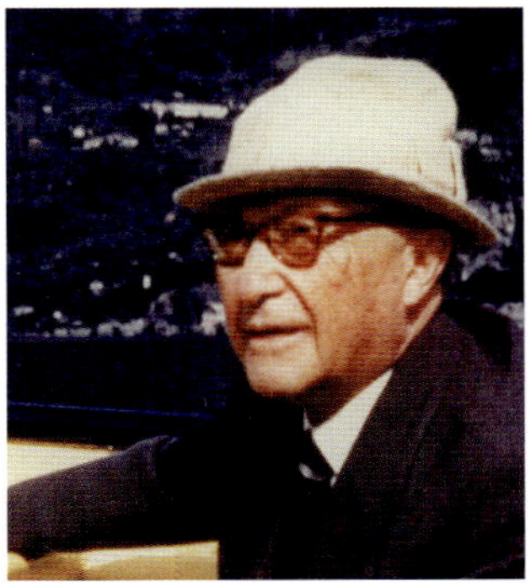

Der Kanzler privat

Anfang der 50er Jahre beginnen die Deutschen wieder zu reisen: Italien wird das Land ihrer Sehnsucht. Ein Urlaub am Mittelmeer, mit dem eigenen VW-Käfer und dem Campingzelt der Firma Stromeyer ist das Traumziel der fleißigen Deutschen der Wirtschaftswunderzeit. Ihr Kanzler Konrad Adenauer (1876 – 1967) macht es ihnen vor: Am liebsten fährt er seit Mitte der 1950er Jahre nach Cadenabbia am Comer See, wo er sich beim Bocciaspiel vom Bonner Regierungsgeschäft erholt. Das Markenzeichen seiner Urlaubstage ist der Pepitahut. Zehntausende machen es ihm nach: Das knautschige Modell wird ein beliebter deutscher Herrenhut. Auch Fernsehstars wie Hansjörg Felmy oder Erik Ode als „Kommissar" tragen solche Modelle.

Konrad Adenauer selbst wird wohl seinem bequemen Urlaubshut keine weitere Bedeutung oder gar Symbolkraft beigemessen haben. Und doch ist das Hütchen ein Symbol der Nachkriegszeit: Es signalisiert in seiner betont zivilen Harmlosigkeit dem Rest der Welt die neue Friedfertigkeit der Deutschen, die wenige Jahre zuvor noch die halbe Welt mit Krieg und Mord überzogen hatten. Ein größerer Kontrast als der zwischen dem harmlosen Pepitahut des demokratischen Kanzlers und der bis 1945 gefürchteten schwarzen SS-Mütze ist kaum denkbar.

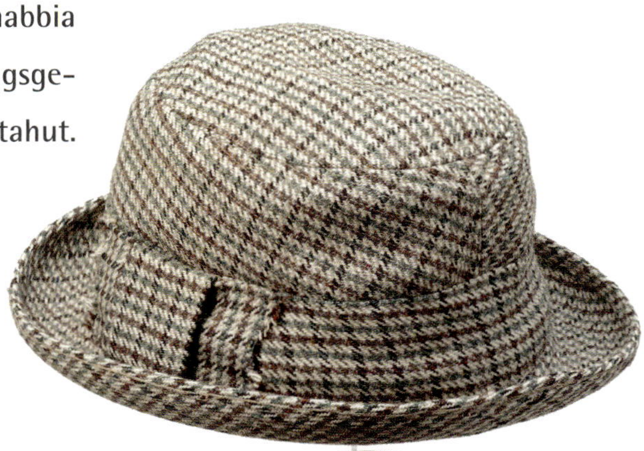

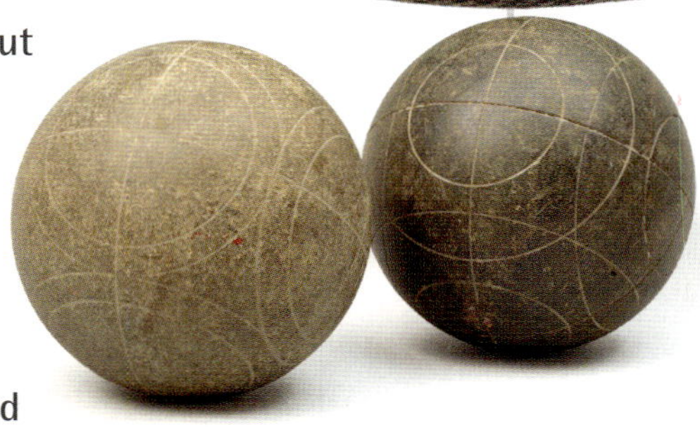

Pepitahut und Bocciakugeln von Bundeskanzler Konrad Adenauer.
Leihgabe und Foto oben: Familie Adenauer und Stiftung Bundeskanzler-Adenauer-Haus, Bad Honnef-Rhöndorf

„Herr Bundeskanzler a. D. Helmut Schmidt hat Ihren Brief vom 15. November 2010 und die Anlage erhalten und mich gebeten, Ihnen zu danken. Herr Schmidt hat leider nur eine Mütze, die er nicht entbehren kann."

Die Antwort des Sekretariats von Altbundeskanzler Helmut Schmidt auf die Leihanfrage des Rosgartenmuseums zur Ausstellung „Chapeau!"

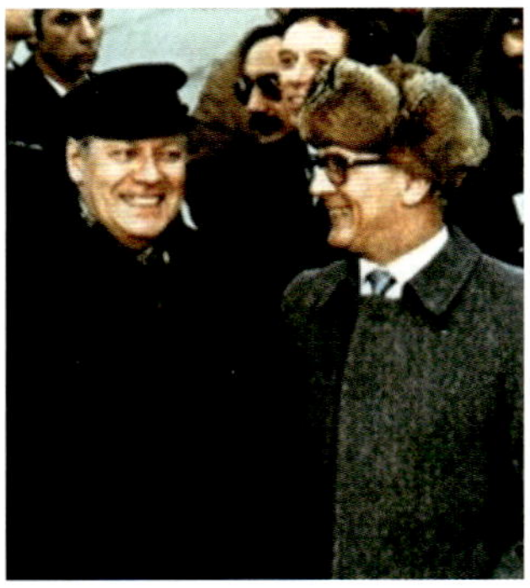

Der Hamburger Lotse und Prinz Heinrich

Als sich der damalige Bundeskanzler der Bundesrepublik Deutschland, Helmut Schmidt, und der Vorsitzende des Staatsrats der DDR, Erich Honecker, im Dezember 1981 im Gästehaus des Staatsrats am Döllnsee treffen, tragen beide die für sie typischen Kopfbedeckungen: Honeckers Haupt bedeckt eine riesige Fellmütze, die den modischen Einfluss des großen sowjetischen Bruders erkennen lässt. Helmut Schmidt, der einstige Katastrophenmanager der Hamburger Sturmflut von 1962, trägt die zu seinem Markenzeichen gewordene blaue Lotsenmütze. Das seit Jahrzehnten von ihm getragene Modell, die so genannte „Elblotsenmütze", ist eine Verwandte der „Prinz-Heinrich-Mütze". Sie wird aus dunkelblauer Wolle gefertigt, hat einen hohen eichenlaubbestickten Steg und eine geflochtene Kordel. Die Prinz-Heinrich-Mütze ist nach dem jüngeren Bruder Kaiser Wilhelms II., Großadmiral Heinrich zu Preußen (1862 – 1929), benannt, dem Generalinspekteur der Kaiserlichen Marine. Anders als sein geltungssüchtiger Bruder Wilhelm, genoss Prinz Heinrich wegen seines diplomatischen Auftretens internationalen Respekt. Privat war der Prinz ein begeisterter Wassersportler: Er nahm selbst an Regatten teil, stiftete Preise und förderte den Segelsport. Zu solchen Anlässen trug er die später nach ihm benannte bequeme Mütze.

Foto: dpa

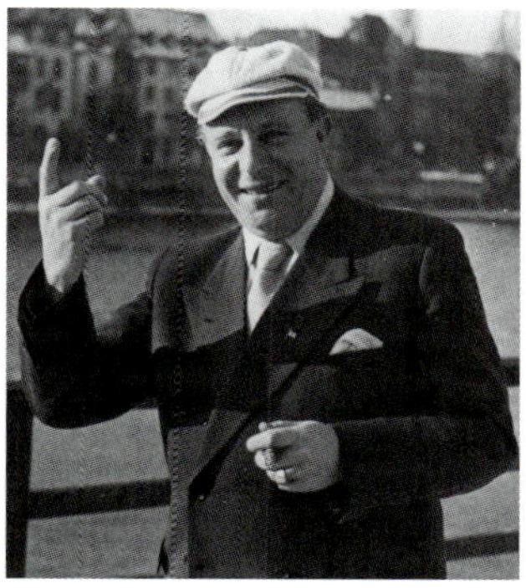

Neptuns Ruderer

Der 1885 gegründete Konstanzer Ruderclub „Neptun", mit dem Club in Arbon der älteste Ruderverein am Bodensee, ist ein elitärer Kreis wassersportbegeisterter Kaufleute, Fabrikanten, höherer Beamte und Offiziere der örtlichen Garnison. Zwei badische Prinzen figurieren als Protektoren der Vereinigung. Bis zur Liberalisierung der Aufnahmemodalitäten nach dem Zweiten Weltkrieg achtet der Club auf soziale Exklusivität: Mitglied kann nur werden, wer zwei Bürgen unter den Vereinsmitgliedern gewinnt. Im Gesellschaftsleben des Clubs gilt, als sichtbarer Ausweis der Zugehörigkeit, eine Kleiderordnung. Zum Rudern tragen die bis 1931 ausschließlich männlichen Mitglieder gestreifte Leibchen und zweifarbige, dem englischen Vorbild nachempfundene Ruderkäppis. Zu anderen Anlässen erscheinen die Herren in blauem Jackett mit Prinz-Heinrich-Mütze, die das Clubemblem ziert.

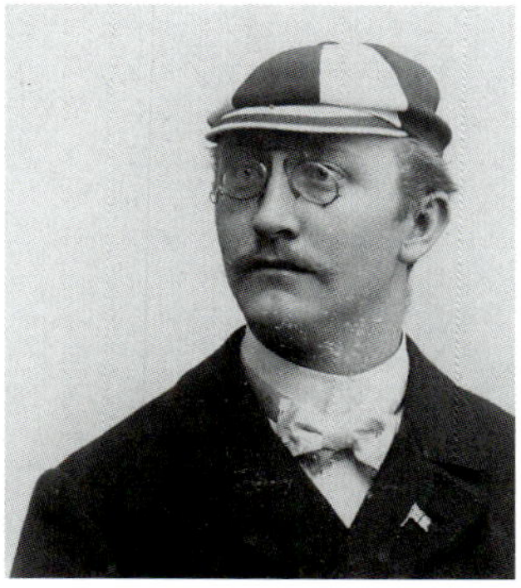

Ein Gründungsmitglied des Rudervereins „Neptun" in der Clubuniform von 1885.
oben: Der Verleger Walter Schwarz. Neptun-Präsident nach dem zweiten Weltkrieg

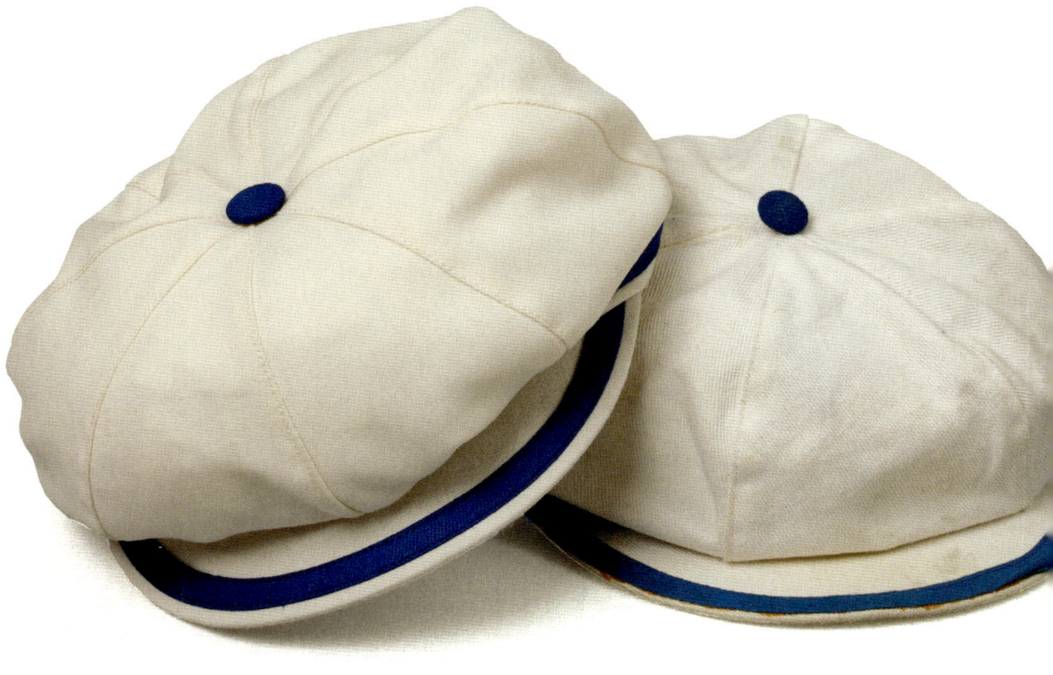

Zwei Käppis des Ruderclubs „Neptun"
Konstanz, um 1930/50
Leihgaben: Ulrich Blum, Theo Zwicker

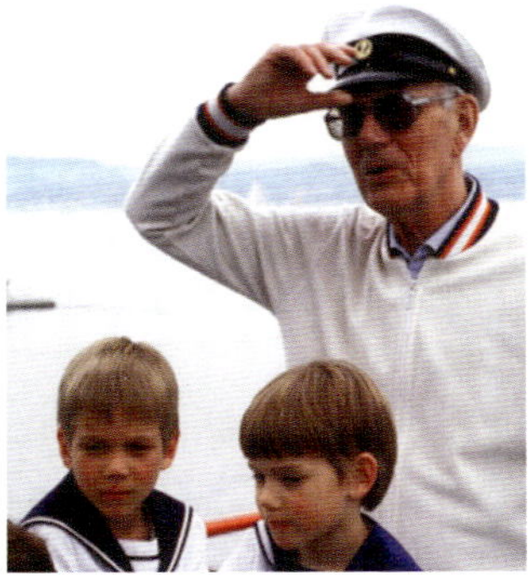

„Bodenseekapitän“ Lennart Bernadotte

Frühe Fotos zeigen den späteren „König vom Bodensee“ und Herrn der Mainau, Graf Lennart Bernadotte (1909 – 2004), als Prinz von Schweden mit Matrosen-Strohhut, mit schwedischer Schülermütze und als uniformierter Kadett einer schwedischen Kavallerieschule. Nach seiner unstandesgemäßen Heirat 1932 mit einer bürgerlichen Schwedin aller höfischen Rituale und Titel entledigt, scheint sich Lennart Bernadotte auch von den Kleidungskonventionen seiner Zeit befreit zu haben: Außer etwas eigenwilligen Filzkappen im Winter hat der hochgewachsene Chef des Unternehmens Mainau kaum mehr Hüte getragen. Bis auf eine Ausnahme: Immer wieder tritt der unermüdliche Vorkämpfer des Bodenseetourismus und begeisterte Bootsfahrer mit einer einfachen Kapitänsmütze der Bodenseeschifffahrt vor die Kameras. Die strahlend weiße Mütze trägt eine Botschaft, sie signalisiert dem Betrachter: Komm zu uns, der Bodensee ist als Ferienort genauso so schön wie die teure Riviera.

Mütze des Ehrenkapitäns der „Weißen Flotte“, Graf Lennart Bernadotte.
Leihgabe und Foto oben: Blumeninsel Mainau GmbH

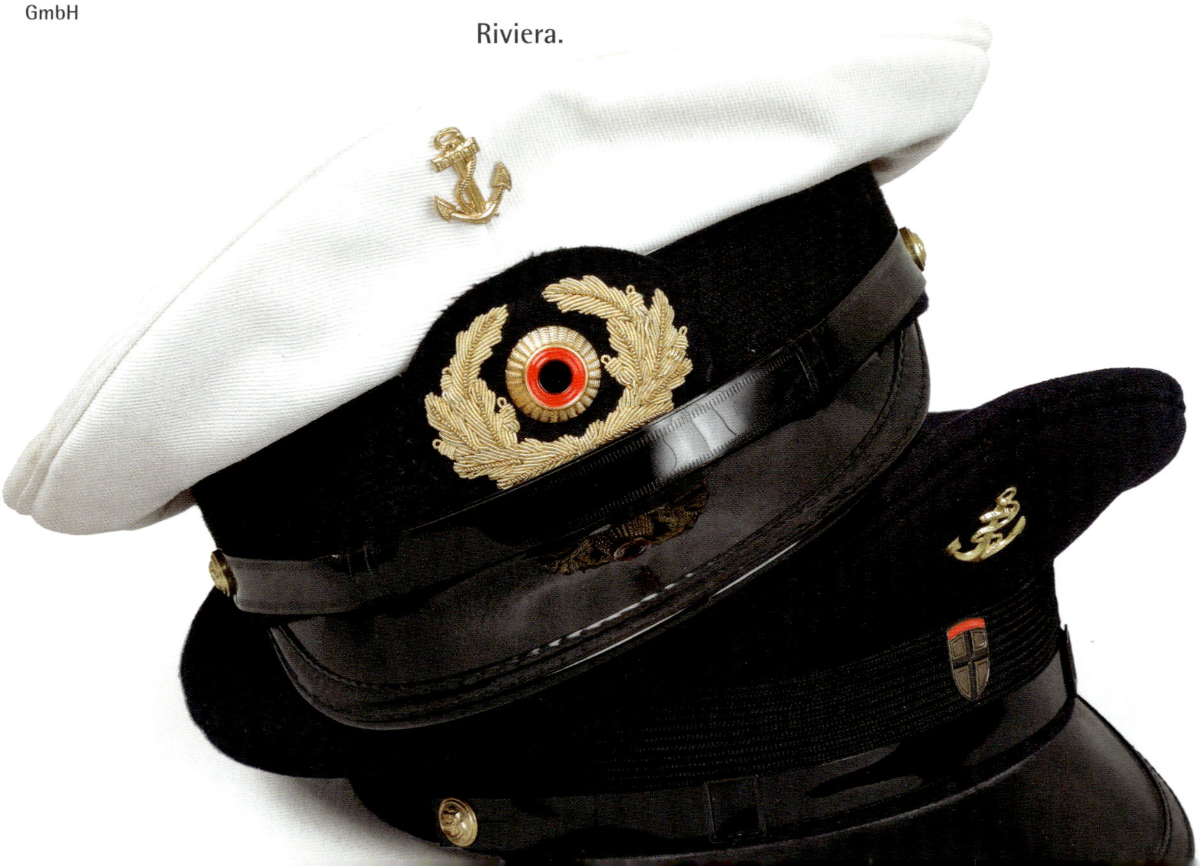

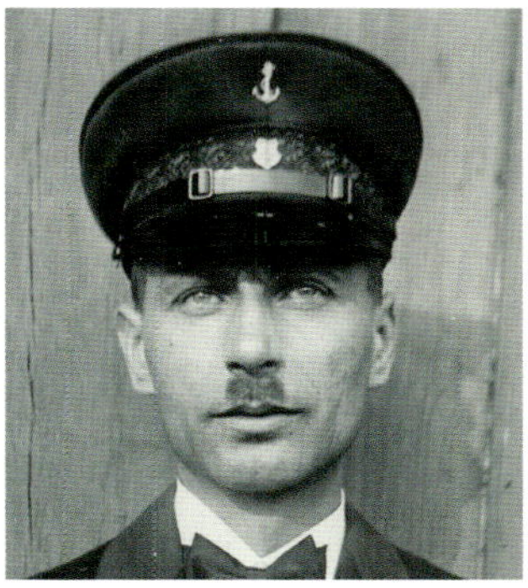

Der erste Fähremaschinist

Nach einem Jahr der Arbeitslosigkeit findet der Maschinenschlosser Hans Dummel (1894 – 1962) aus Worblingen 1928 eine Anstellung bei den Städtischen Motorbootbetrieben Konstanz. Als im selben Jahr für die neue Fähre Konstanz-Meersburg die Besatzung gesucht wird, ist Hans Dummel mit dabei: Als Maschinist sorgt er auf dem ersten Fährschiff „Meersburg" mehrere Jahre lang für den reibungslosen Betrieb des Motors. 1935 wird das Fährschiff an die Schweizerische Schifffahrtsgesellschaft Untersee und Rhein verkauft – sozusagen inklusive Mannschaft: Bis zum Beginn des Zweiten Weltkriegs dient Dummel nun der Schweizer Bodenseeschifffahrt. Nach dem Krieg kehrt er zu den Fährebetrieben zurück, wird Meister und arbeitet bis zur Pensionierung für „seine" Fähre. Die zweireihige marineblaue Tuchjacke mit goldenen Knöpfen, dazu an Feiertagen eine schwarzseidene Fliege, und die blaue Schiffermütze mit goldenem Anker und Konstanzer Wappen sind für Hans Dummel in 31 Dienstjahren mehr als nur eine Berufskleidung.

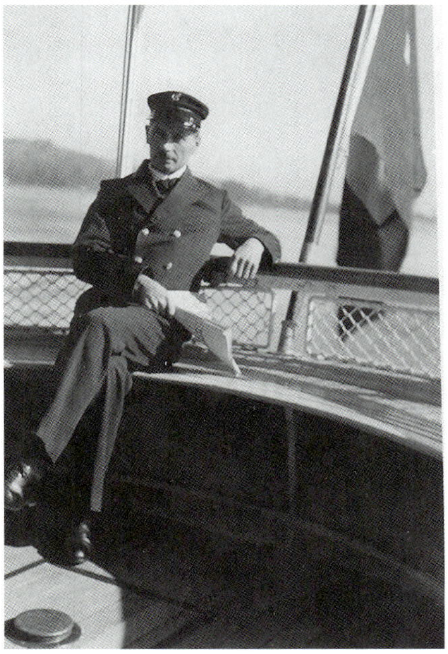

Hans Dummel in der Uniform der Städtischen Motorbootbetriebe am Heck eines Bodensee-Dampfers sitzend. Um 1930

links: Fähremütze aus blauem Wolltuch mit Konstanzer Wappen von Hans Dummel. Leihgabe: Mario Wagner

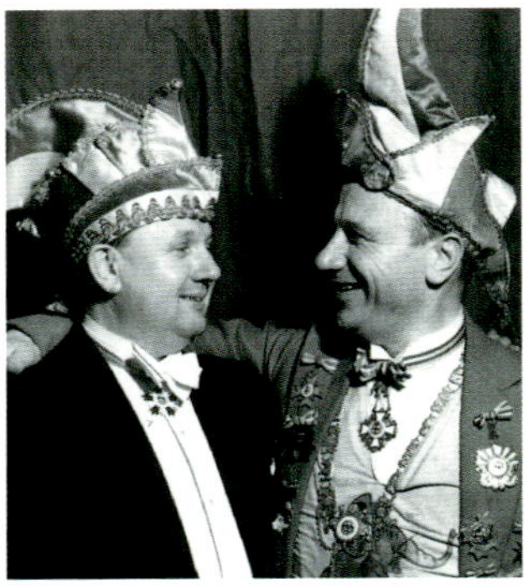

Der Hut der „Kragennarren"

Auf seiner Wanderschaft als Konditorengeselle lernt der aus Radolfzell stammende Konstanzer Konditor Otto Noppel (1845 – 1920) den rheinischen Carneval in Köln kennen. Gemeinsam mit seinen Stammtischfreunden, den Kaufleuten Michael Federspiel und Carl Schaller, gründet er 1880 die Karnevalsgruppe „Elefanten Actiengesellschaft Constanz". Die Zeit ist geprägt von wirtschaftlichem Aufschwung, nationaler Begeisterung und kolonialem Expansionswillen der Deutschen. Alles Exotische reizt die Phantasie des prosperierenden Bürgertums. Neben der „Elefanten A.G." entsteht in diesen Jahren auch die „Kamelia-Paradies", Umzüge zeigen „Kaffernkapellen" und „wilde Mohren". Während die koloniale Welt karikiert wird, zeigen sich die vornehmen „Kragennarren" mit prächtigen roten Fräcken, hermelinbesetzten Samtumhängen und federbesetzten Narrenkappen aus Satin.

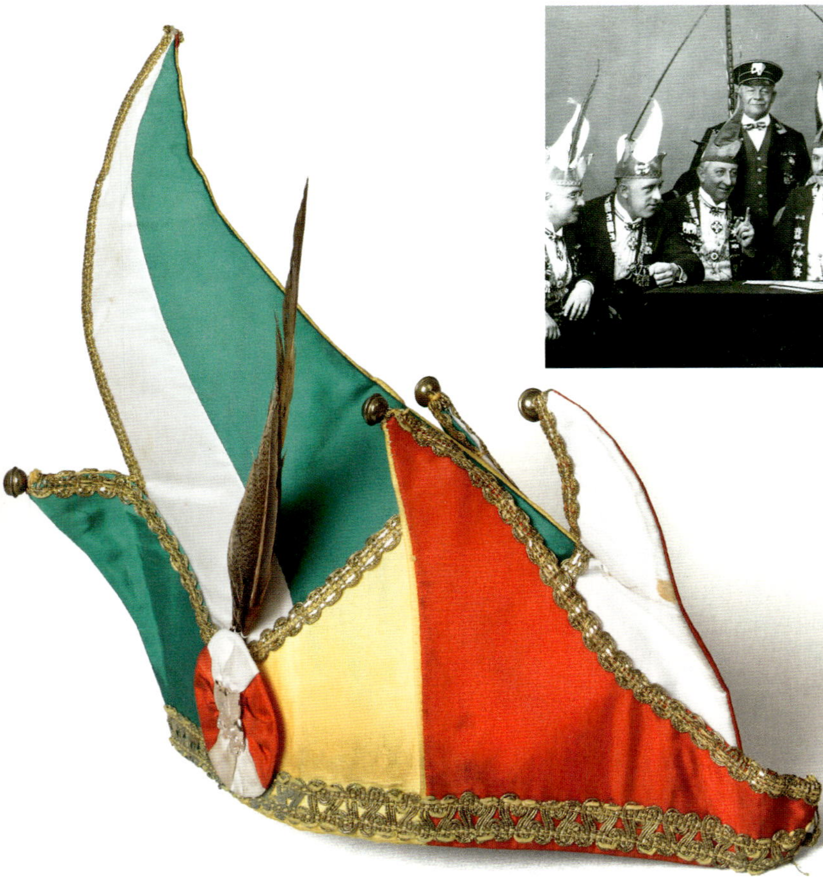

Bunte Narrenkappe des Elferrats August Fischer der „Elefanten Actiengesellschaft", um 1950

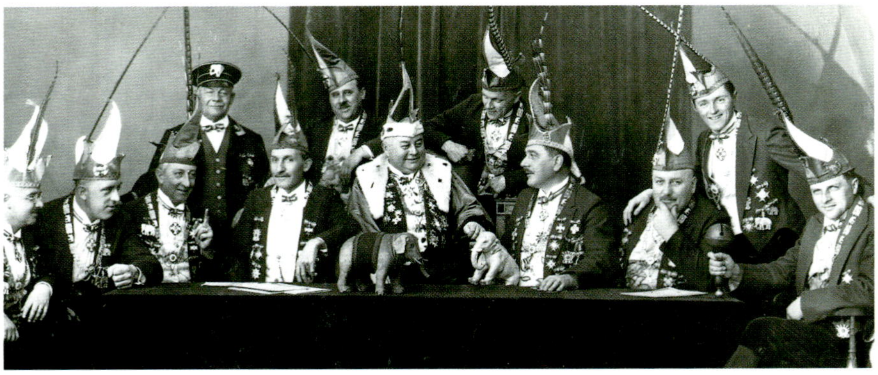

Der Elferrat der „Elefanten A.G." um 1925. In der Mitte der damalige Präsident Toni Greif.
oben: Karl Steuer (re.), Jahrzehnte lang der Bühnenstar der Elefanten A.G., um 1950 mit einem befreundeten Karnevalspräsidenten aus dem Rheinland

Der „Arbeiterkaiser" August Bebel

Den Reichstag betritt der Abgeordnete und Führer der Sozialdemokratie August Bebel (1840 – 1913) nur in Feiertagskleidung. So erweist er seinen Wählern Respekt. Neugewählten Abgeordneten ohne entsprechende Garderobe lässt Bebel einen schwarzen Anzug aus der Fraktionskasse bezahlen. Gleichwohl gelten die Sozialdemokraten dem Bürgertum und der Oberschicht des Reichs als „Vaterlandsverräter". Tatsächlich steht der marxistische Sozialist Bebel dem Parlamentarismus des Kaiserreichs ablehnend gegenüber und bekennt noch auf dem Parteitag von 1902: „Ich will der Todfeind dieser bürgerlichen Gesellschaft und dieser Staatsordnung bleiben." Als Parteiführer während Jahrzehnten verfolgt und mehrfach inhaftiert, als Reichstagsabgeordneter aufopfernd um gesetzliche Verbesserungen für die Arbeiterschaft bemüht, ist August Bebel über 40 Jahre lang die zentrale Figur der deutschen Sozialdemokratie. „Arbeiterkaiser" oder „Kaiser Bebel" nennt ihn das Volk. Das Foto vom „sozialdemokratischen Almfest" am Ende des Münchener Parteitags 1902 zeigt Bebel (Mitte rechts) mit weißem Spitzbart und Schlägermütze im Kreis wild-romantisch gekleideter Genossen. Die Arbeitermützen und revolutionären Karbonarihüte der Männer heben sich ab von der bürgerlich-modischen Garderobe der Genossinnen und von den bayerischen Trachtenträgern im Vordergrund.

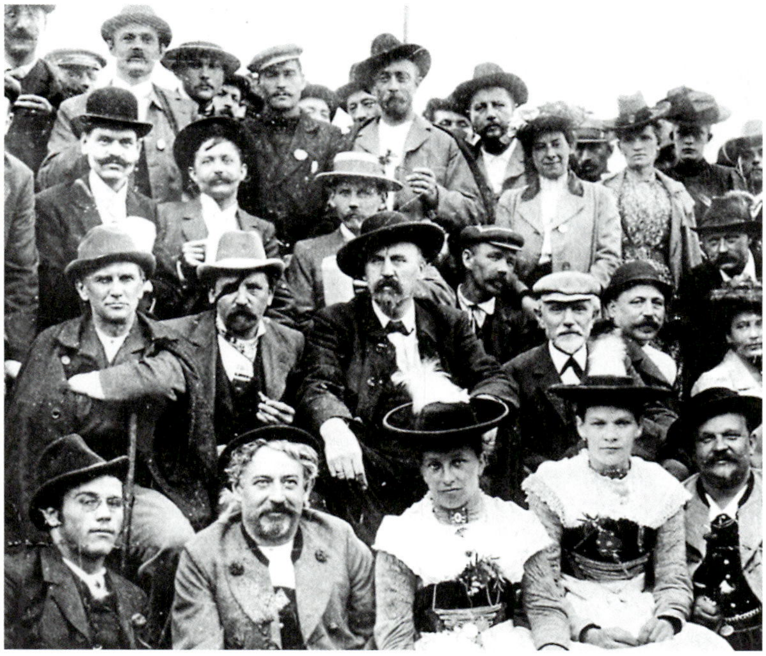

Hinter der jungen Trachtenträgerin in der ersten Reihe rechts, mit heller Schiebermütze: August Bebel
Foto: Archiv Süddeutsche Zeitung

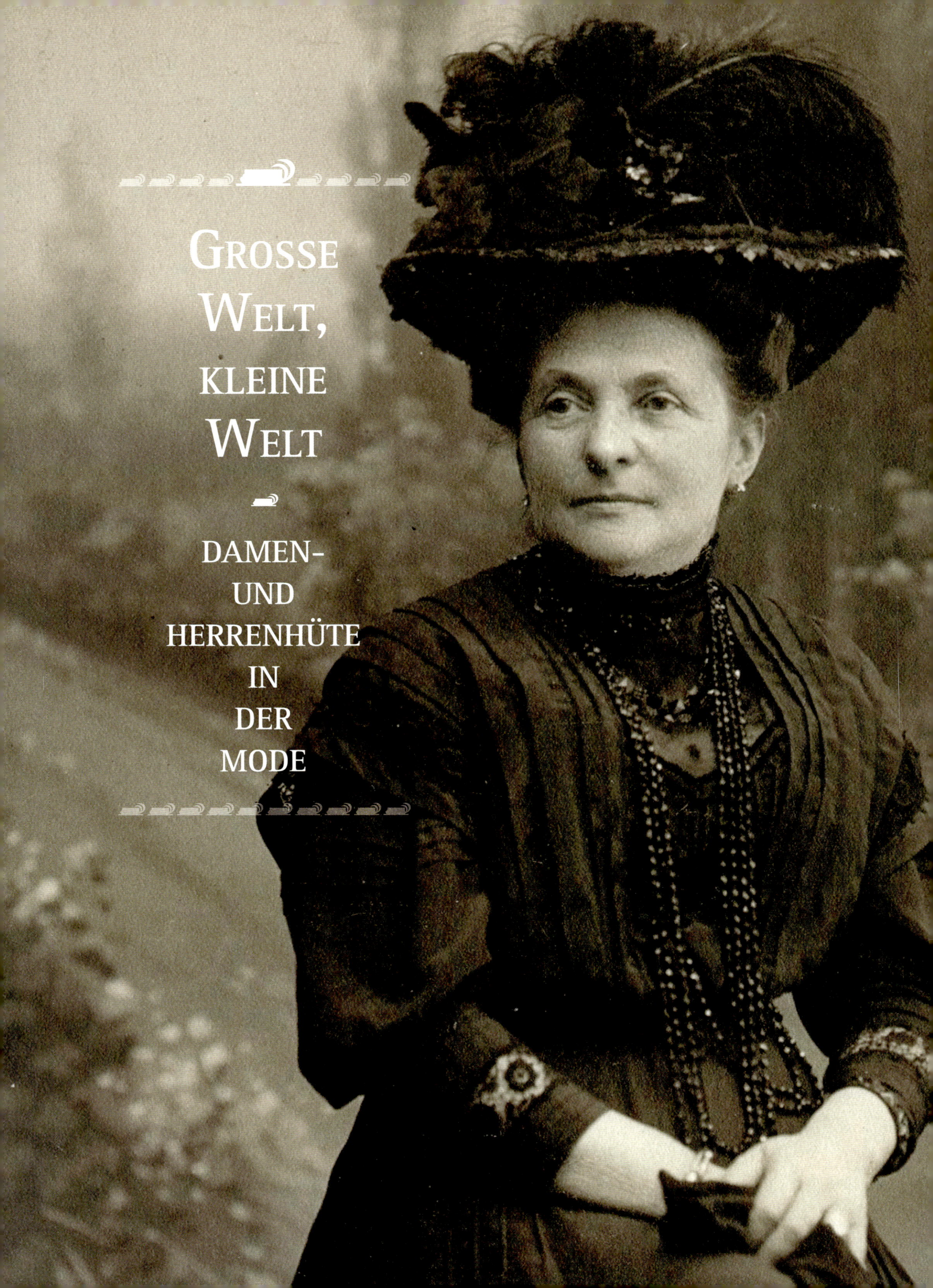

Grosse Welt, kleine Welt

Damen- und Herrenhüte in der Mode

Die Französische Revolution von 1789 markiert auch eine demokratische Wende in der europäischen Modegeschichte: Die stilbildende Hoftracht mit ihren Krinolinen und steifen Roben, gepuderten Perücken, Dreispitzhüten, Kniehosen und bestickten Fräcken wird von Modetrends verdrängt, die eine alltagstauglichere, „republikanische" Kleidung propagieren. Den fast durchsichtigen neuklassischen Gewändern des Empire folgt die Biedermeierepoche mit betont schlichten Formen in der Damen- und Herrenmode. Puffärmel, Wespentaille, weite knöchellange Röcke und bunte Kaschmirschals bestimmen das Bild der Damenmode. Die Kopfbedeckung der Biedermeierzeit ist neben dem zu Hause getragenen Turban und dem Spitzenhäubchen die aus Stoff oder Stroh mit bunten Bändern, Blumen und Schleifen reich garnierte Schute. Weil sie das Blickfeld wie Scheuklappen einengt, nennen Spötter sie den „Pferdehut". In der Männermode dominieren der kastanienbraune, flaschengrüne oder blaue Frack, bunt gemusterte lange Hosen, hohe Krägen und Westen in bunten Farben. Der klassische Bürgerhut des 19. Jahrhunderts ist der graue, braune oder beigefarbene Zylinder, aus Seide, Hasenhaar oder Stroh gefertigt.

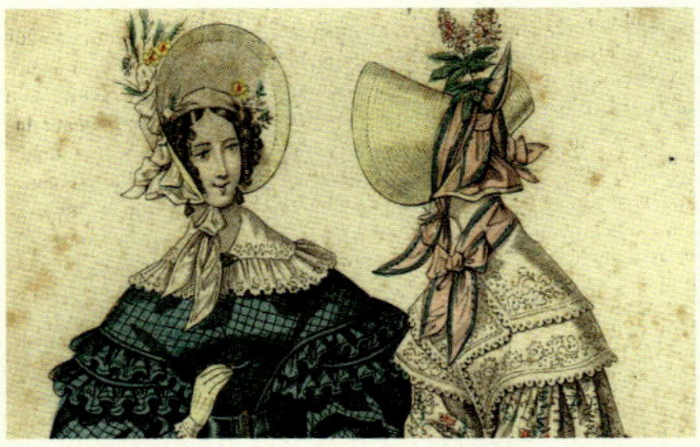

„Pferdehut" wurde die Schute ironisch genannt, weil sie den Blick der Trägerin stark einschränkte - wie die Scheuklappen den Blick des Kutschenpferds.

Mit der Reichsgründung 1871 verliert die Mode an Farbe: Männer tragen fast ausschließlich schwarze Gehröcke und Fräcke, nur das neue, aus England inspirierte Jackett zeigt noch etwas Farbe. Neben dem schwarzen Zylinder und der Melone sind weiche, breitkrempige Hutformen vor allem bei Künstlern beliebt. Der „Kreissäge" genannte runde Strohhut der französischen „Canotiers" (Kahnfahrer) ist der beliebteste Sommerhut des Bürgers.

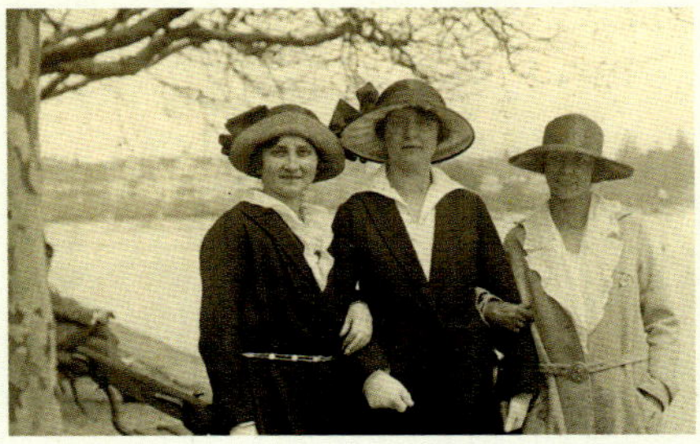

Florentinerhüte im Stadtgarten: Drei aus Rumänien eingewanderte Konstanzerinnen im Sonntagsstaat am Ufer der Konstanzer Bucht. 1920er Jahre

Im letzten Drittel des 19. Jahrhunderts erscheint die europäische Damenmode in üppigen historistischen Formen mit voluminös aufgebauschten Röcken, schweren Capes und Mänteln, Verzierungen und wuchtigen Tuchen. Zu Schute und Kapotte tritt der „Wagenradhut" als reich sortierter Blumengarten oder Federstrauß auf dem Haupt der vornehmen Dame. Bereits vor 1900 kritisiert die Lebensreformbewegung die Einschnürung und Verkrüppelung des Körpers durch Modediktat, steife Krägen und überladene Kopfbedeckungen. Leichte, untaillierte „Reformkleider", Hosen für Frauen, Sportbekleidung und Freikörperkultur werden propagiert. In den weltanschaulichen Bünden der Lebensreformbewegung tauchen Baretts aus Samt, wollene Kappen und fast formlose Strohhüte auf. Zylinder und Wagenradhut werden als bürgerlicher Ballast abgelehnt.

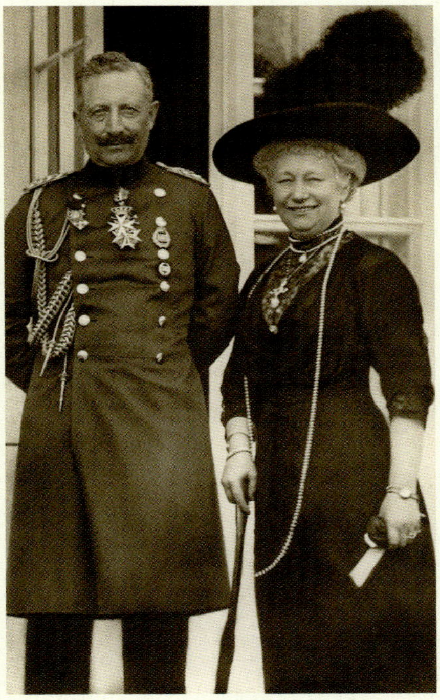

Kaiser Wilhelm II., in Generalsuniform, aber ausnahmsweise barhäuptig, und seine Gattin, Kaiserin Auguste Viktoria, mit einem prachtvoll garnierten Wagenradhut

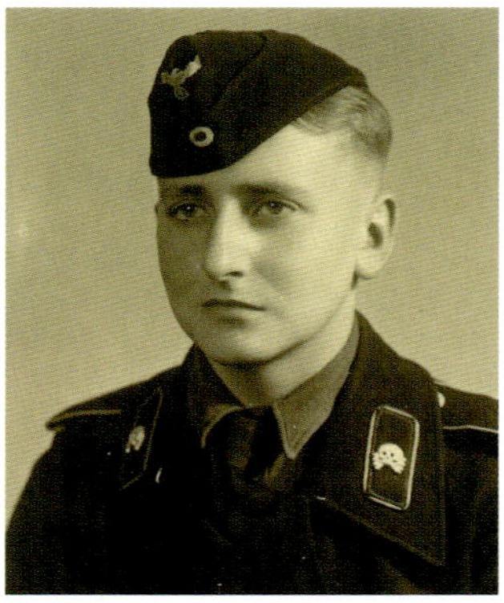

Junger Angehöriger der SS mit dem so genannten „Schiffchen" auf dem Kopf und den gefürchteten Totenköpfen auf den Kragenspiegeln

Nach dem Ersten Weltkrieg vermännlicht die Damenmode: Bubikopf, Herrenhüte für Frauen und die helmartige „Glocke" prägen den Stil der 20er Jahre. Mit dem Nationalsozialismus wendet sich die Mode nach rückwärts: Frauen sollen vor allem Mütter sein, ihre Kleidung ist bieder, Elemente der Volkstrachten inspirieren die Mode. Das alles dominierende Männergewand ist die Uniform. Neben dem deutschen Stahlhelm werden der Schlapphut der Gestapo und die schwarze Mütze des SS-Mannes zu in ganz Europa gefürchteten Kopfbedeckungen.

Nach der Niederlage der NS-Diktatur knüpft die neue Bundesrepublik an Weimarer Traditionen an und gibt sich wieder zivil: Politiker und Wirtschaftsführer erscheinen im grauen und schwarzen Staatshut, der Bürger auf der Straße schätzt schicke amerikanische Hutformen oder die Schiebermütze und hebt den Hut zum Gruße. Damen tragen wieder große „Anlasshüte" zu Hochzeiten, Taufen und Beerdigungen. Doch die Dauerwelle und rasch wechselnde Frisurenmoden setzen dem klassischen Damenhut schwer zu. Ende der Sechzigerjahre haben Modistinnen kein Auskommen mehr.

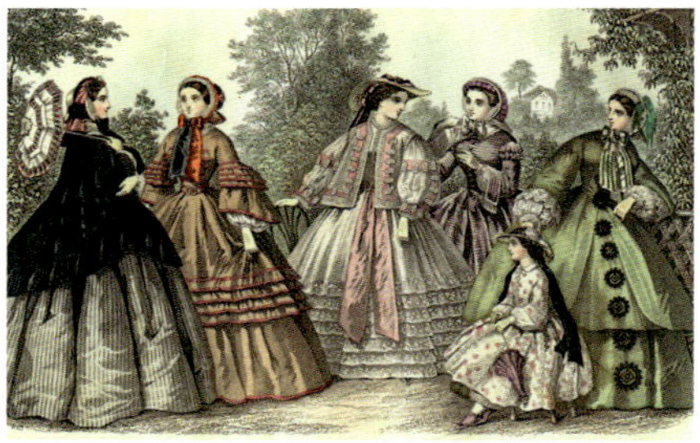

In der zweiten Hälfte des 19. Jh. kehrte die Mode zu üppig aufgebauschten Röcken, Krinolinen und anderen historischen Formen zurück.

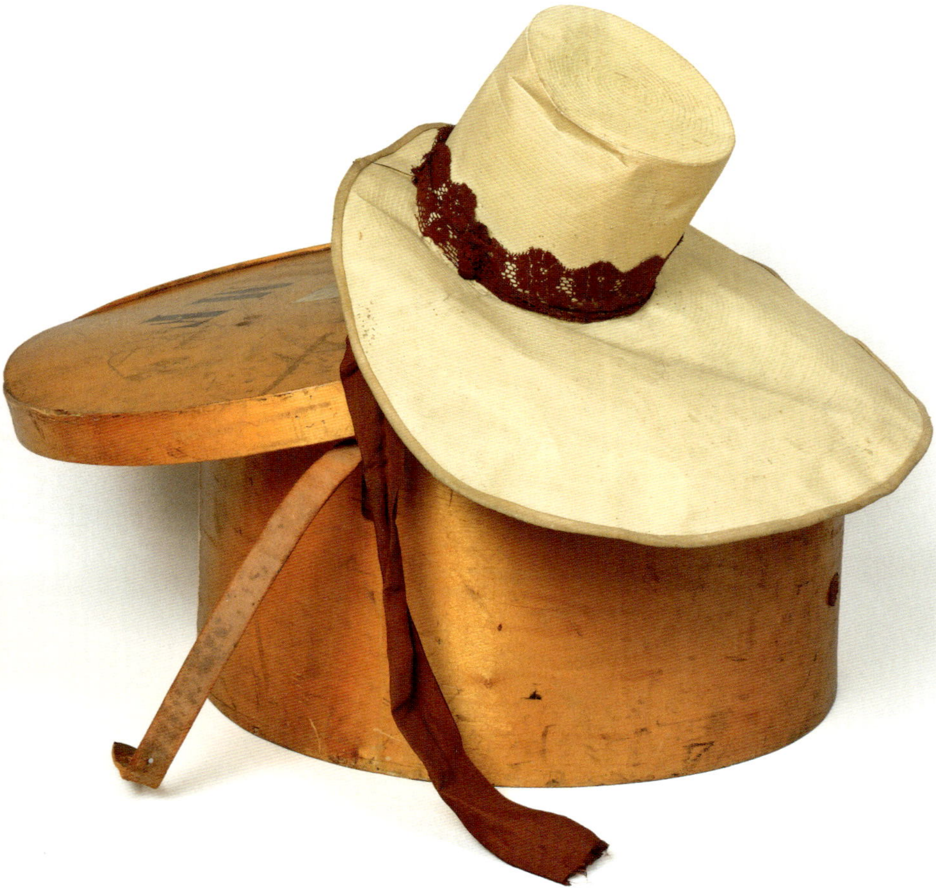

Federleichter Damenstrohhut aus Papierfaser, ein modisches Spitzenprodukt des frühen 19. Jahrhunderts. Mit Originalschachtel. Aus einer St. Galler Familie.
Leihgabe: Historisches und Völkerkundemuseum St. Gallen

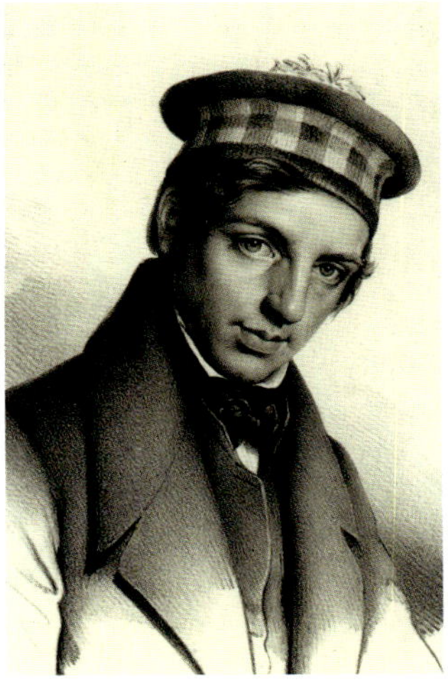

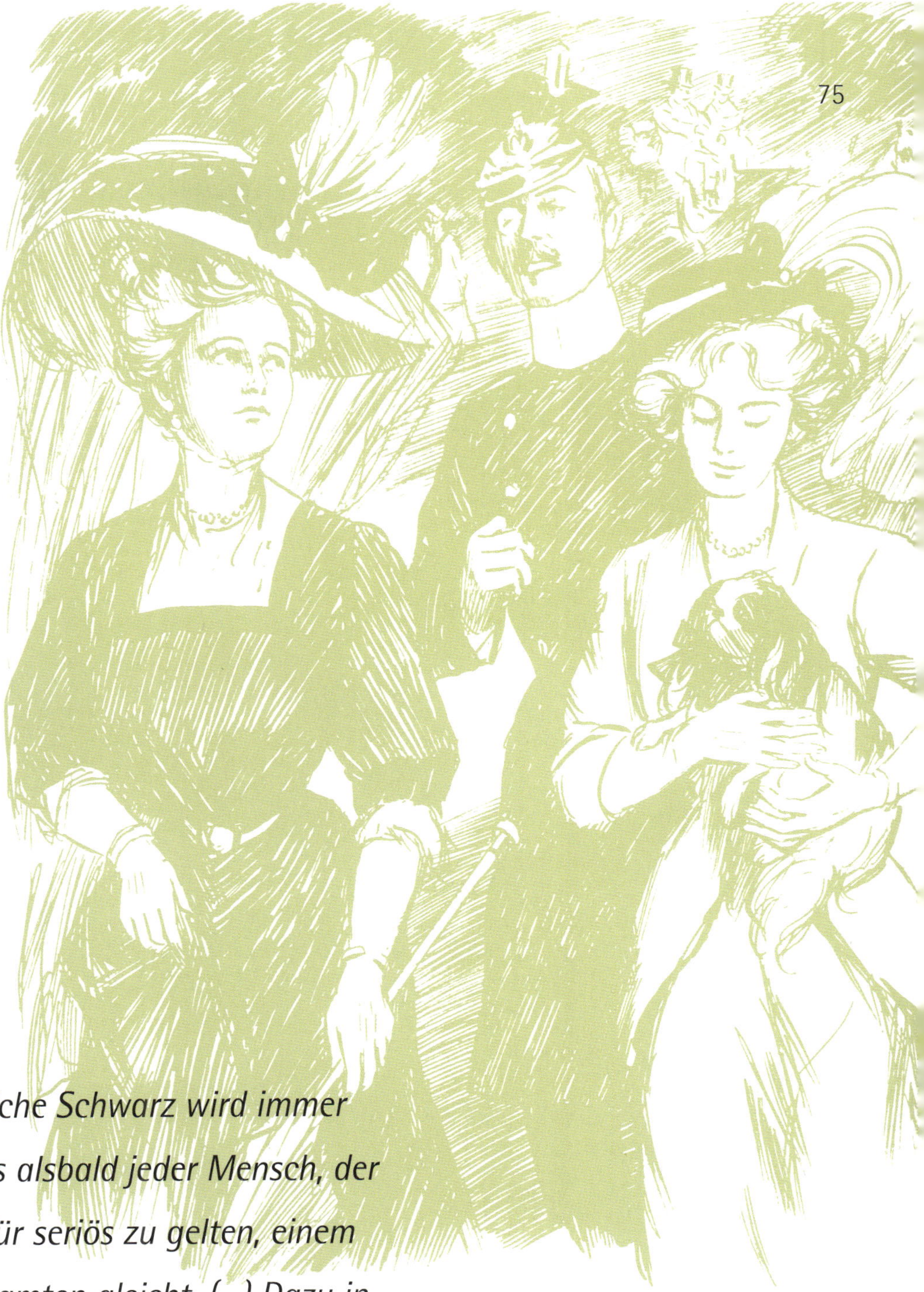

Der Landschafts- und Architekturmaler Wilhelm Gail aus München mit einer extravaganten, an schottische Vorbilder erinnernden Kappe. Lithographie um 1840

„Das triste und unpersönliche Schwarz wird immer mehr dominierend, so dass alsbald jeder Mensch, der Anspruch darauf macht, für seriös zu gelten, einem Notar oder Bestattungsbeamten gleicht. (...) Dazu in Friseurlöckchen gebranntes Haar und bei der jüngeren Generation auch bereits allerhand absonderliche Haarbildungen im Antlitz: Backenbärte, Schifferbärte, Seehundsbärte, Bocksbärte, Henriquatres."

Der Kulturhistoriker Egon Friedell (1878 - 1938) über die Männermode der Zeit um 1840

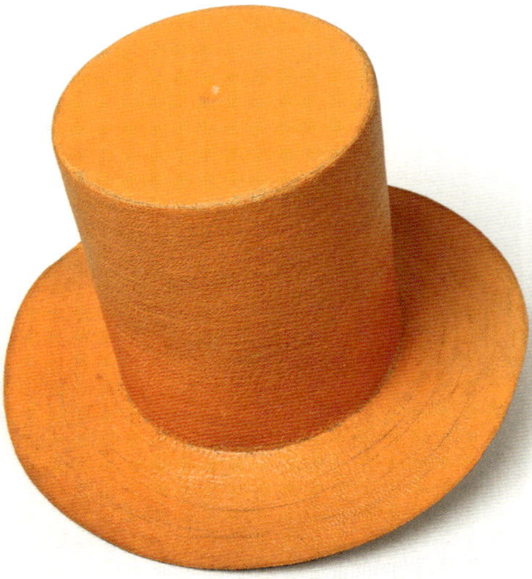

Damenzylinder aus orange gefärbter Strohborte
Durch Knochenleim oder Schelllack versteift. Um 1830

Roter Baumwollfrack mit Zylinder aus aufgerautem Haarfilz.
Alltagskleidung eines Konstanzer Bürgers um 1840

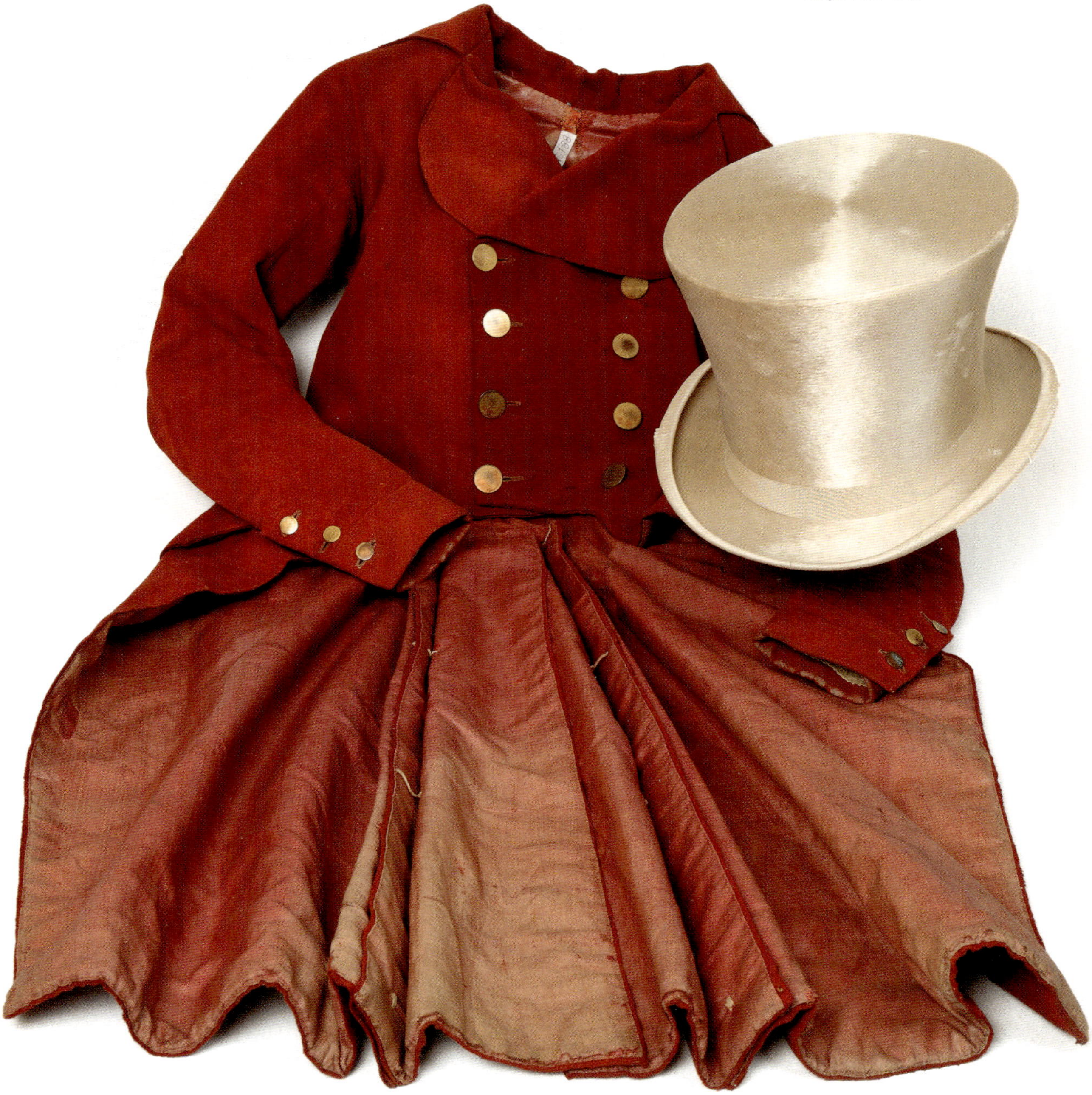

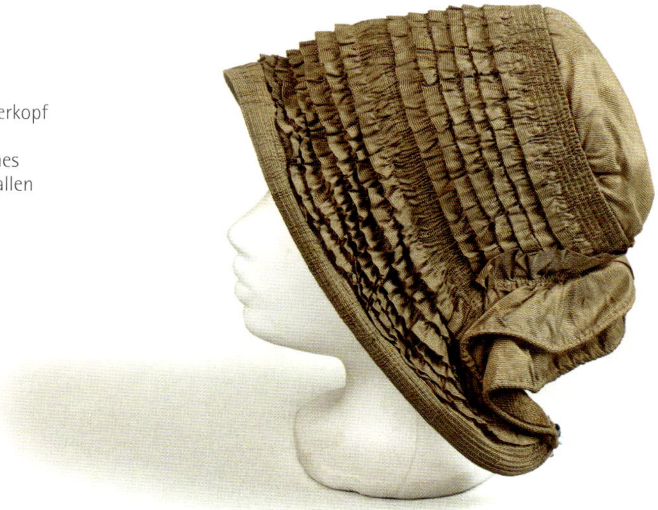

Schute aus Seidenrips, am Hinterkopf mit Volant.
Ostschweiz um 1850. Historisches und Völkerkundemuseum St. Gallen

„Ein Mann, der einem Hut hinterherläuft, ist nicht halb so lächerlich wie ein Mann, der einer Frau hinterherläuft."

Gilbert Keith Chesterton (1874 - 1936) englischer Schriftsteller

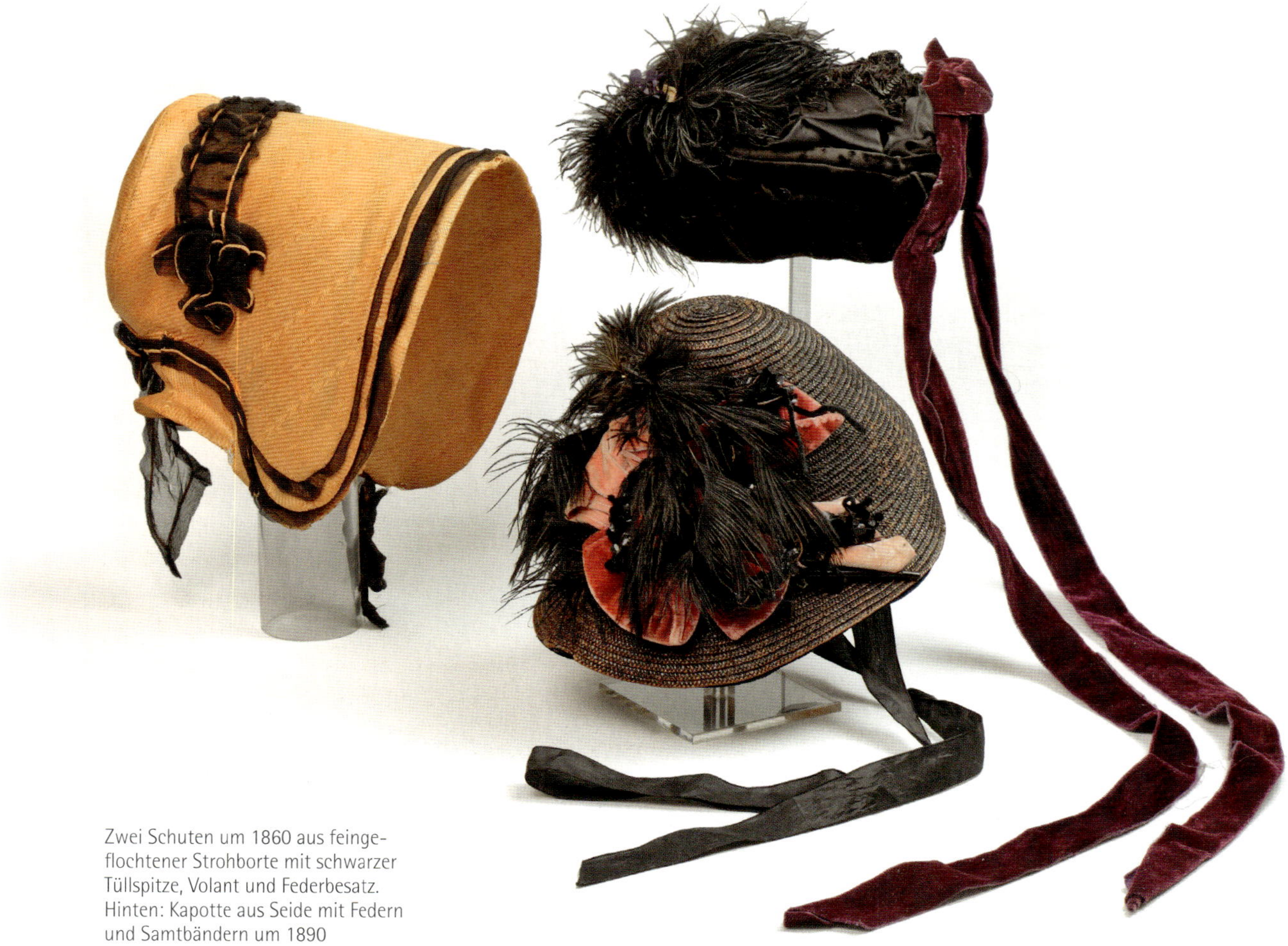

Zwei Schuten um 1860 aus feingeflochtener Strohborte mit schwarzer Tüllspitze, Volant und Federbesatz.
Hinten: Kapotte aus Seide mit Federn und Samtbändern um 1890

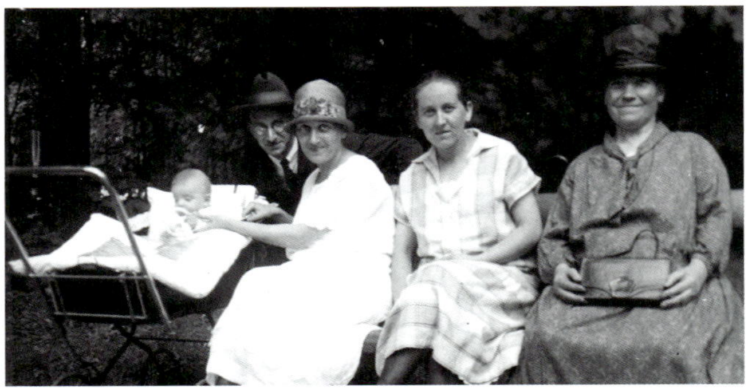

Auch die ältere Dame rechts trägt Mitte der 1920er Jahre einen mit Schleifen garnierten modischen Topfglockenhut.

„Jede Frau ist im Stande, aus einem Nichts einen Hut, einen Salat oder eine Szene zu machen."

Danny Kaye (1913 – 1987) amerikanischer Schauspieler und Komiker

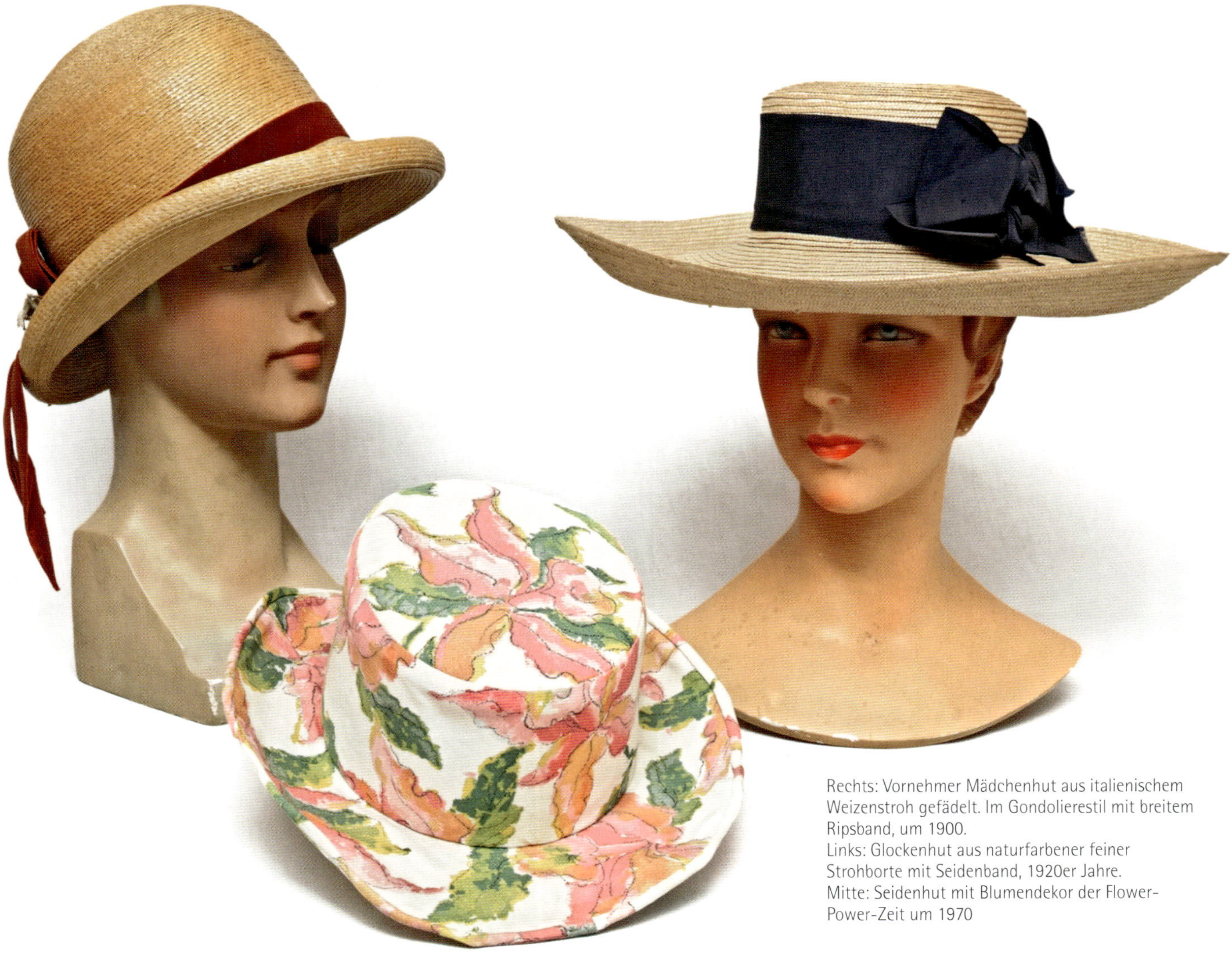

Rechts: Vornehmer Mädchenhut aus italienischem Weizenstroh gefädelt. Im Gondolierestil mit breitem Ripsband, um 1900.
Links: Glockenhut aus naturfarbener feiner Strohborte mit Seidenband, 1920er Jahre.
Mitte: Seidenhut mit Blumendekor der Flower-Power-Zeit um 1970

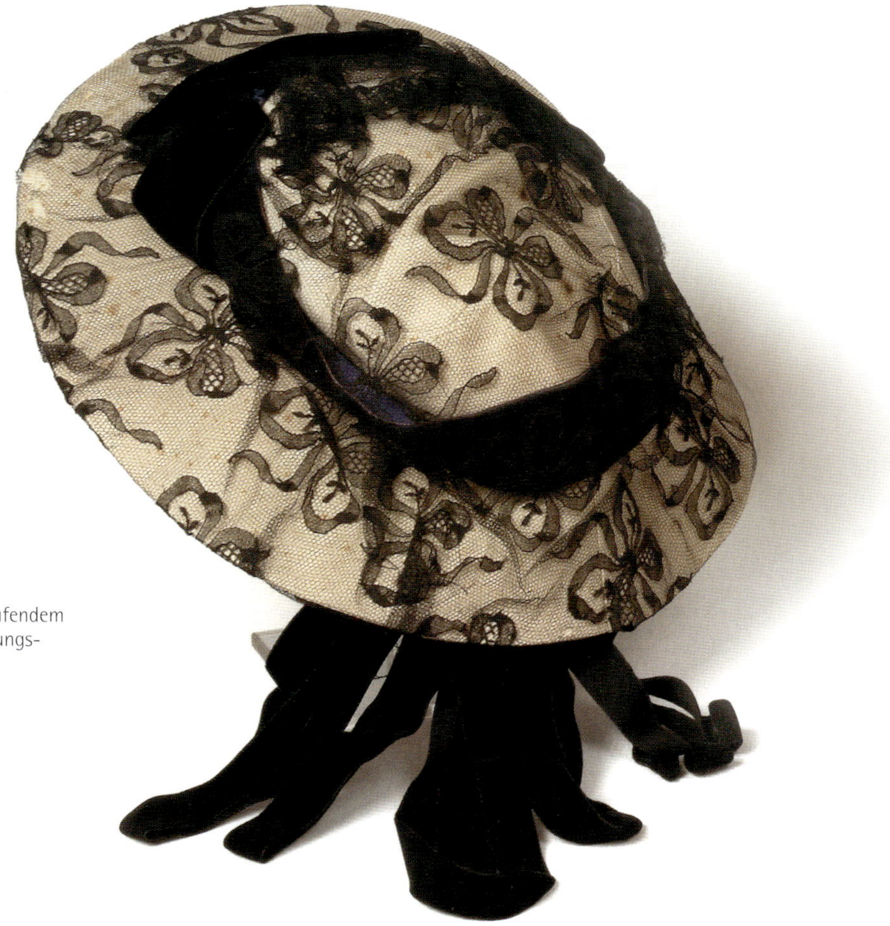

Flacher Damenhut mit umlaufendem Spitzenschleier und Befestigungsbändern. Um 1890

„Die Mehrzahl der Menschen ist so: Macht man ihnen bescheiden Platz, so werden sie unverschämt. Versetzt man ihnen aber Ellenbogenstöße und tritt ihnen auf die Füße, so ziehen sie den Hut."

Johann Nestroy (1801 – 1862) österreichischer Schriftsteller

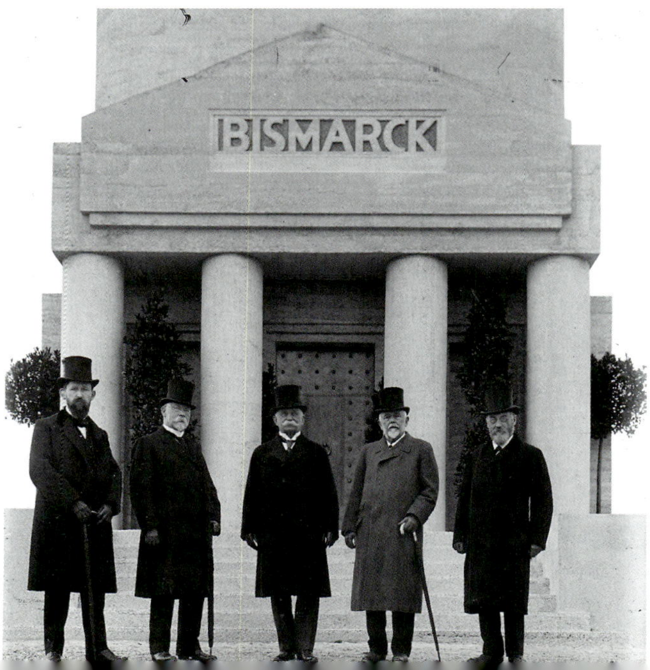

Honoratioren mit Kavaliersstock, Schirm und Zylinder: Um Graf Ferdinand von Zeppelin (Mitte) gruppieren sich im Oktober 1912 Stifter und politische Würdenträger vor dem eben vollendeten Bismarckturm in Konstanz.

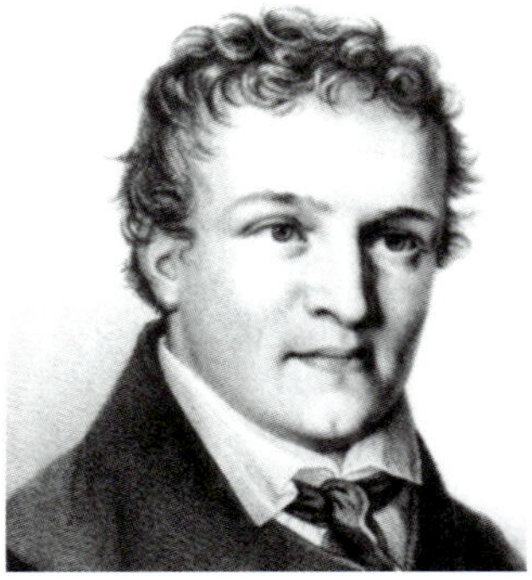

Das Findelkind Kaspar Hauser

Zu seinen Lebzeiten und erst recht nach seinem geheimnisumwitterten, gewaltsamen Tod im Dezember 1833 in Ansbach fragt sich die europäische Öffentlichkeit immer wieder, wer dieses berühmteste Findelkind Europas wohl in Wahrheit sei. Publizisten und politisch interessierte Kreise nähren durch Mutmaßungen und Theorien das Gerücht, Kaspar Hauser (aufgetaucht 1828 – 1833) sei der Sohn und Thronfolger des badischen Großherzogs Karl und der Großherzogin Stéphanie gewesen. Millionen Menschen glauben damals, das 1812 geborene Kind sei ausgetauscht und entführt worden, um den Kindern aus der nicht standesgemäßen Hochberg-Linie des Hauses Baden den Weg zum Thron frei zu räumen. Genanalysen des 20. Jahrhunderts erbrachten widersprüchliche Ergebnisse in der Frage, ob Hauser mit dem Haus Baden verwandt war. Heute spricht viel dafür, dass Kaspar Hauser unter einer so genannten Histrionischen Persönlichkeitsstörung (HPS) gelitten hat und seine Lebenserzählung von Kerkerhaft und Isolation nicht der Wahrheit entsprochen haben kann.

„Kaspar ist nicht das, wofür Sie ihn zu halten scheinen. Kaspar ist ein Kind, das seinem ganzen Wesen nach, in moralischer Hinsicht wie in der seiner geistigen Entwicklung, auf der Stufe eines 10- bis 12-jährigen Menschen steht."

Hausers Vormund, Freiherr Gottlieb von Tucher, 1831 an Lord Stanhope

Schon wohlmeinende Zeitgenossen zweifelten an seiner Aufrichtigkeit, als der britische Lord Philipp Henry Stanhope, ein exzentrischer Sonderling, in Kaspars Leben tritt. Stanhope, dessen Motive für das besondere Interesse an Kaspar bis heute unklar sind, überhäuft den Jüngling mit Geschenken und großen Beträgen an Taschengeld. Mehrfach besucht der Lord mit Kaspar den Schneider und lässt modische Kleidung aus feinsten Tuchen für ihn anfertigen. Das Auftreten des Jungen verändert sich: er gibt sich nun dandyhaft, großspurig und fällt immer mehr durch notorisches Lügen auf.

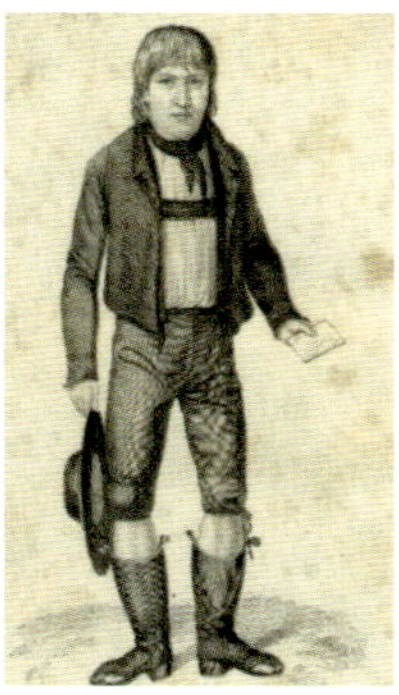

Kaspar Hauser am Tag seines Auftauchens 1828 in ländlicher Tracht.

Ende 1831 übergibt die Stadt Nürnberg Stanhope das Findelkind zur weiteren Erziehung. Doch dann verliert der neue Pflegevater plötzlich das Interesse und reist ab. Zurück bleibt ein tief verbitterter junger Mann, ohne jede Hoffnung, doch noch als Stanhopes Adoptivsohn mit ihm nach Kent ziehen zu dürfen. Zudem erlahmt nun das öffentliche Interesse an seiner Person merklich. Am 14. Dezember 1833 wird Kaspar Hauser mit einer zunächst ungefährlich wirkenden Stichverletzung aufgefunden, an der er drei Tage später jedoch innerlich verblutet. Gerüchte machen die Runde, er habe sich selbst verletzt. Der frühere Konstanzer Bistumsverweser Ignaz Heinrich von Wessenberg, der über seinen Bruder, einen hochrangigen Diplomaten in Wien, Kontakt mit dem Findelkind bekommen und von diesem Briefe erhalten hatte, hat die Prinzenlegende nie geglaubt, weist jetzt aber auch die Suizidversion in Briefen an Stanhope entschieden zurück. Nach seinem Tod wird Kaspar Hauser zur Legende. In Ansbach verwahrt man seine Kleidung, darunter einen Zylinder, auch er mutmaßlich ein Geschenk Lord Stanhopes.

Sie würden ihn kaum wiedererkennen in seinem neuen blauen Frack mit gewirkten Knöpfen und seinem weißen Halstuche.“

Lord Stanhope 1831 an Bürgermeister Binder von Ansbach

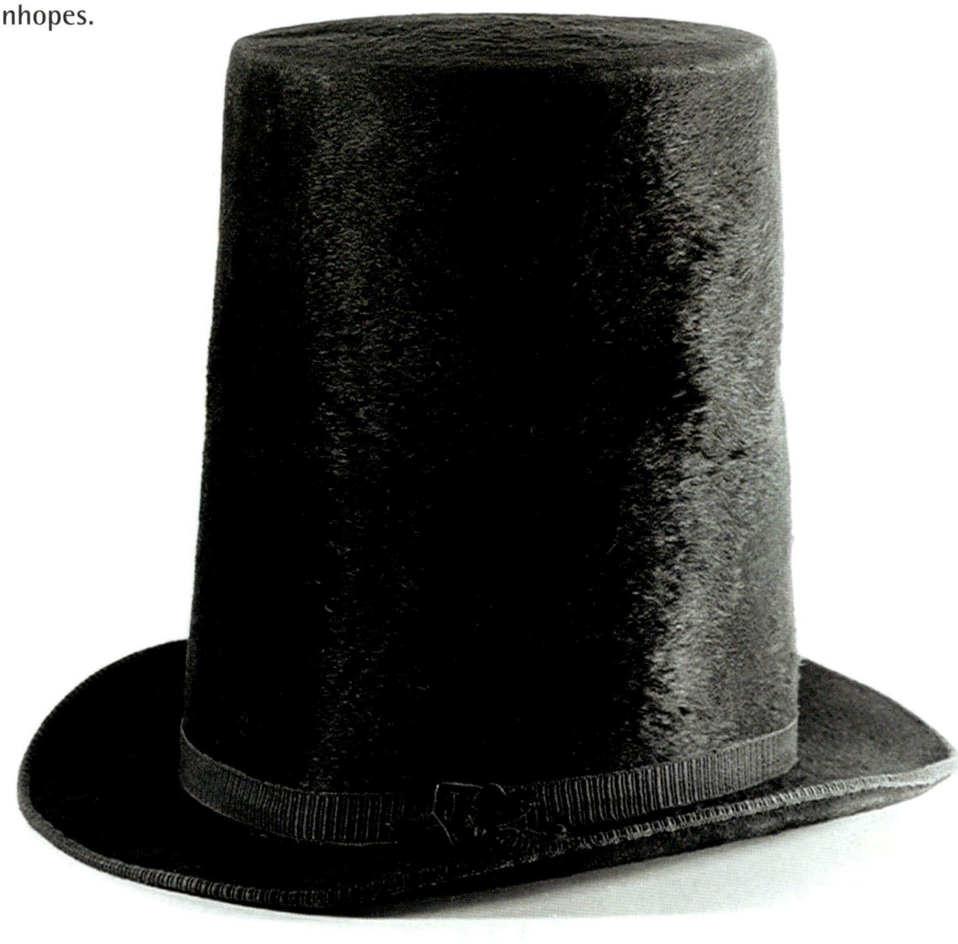

Kaspar Hausers Zylinder. Aus aufgerautem Haarfilz, um 1830.
Leihgabe und Bild: Markgrafenmuseum Ansbach

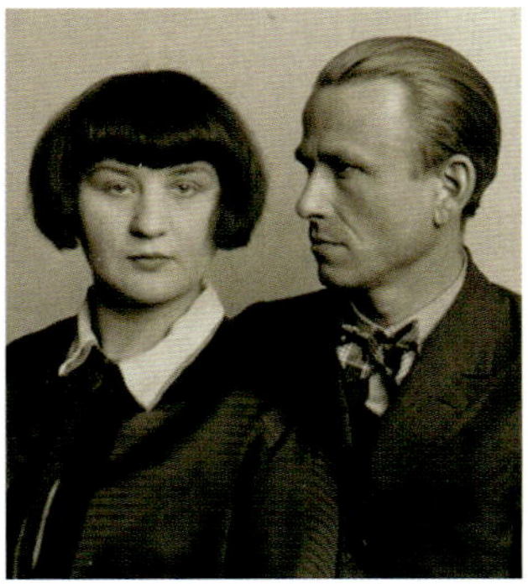

Aus dem Kleiderschrank von Martha Dix

Martha Koch (1895 - 1985) und der Künstler Otto Dix lernen sich 1921 in Düsseldorf kennen. Sie ist noch mit dem Urologen Dr. Hans Koch verheiratet und hat mit ihm zwei Kinder. Sie trennt sich von ihrem Mann, lässt sich scheiden und heiratet 1923 Otto Dix. Mit ihm bekommt sie die Kinder Ursus, Jan und Nelly. Immer wieder zeichnet und malt Dix seine Frau in wechselnden Rollen: Als mondäne, emanzipierte Frau, Geliebte, Gefährtin und Mutter ihrer gemeinsamen Kinder. Die Facetten dieser Portraits, die Otto seiner Martha schenkt, zeigen ihre Wandelbarkeit als Modevamp der 20er Jahre, imposant gekleidete Dame und Mittelpunkt der Familie in der Zurückgezogenheit der Jahre am Bodensee. Ein Paradestück aus Martha Dix' Hutgarderobe hat sich erhalten: Ein schwarzer Melusine-Haarhut, vermutlich aus der Zeit des Ersten Weltkriegs, angefertigt von der Modistin Coquille in der Rue Gambetta in Sedan, dem Ort, an dem sich der deutsch-französische Krieg von 1870/71 und das Schicksal des letzten französischen Kaisers Napoleon III. entschieden.

Frau Mode wird der Krieg erklärt
Vom weiblichen Geschlechte.
Wie sie sich sperrt, wie sie sich wehrt
Wir bleiben keine Knechte.

Du hast uns lang genug regiert
Von Deinem stolzen Throne
Hast uns zu Puppen degradiert
Der ganzen Welt zum Hohne.

„Kriegserklärung an die herrschende Mode", Spottgedicht der Lebensreformbewegung 1897

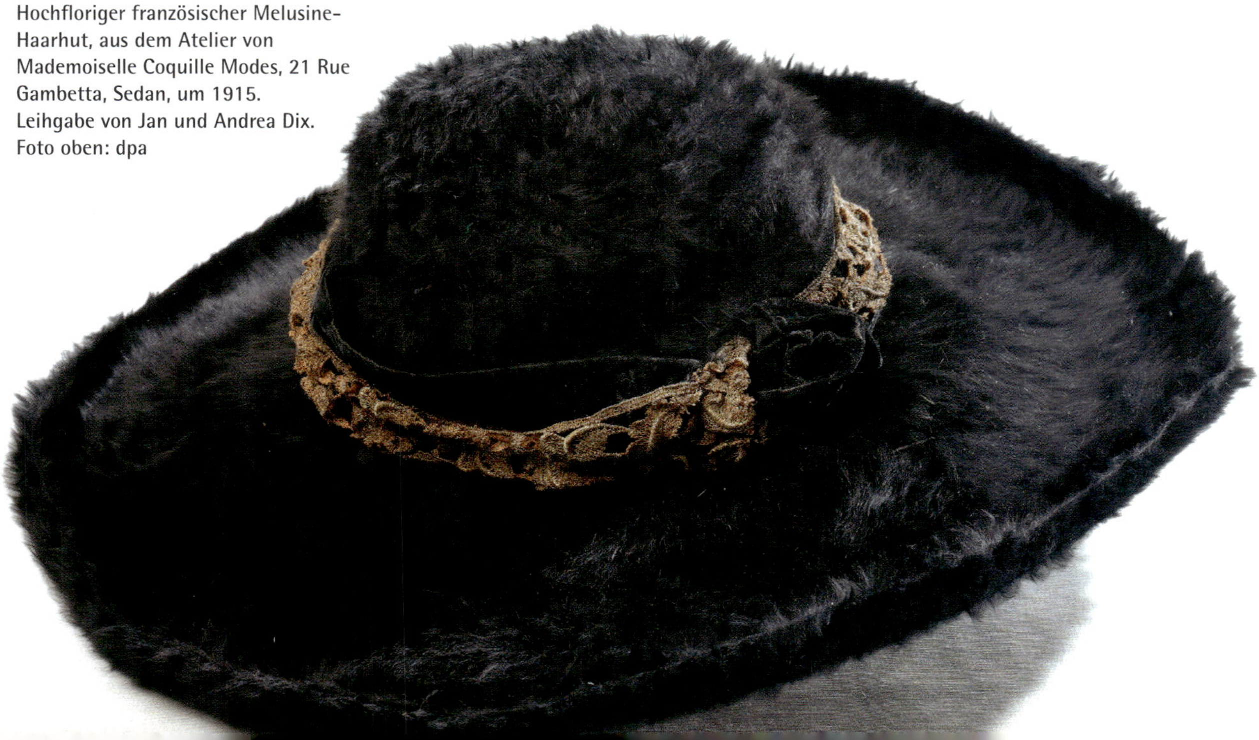

Hochfloriger französischer Melusine-Haarhut, aus dem Atelier von Mademoiselle Coquille Modes, 21 Rue Gambetta, Sedan, um 1915.
Leihgabe von Jan und Andrea Dix.
Foto oben: dpa

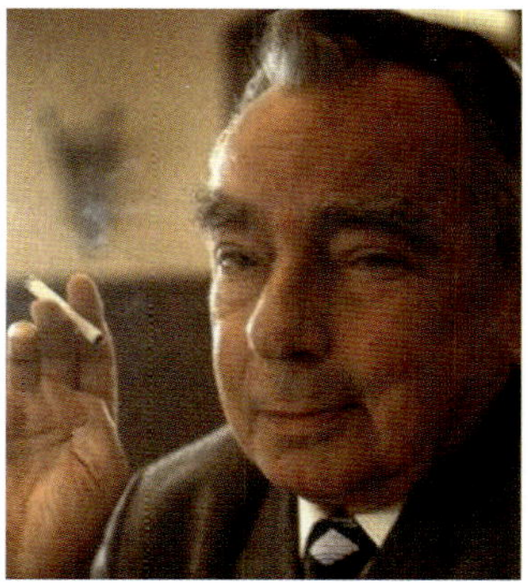

Der „Herr im steifen Hut“

In seinem wohl berühmtesten Kinderbuch „Emil und die Detektive“ raubt ein zwielichtiger „Herr im steifen Hut“ dem kleinen Emil Tischbein während einer Zugfahrt die Geldbörse. In zeitkritischen und satirischen Gedichten karikiert der Schriftsteller, Dichter, Journalist und Drehbuchautor Erich Kästner (1899 – 1974) die hohlen Formen der bürgerlichen Welt, ihre Kostümierungen mit falschen Trachtenhüten und würdigen Zylindern. Seine Berliner Reportagen der 1920er Jahre zeichnen ein ebenso prägnantes Bild vom Leben der Bohème mit monokeltragenden Damen, Glockenhüten und der wilden Lust an Bällen und Parties. Dabei bleibt Kästner selbst zeitlebens den Kleidungsgewohnheiten des Kleinbürgertums verbunden: Er tritt immer formell gekleidet auf, mit Anzug, Krawatte und Hut. Der Kinderbuchautor James Krüss sieht 1949 einen Erich Kästner, der „einen Homburg, einen leichten grauen Mantel zu seinem Flanellanzug, leichte italienische Schuhe und über dem Arm einen eingerollten Regenschirm“ trägt. Doch hinter der Fassade der scheinbar saturierten Eleganz bleibt Kästner zutiefst Skeptiker: Seit er als verfemter Autor die Gewalt der NS-Diktatur erlebt hat, misstraut er den Humanitätsbekundungen und der Wohlanständigkeit der Bürger mit Trachtenjacke und steifem Hut.

„Bei der Schneiderin in Hollenz herrschte gestern Hochbetrieb. Sie musste Uniformen abändern, Knöpfe mit dem Hoheitsabzeichen durch Hirschhornknöpfe ersetzen, jägergrüne Jackenaufschläge annähen, Biesen und Spiegel abtrennen und in der Nachbarschaft alte Filzhüte auftreiben. Die Soldaten warteten geduldig, zahlten mit Zigaretten und Schnaps aus dem Rucksack und verließen die Schneiderstube als nachgemachte, nicht ganz waschechte Tiroler. Mit Hüten, die zu groß oder zu klein waren.“

Erich Kästner, beobachtet im Frühjahr 1945. Aus: Notabene 45. Ein Tagebuch

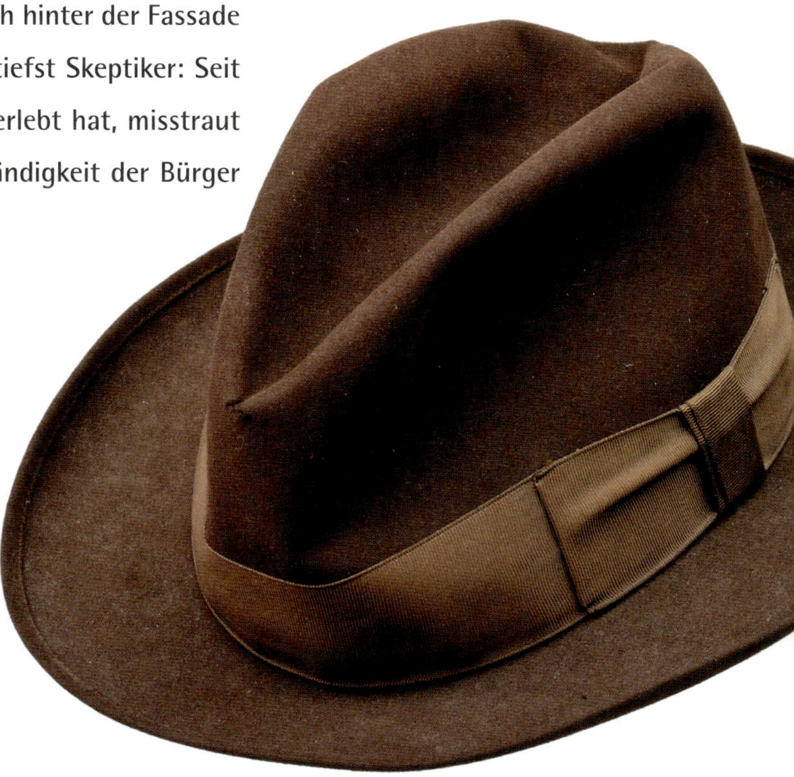

Erich Kästners Hut: Stetson, Modell „Royal light“, erworben bei Johann Zehme, München, um 1950.
Leihgabe Erich-Kästner-Kinderdorf, Oberschwarzach

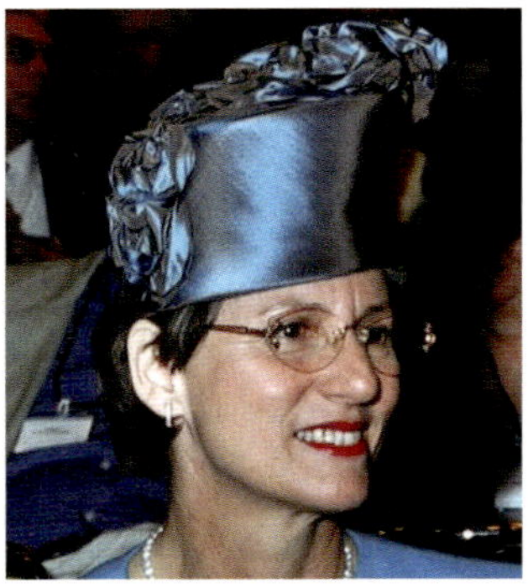

Die hutverliebten Gräfinnen

Während ihrer 25jährigen Tätigkeit als Geschäftsführerin der Insel Mainau GmbH, für die Nobelpreisträgertagung in Lindau, als Präsidentin der Deutschen Gartenbau-Gesellschaft und in zahllosen anderen Ehrenämtern versteht es Gräfin Sonja Bernadotte (1944 – 2008) glänzend, die Blumeninsel und den Dreiländersee international zu vertreten. Ihre modisch bestimmte Erscheinung ist dabei immer betont dezent. Doch phantasievolle Hüte liebt die Gräfin vom Bodensee ebenso wie ihre Tochter Bettina, die heutige Geschäftsführerin der Insel. Sonjas jüngste Tochter Diana wurde Modistin. Die früh verstorbenen Mama bezog von ihr die Hüte, und auch heute werden die älteren Schwestern von Diana zu festlichen Anlässen mit unkonventionellen Hutkreationen ausgestattet.

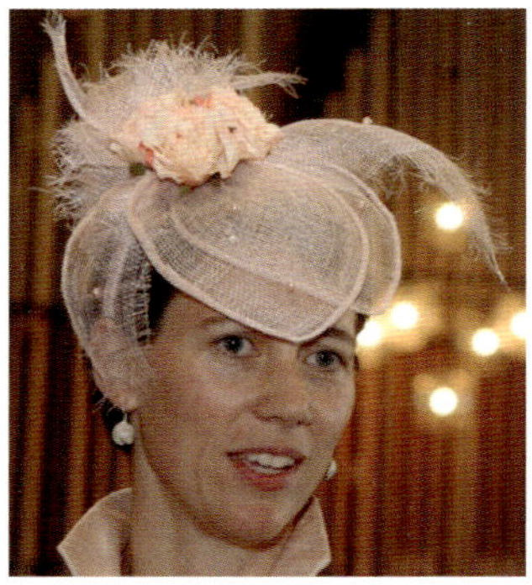

„Du, ich sah auch wirklich ganz allerliebst aus, Du musst nämlich wissen, dass mein Hut die Reise nach Altona mitgemacht und sehr verschönt von da zurückgekommen. Ich sage Dir, ein zweiter so niedlicher Hut ist nicht in ganz Segeberg, jetzt sieht er aus als wenn er der zwanzigjährigen Dange gehört, früher sah er ja aus, als wenn er einer Matrone gehörte.“

Constanze Storm (1828 – 1865) Ehefrau von Theodor Storm, Briefwechsel 1844 – 1846

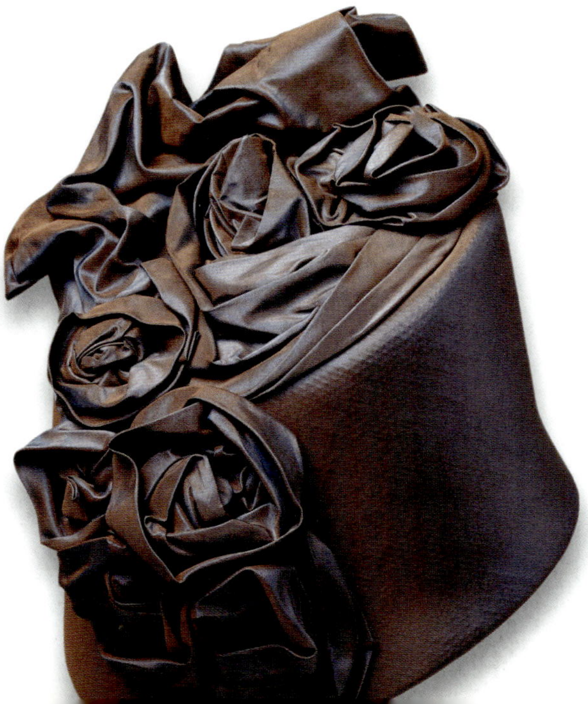

Hut von Gräfin Sonja Bernadotte,
Atelier Gräfin Diana Bernadotte.
Leihgabe und Fotos oben:
Blumeninsel Mainau GmbH

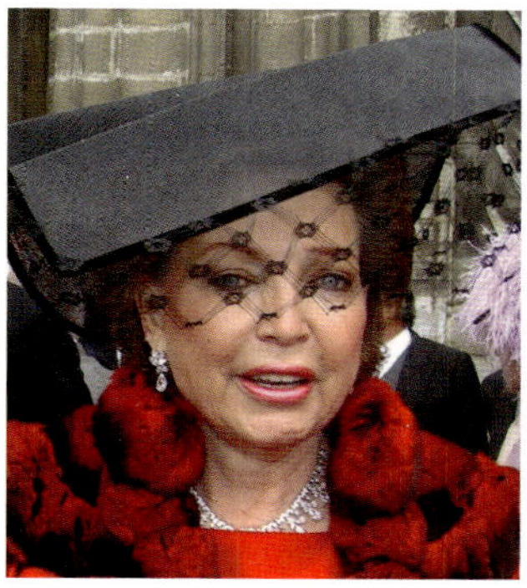

Diane Herzogin von Württemberg

Hätten die Deutschen die Monarchie 1918 nicht abgeschafft, wäre Diane Herzogin von Württemberg heute an der Seite ihres Mannes, Herzog Carl, Königin von Württemberg. Die geborene Prinzessin von Frankreich, Tochter aus dem Hause Orléans, bewegt sich als Mitglied des europäischen Hochadels auf elegantesten Bällen, Empfängen und Wohltätigkeitsveranstaltungen. Als europäische Künstlerin von Rang und Schöpferin großer Metallskulpturen liebt sie allerdings auch den einfachen Atelierkittel und den blauen Anton, den sie in der Metallwerkstatt trägt. Zur Garderobe der Anlässe auf großem Parkett gehören auch zahlreiche Hüte. Ihr Lieblingsstück ist ein fragiles Kunstwerk aus luftigen Materialien. Über diesen Hut sagt die Herzogin, sie liebe ihn, weil er eine ausgefallene Kreation und doch zugleich zeitlos zu tragen sei. Hüte liebt sie ganz generell: „Sie unterstreichen die Weiblichkeit und Eleganz jeder Frau!"

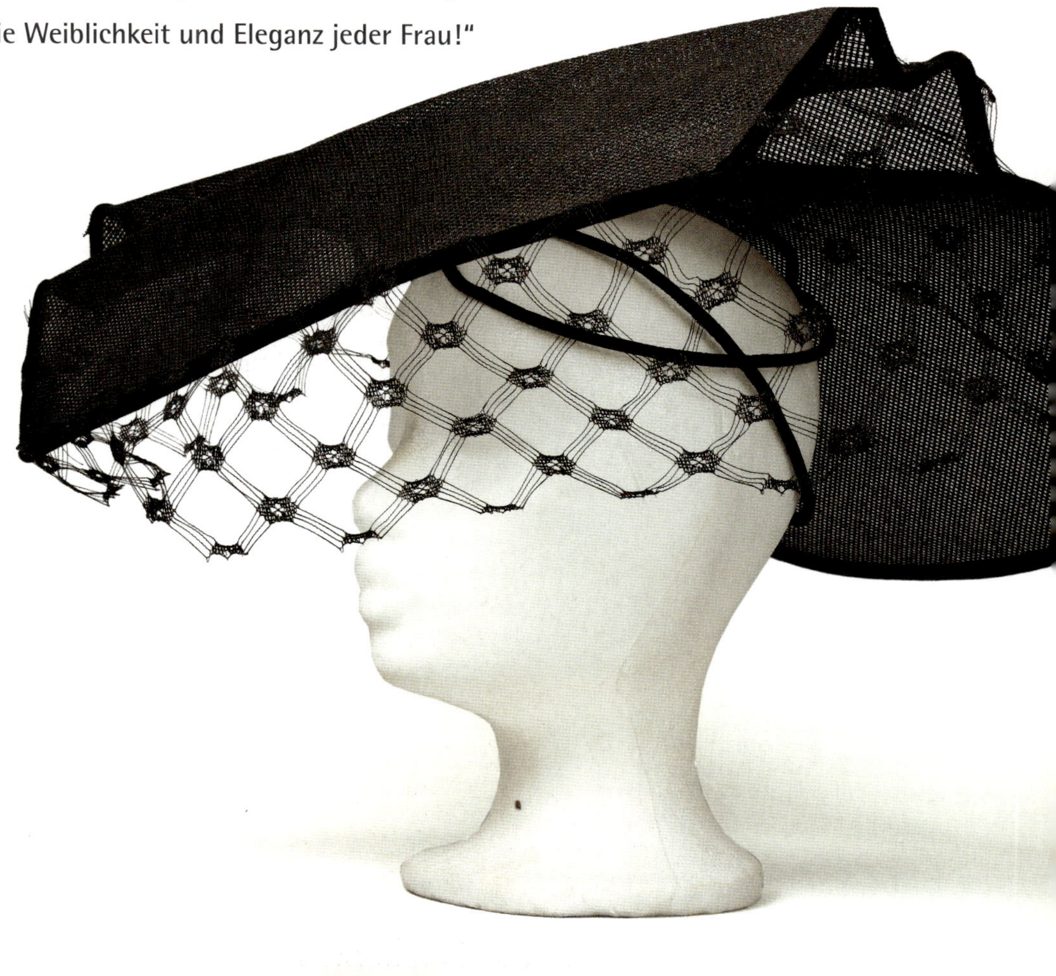

Filigraner Damenhut aus versteiftem Strohgeflecht, aus der Garderobe I.K.H. Diane Herzogin von Württemberg.
Foto oben: Seeger-Press

Eine beliebte Einkaufstadt

Zur Geschichte von Hutgeschäften und Putzmacherinnen in Konstanz

von Xenia Brönnle

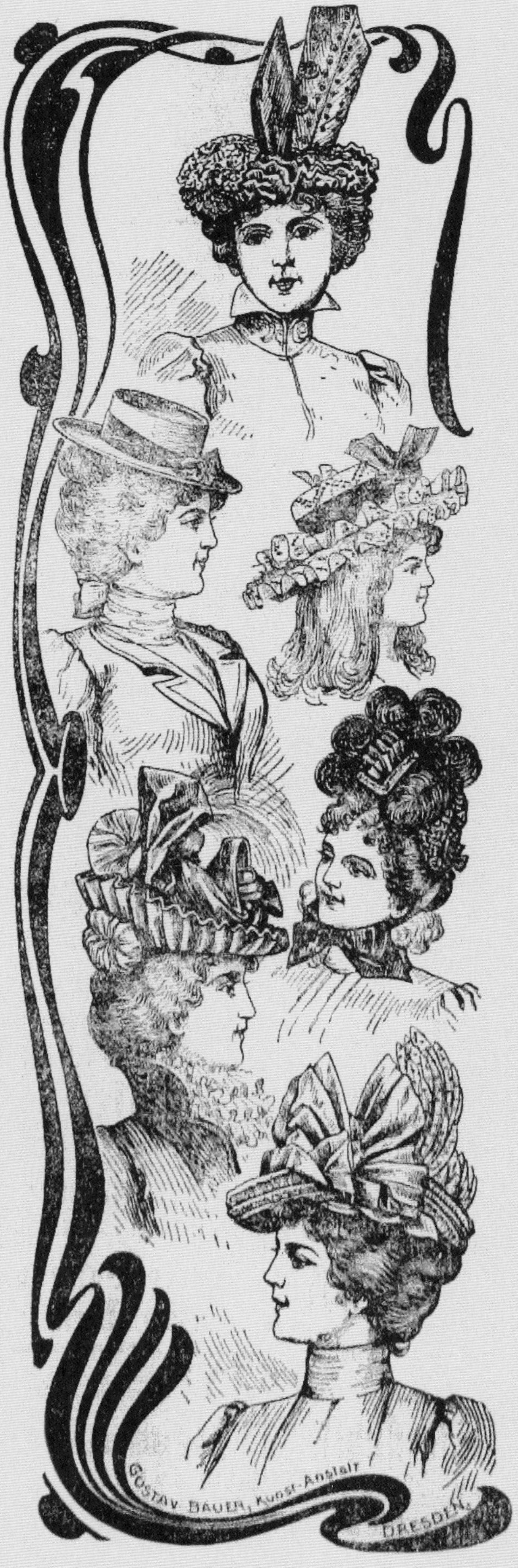

ANFANG der 1790er Jahre suchten zahlreiche französische Flüchtlinge in der Bodenseeregion Asyl. Sie flohen vor immer schärferen Revolutionsgesetzen und vor den Revolutionstruppen, die nun auch Savoyen besetzt hatten. Die österreichische Regierung bewilligte den Flüchtlingen den Aufenthalt in den vorderösterreichischen Städten Konstanz, Villingen, Rottenburg und Ehingen. In den folgenden vier Jahren lebten zeitweise bis zu 2000 Emigranten, darunter wohlhabende Mitglieder des französischen Klerus und Adlige, im damals kaum 5000 Einwohner zählenden Konstanz. Der Einzelhandel und das Geschäft mit Mietwohnungen florierten. Weitere Unternehmen nahmen den Betrieb auf, nachdem die österreichische Regierung vermögende Genfer und Lyoner Fabrikanten schon seit 1785 mit Steuervergünstigungen in den wirtschaftlich schwachen Bodenseeraum gelockt hatte.

Unter den Flüchtlingen befanden sich die französischen Hutfabrikanten Costé Jourdan und Dominique Cryot. Sie gründeten 1797 in Konstanz das Unternehmen „Manufacture de Chapeaux". Aus diesen Anfängen ging der bis heute bestehende Herrenausstatter Zwicker an der Marktstätte hervor. Im Laufe der folgenden Jahrzehnte entwickelte sich die Grenzstadt Konstanz zu einem Zentrum des Einzelhandels für Wäsche und Konfektion. Aus der nahen Schweiz, aus dem Hegau und selbst aus dem Linzgau fuhren die Kunden in die Stadt, um hier Herren- und Damenkonfektion, Aussteuerwäsche, Schuhe und Hüte zu kaufen. Etliche Geschäfte ermöglichten den Ratenkauf, den vor allem die ärmere Landbevölkerung sehr schätzte.

Um 1840 waren bereits sechs Frauen als Putzmacherinnen und vier Hutmacher in Konstanz niedergelassen. Darunter befand sich auch Michael Schedler, der 1811 die französische Hutmanufaktur der Herren Jourdan und Cryot übernommen hatte und das Unternehmen zu einem führenden Hersteller und Vertreiber von Hutmoden am Bodensee ausbaute. 1864 kaufte der Sohn Schedlers, Karl Schedler, das „Haus zum weißen Bären" an der Marktstätte. Er zog von der Sammlungsgasse, heutige Münzgasse, auf die Markstätte. Bis heute ist das „Haus zum weißen Bären" Sitz des Herrenausstatters Zwicker, der Nachfolger der Familie Schedler wurde. Schedler pries „dem geschätzten Publikum" in der neuen Werbeform der Zeitungsanzeige Filz- und Seidenhüte für Herren, sowie auch Damen- und Kinderhüte an. Zwei weitere Hutmacher, Johannes Staudt und August Sauter (Haus „Dreieckstein"), hatten ihre Geschäfte in der Augustinerstraße, der heutigen Rosgartenstraße. Während der Frühjahrsmesse auf der Laube und auf dem Döbele boten auswärtige Hutmacher und fahrende Händler vor allem Strohhüte in allen Variationen und Preisklassen an. Auch nach der allgemeinen Verbreitung der Sonnenbrille blieb der sommerliche Strohhut ein notwendiger Schutz für alle Menschen, die sich während der heißen Wochen des Jahres viel im Freien aufhielten. So genannte Putzgeschäfte, die zuständig waren für die Verzierung und Verschönerung von Hüten, wurden hauptsächlich von Frauen betrieben. Ein Blick in das Adressbuch der Stadt Konstanz listet 1868 dreizehn solcher Putzmacherinnen auf.

Die Mode der Kopfbedeckungen hatte in den ersten Jahrzehnten des 19. Jahrhunderts entscheidende Veränderungen erfahren. Die bis zur Monstrosität aufgetürmten Rokokofrisuren und Perücken der Damen waren verschwunden. Nun wurde die natürliche Haarpracht getragen, häufig

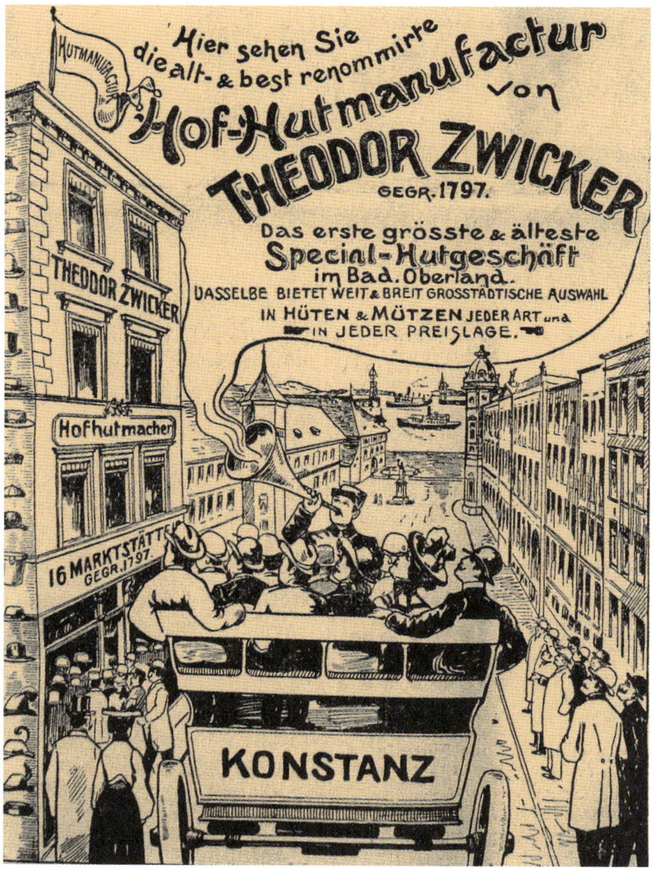

„Großstädtische Auswahl in Hüten & Mützen" verspricht 1912 die älteste Konstanzer „Hof-Hutmanufaktur" Theodor Zwicker an der Marktstätte.

mit Bändern geschmückt. Hüte und Hauben der Frauen im Empire verkleinerten sich. Immer beliebter wurde die Kapotte oder Schute. Sie war aus Stroh gefertigt und mit Spitze, Rüschen, Bändern und Kunstblumen geschmückt. Die Schute saß auf dem Hinterkopf, hatte einen breiten, zunächst halbzylindrischen Schirm und wurde mit einem Band unter dem Kinn festgebunden. Im Verlauf des Jahrhunderts weitete sich der Schirm, die Schute umrahmte das Gesicht der Trägerin fast wie ein großer Sichtschutz. Das gesamte 19. Jahrhundert über konnte sich diese Art der Kopfbedeckung bei den Frauen behaupten.

Obwohl die Schute die bevorzugte Kopfbedeckung war, gab es immer wieder neue modische Experimente. So taucht etwa um 1833 der Turban als Bestandteil der Abendkleidung auf. Zum Ausritt trugen die Damen des 19. Jahrhunderts kleine, ausgeputzte Zylinder – Miniaturausgaben der zeitgenössischen Männermode. Als sommerliche Kopfbedeckung diente den Damen der breitkrempige Florentiner Hut, ein mit Strohblumen oder einem Schleier verzierter flacher Strohhut. Die Frisur entwickelte sich in der zweiten Hälfte des 19. Jahrhundert wieder zu einer Hochsteckfrisur, auf der man kleine Tellerhütchen, sogenannte Cappelinen oder Kiepenhüte, platzierte (ab 1865). Diese Hütchen wurden zur Stabilisierung mit der jetzt sichtbaren Hutnadel im Haar festgesteckt. In der zweiten Jahrhunderthälfte findet sich in Werbeanzeigen das Attribut „sportlich" auch für Kopfbedeckungen. Ein sportlicher Hut war beispielsweise die „Kreissäge", ein runder Strohhut, der vor allem in der Schweiz als Canotier bekannt war und bevorzugt von Radfahrerinnen und Radfahrern auf Spazierfahrten getragen wurde.

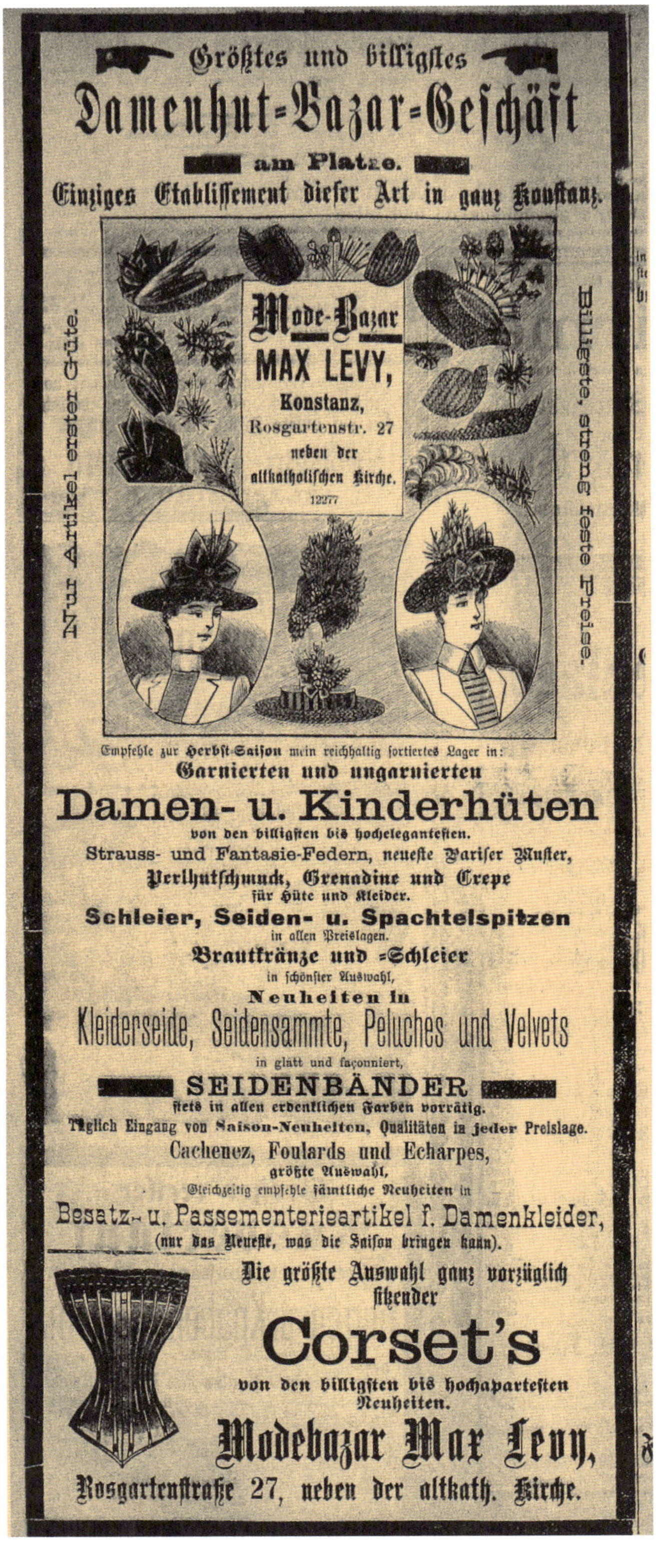

Das Damenhut-Bazar-Geschäft des jüdischen Einzelhändlers Max Levy war ein Discount-Kaufhaus, das durch besonders günstige Preise Kundinnen anzog.

In den 1880er Jahren florierte der Konstanzer Einzelhandel so gut, dass sich weitere Kaufleute hier niederließen. 1884 eröffnete, wie es in der Anzeige heißt, „in den Lokalitäten zum ‚Barbarossa' das Herren- und Knaben-Hutgeschäft J. Landwehr". In der Rosgartenstraße 15 nahm der Hutfabrikant Johann Staudt seine Tätigkeit auf und auf der Markstätte befand sich im Haus Nummer 14 der „Zentral-Bazar" von Gottlieb Mayer. Dort konnte man „Binsen- und Strohhüte" und „Filzhüte für Herren ab 1,90 Mark" erstehen. Bis 1893 haben sich weitere Hutmacher und Modisten in Konstanz niedergelassen. Neben Anzeigen von Theodor Zwicker findet sich in der Konstanzer Zeitung ein Inserat des neuen Modehauses Max Levy, ein Hinweis auf den Zuzug jüdischer Kaufleute in die Städte, seit der badische Staat in der liberalen Ära nach 1860 den Juden die vollen Staatsbürgerrechte gewährt hatte. Den jüdischen Kaufleuten kommt gerade in Konstanz ein großer Anteil an der erfolgreichen Entwicklung der Stadt zum Einzelhandelszentrum des westlichen Bodenseeraums zu. Levy pries in seiner Werbung die „grösste Auswahl garnierter u. ungarnierter Damen- und Kinderhüte" an. Die Geschwister Knopf boten dagegen nicht nur „fertige Damenhüte von 60 Pfg." an, sondern versprachen der Kundschaft überdies, das „Garnieren der Hüte" werde „gratis besorgt". Die bereits Etablierten mussten sich anstrengen: Das „grosse, altbekannte Hutlager" von Johann Staudt empfahl dem „verehrten Publikum" in der Vorweihnachtszeit ein Riesensortiment an „Seiden-, Velours-, Filz-, Woll- und Lodenhüten". Das Konstanzer Adressbuch von 1898 führt nun schon 19 Huthandlungen, Hutmacher, Putzgeschäfte und „Basare", also Discounter, auf.

Einen individuellen, einzigartig dekorierten Hut zu tragen, kennzeichnete Anfang des 20 Jahrhunderts den Wohlstand der Trägerin. Bis zum Ersten Weltkrieg signalisierten Damen der gehobenen bürgerlichen Gesellschaft und des Adels ihren gesellschaftlichen Rang auch auf dem Haupte: Die Hüte waren riesengroß und wurden mit Federn, Kokarden oder täuschend echt nachgemachten Vögeln aufgeputzt. Mit der Verbreitung des Automobils ab den 1880er Jahren erhielt der große Damenhut einen so genannten Autoschleier, damit er während der Fahrt nicht vom Kopf gerissen wurde. Das Jahr 1905 brachte mit einem internationalen Verbot der Verwendung von Federn seltener Vögel als Hutschmuck einen tiefen Einschnitt.

Gewissermaßen als Kontrast zum taillenbetonten Schnitt der Damenmode entstand um 1909 das „Wagenrad", das anstelle der verbotenen Federn nun üppig mit Seidenblumen und floralen Applikationen dekoriert wurde. Für die Karikaturisten der Zeit war diese Mode ein Quell der Inspiration, denn es musste ein hochkomischer Anblick gewesen sein, wenn Damen mit Wagenradhut versuchten, sich durch die Türen von Straßenbahnen und in Automobile zu zwängen. Auch in Konstanz fand die extravagante Mode Anklang; vor dem Ersten Weltkrieg eröffneten weitere Geschäfte, so etwa 1912 „Rothschild & Levi, das Spezialhaus für modernen Damenputz". Im selben Jahr ließen sich die Geschwister Gutmann mit einer Filiale nieder. Mit diesen beiden Neueröffnungen gab es in der Stadt am Bodensee schließlich 22 Ausputzgeschäfte neben 14 Hut- und Mützenhandlungen.

Die Anfang der 1930er Jahre einsetzende Wirtschaftskrise, vor allem aber die „Arisierung" zahlreicher Einzelhandelsgeschäfte jüdischer Inhaber und deren Vertreibung nach 1933 und eine Abkehr Deutschlands von internationalen Modestandards während der nationalsozialistischen Diktatur, veränderten auch die Einzelhandelslandschaft in Konstanz. Ein zur Biederkeit verkitschter Heimatstil mit Elementen der Volkstracht prägte das Bild der Mode in den 1930er Jahren. Mit Beginn des Krieges traten dann auch durch die Bewirtschaftung aller Rohstoffe praktische Gesichtspunkte in den Vordergrund und die „Kriegsmode" war folglich schlicht. Extravagante Hutmoden machten der aufkommenden Dauerwelle und der „Entwarnungsfrisur" Platz: Wie die Menschen mit der Entwarnung nach dem Bombenalarm aus dem Keller nach oben kamen, wurden die Haare der Frauen praktisch „nach oben" aufgesteckt.

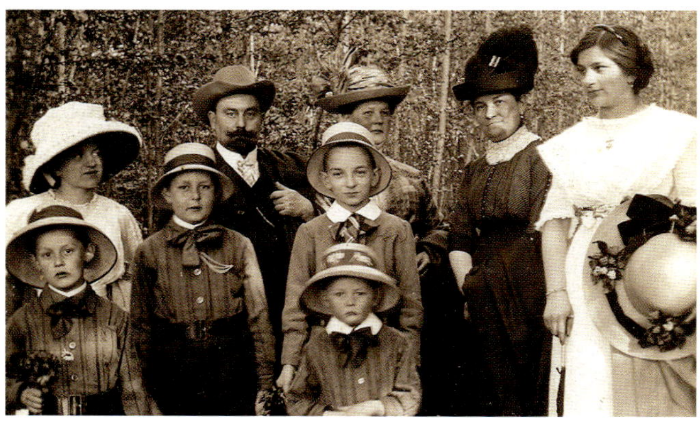

Einheitskleidung für den Nachwuchs: Diese Söhne einer Konstanzer Familie wurden um 1900 nahezu einheitlich eingekleidet und behütet.

Nach dem Ende des Zweiten Weltkriegs dauerte es in Konstanz mehrere Jahrzehnte, bis die Stadt auch für Schweizer Kunden und Kundinnen wieder interessant wurde. Die Zahl der Hut- und Putzgeschäfte der Vorkriegszeit wurde nie mehr erreicht, dagegen nahm die Zahl der Friseursalons deutlich zu. Vor wenigen Jahren schloss mit Hut-Rock das letzte Fachgeschäft für Herrenhüte, selbständige Modistinnen gab es nicht mehr. In jüngerer Zeit ist das Angebot jedoch belebt worden: Herrenhüte und Mützen sind in Kaufhäusern und bei einigen Herrenaustattern wieder zu haben. Auf der Blumeninsel Mainau hat Gräfin Diana Bernadotte ein Hutatelier eröffnet und betreibt inzwischen auch eine Dependance in der Altstadt. Dort hat sich jüngst auch die in London ausgebildete Modistin Sandra Fluck mit einem „Fachgeschäft für Kopfschmuck" niedergelassen.

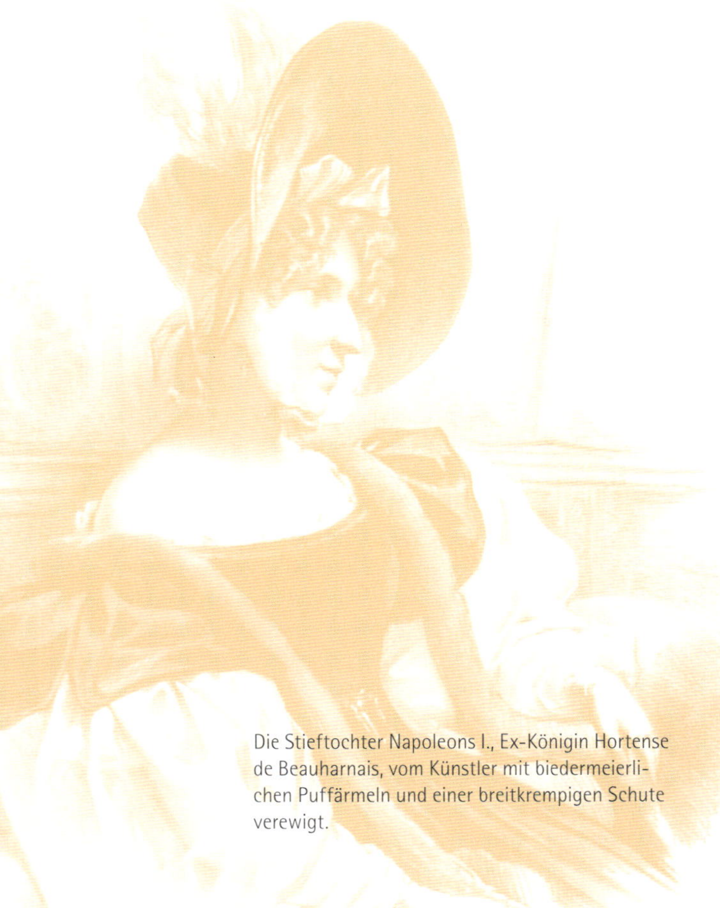

Die Stieftochter Napoleons I., Ex-Königin Hortense de Beauharnais, vom Künstler mit biedermeierlichen Puffärmeln und einer breitkrempigen Schute verewigt.

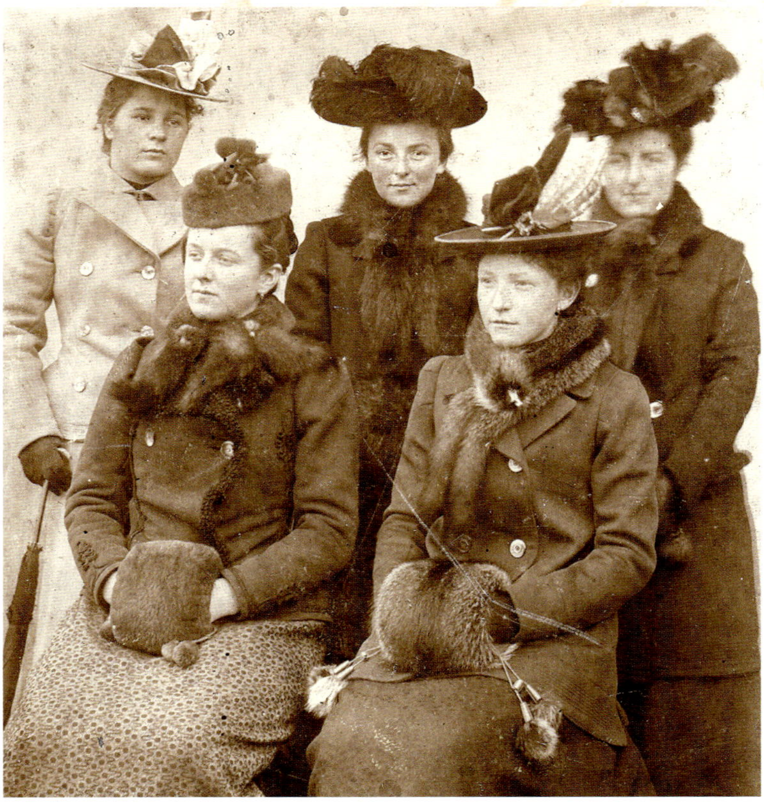

Die fünf Gemüsegärtnerinnen aus dem Konstanzer Stadtteil Paradies tragen 1902 als Festtagsgewand Wagenradhut, Kapott (links vorne) und einen an die Dachauer Tracht erinnernden Tellerhut (rechts vorne).

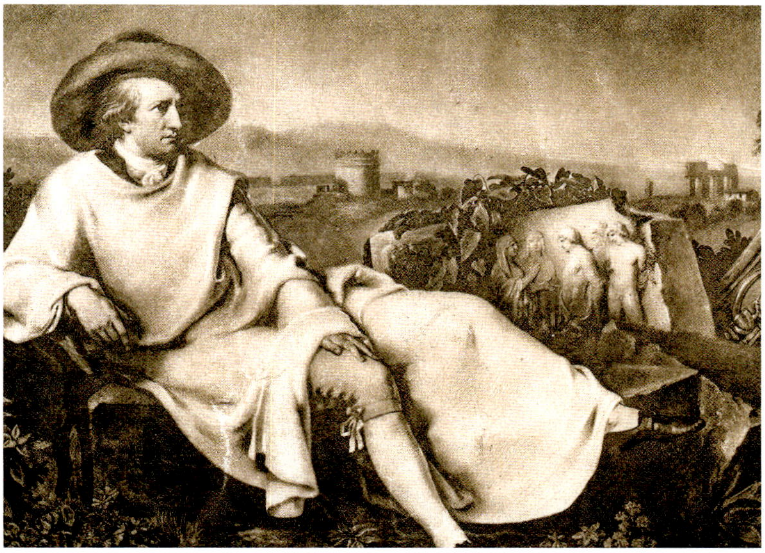

Johann Wolfgang von Goethe in Italien. Druck nach dem Gemälde von Tischbein.

„Da ich aber vom frühen Morgen an so aufgestutzt und gepudert bleiben und mich zugleich in acht nehmen musste, nicht durch Erhitzung und heftige Bewegung den falschen Schmuck zu verraten, so trug dieser Zwang wirklich viel bei, dass ich mich eine Zeitlang ruhiger und gesitteter benahm, mir angewöhnte, mit dem Hut unterm Arm und folglich auch in Schuh und Strümpfen zu gehen. War mir unter diesen Umständen eine heftige körperliche Bewegung versagt, so entfalteten sich unsere Gespräche immer lebhafter und leidenschaftlicher, ja sie waren die interessantesten, die ich bis dahin jemals geführt hatte."

Johann Wolfgang von Goethe (1749 – 1832), „Dichtung und Wahrheit"

Mao-Mützen und muslimische Scheitelkäppchen: Ein Huthändler an der Seidenstraße in China vereint im Jahr 2011 Religion und kommunistische Staatsideologie.
Bild: Wolff-Seybold

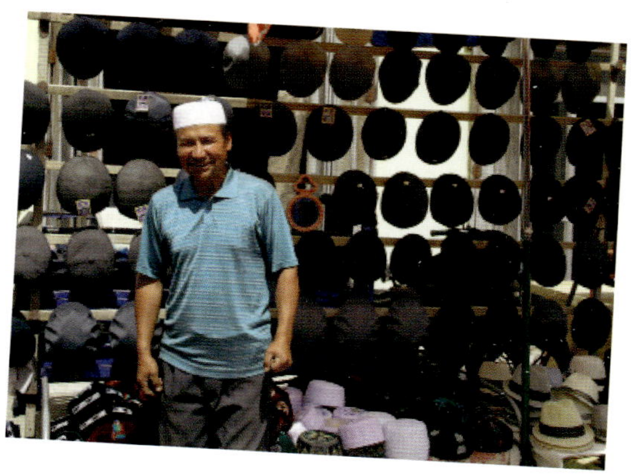

Kleines ABC der Kopfbedeckugen

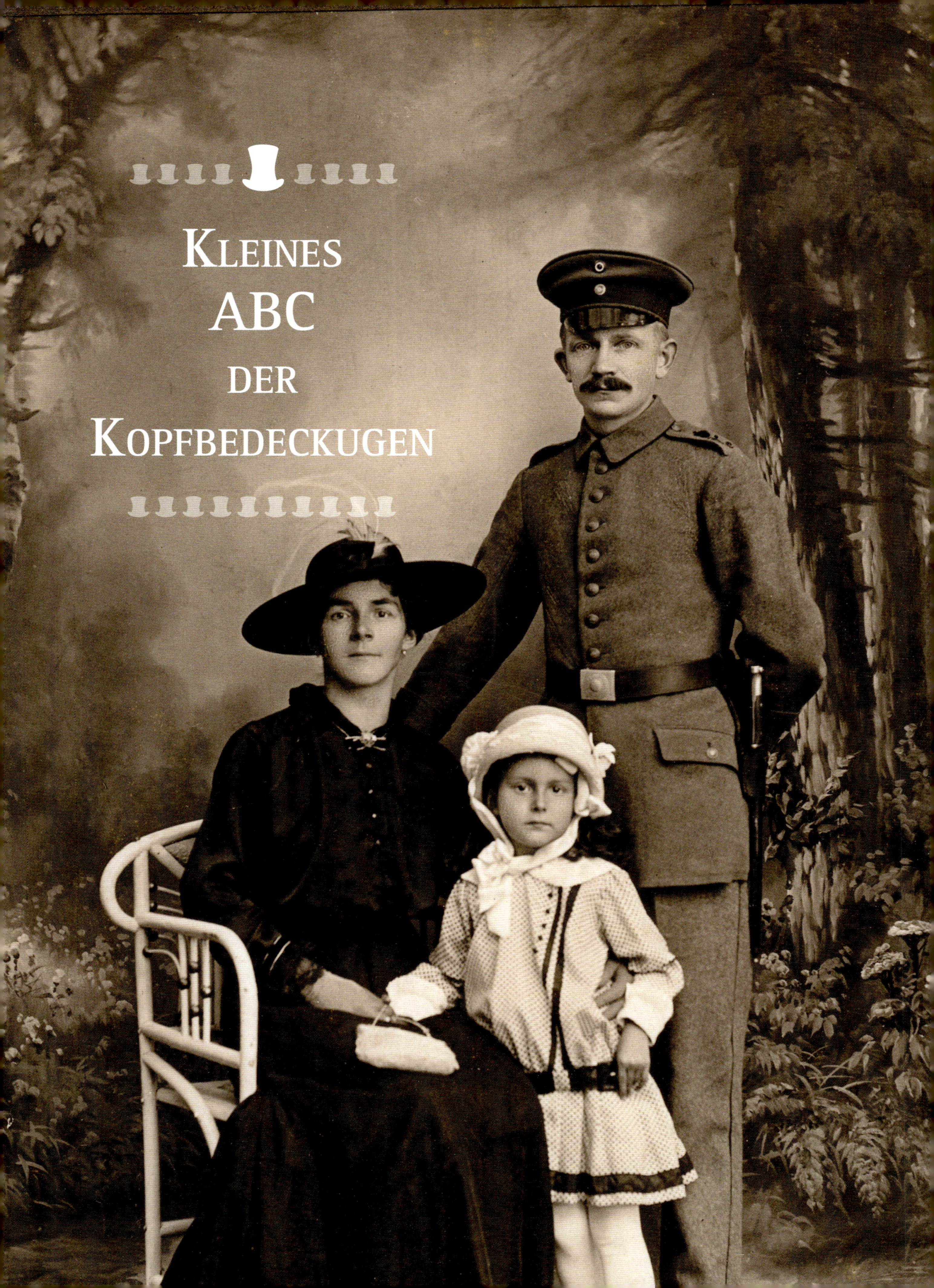

Angströhre
Spottname für den bürgerlichen Zylinder, den viele anfängliche Sympathisanten der Revolution von 1848/49 nach dem Sieg der Reaktion eilig wieder hervor holten und gegen den nun verbotenen „Demokratenhut" austauschten.

Anlasshut
Ältere Bezeichnung für anlassbezogene Damenhüte, die zu Hochzeiten, Taufen, Beerdigungen oder offiziellen Empfängen getragen wurden. Mit dem Vordringen der Dauerwelle und neuer Frisurenformen verschwand der „Anlasshut" bis auf letzte Bastionen (Adelshochzeit, Pferderennen) weitgehend aus der Damenmode. Seit einigen Jahren ist jedoch eine Wiederkehr eleganter Hutformen zu besonderen Anlässen zu beobachten.

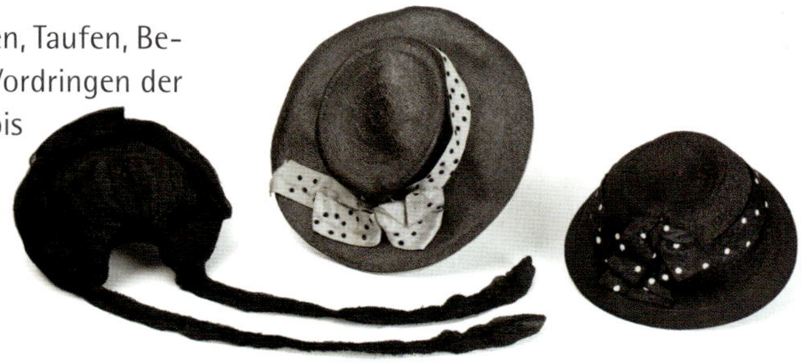

Drei Trauerhüte zwischen 1900 und 1940

Barett
Kopfbedeckung der Oberschichten seit der Renaissance, später auch von Landsknechten und Handwerkern in einfacherer Ausführung getragen. Flache, runde Kopfbedeckung, oft mit aufgeschlagener Krempe, für Männer und Frauen. Bei adligen Trägern aufwändig mit Perlen, Juwelen, Broschen und Federn geschmückt. Ende des 16. Jh. von Hutformen (Schlapphut, hoher spanischer Hut, Rembrandthut) abgelöst. Überlebt hat das Barett (oder Birett) in Amtstrachten für Richter und Professoren, bei Studentenverbindungen und als Künstlermütze.

Birett
Heute vor allem als traditionelle schwarze (Priester), violette (Bischöfe) oder rote (Kardinäle) Kopfbedeckung von katholischen Geistlichen gebräuchlich.

Baskenmütze
Rundgestickte Filzmütze ohne Schirm mit Mittelzipfel. Regionaltypische Kopfbedeckung im Baskenland. Seit den 1920er Jahren auch als modische Mütze in anderen Ländern Europas getragen. Nach dem Zweiten Weltkrieg als Intellektuellen- und Künstlermütze verbreitet.

Borsalino
Weicher Herrenfilzhut, benannt nach dem Mailänder Hutmacher Giovanni Borsalino (1834 – 1900). Bis heute der Inbegriff eines besonders hochwertigen Herrenhuts.

Bowler
(„Melone") Steifer, kuppelförmiger Herrenfilzhut mit schmaler seidengefasster Krempe. Mitte des 19. Jh. von Bowler & Son entwickelt. Bis zu Beginn der NS-Diktatur auch in Deutschland als Alternative zum formellen Zylinder getragen. Heute noch traditionelle Kopfbedeckung der Londoner Banker und Börsenleute sowie an einigen englischen Internaten als Teil der Schuluniform.

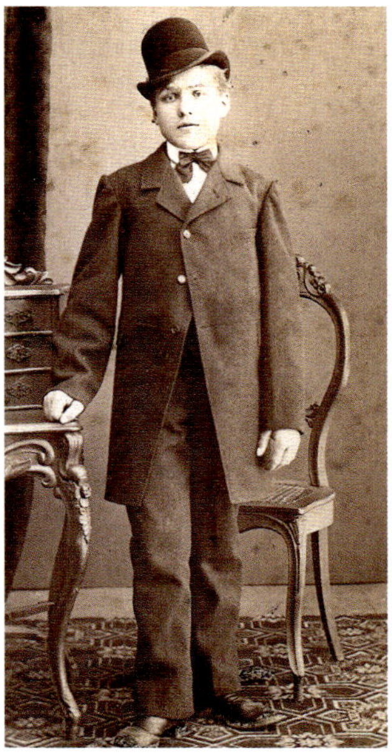

Verkleideter Jüngling: Mit hoher Melone und erstem Gehrock beim Fotografen

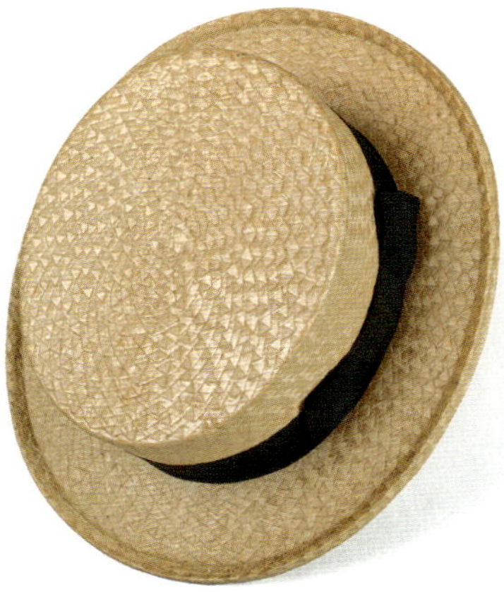

Ein Schweizer Canotier um 1900, umgangssprachlich auch „Kreissäge" genannt

Burka
Ein den Kopf und Teile des Körpers verhüllendes Übergewand muslimischer Frauen. In manchen Ländern (z. B. Afghanistan) zusätzlich mit Gesichtsnetz getragen.

Canotier
„Kreissäge", Hut der frz. Kahnfahrer, ovaler Strohhut mit flachem Deckel, gerader Krempe und breitem Hutband. Im späten 19. Jh. bis zum Ersten Weltkrieg verbreiteter Sommerhut aller Bevölkerungsschichten.

Chapeau Claque
Durch ein federgespanntes Metallgestell zusammenklappbarer, mit Seide bespannter Zylinder. Als Chapeau Claque (Klapphut) 1837 patentiert. Im 20. Jahrhundert bis zum Zweiten Weltkrieg vor allem als eleganter Abendhut zu Frack und Smoking getragen.

Chenillehaube
Eine mit Chenille überzogene Radhaube, deren Boden goldverziert ist. Mit langen schwarzen Seidenbändern z. B. zur Thurgauer Tracht gehörend.

Demokratenhut
Als „Kalabreser" oder „Karbonarihut" weicher Filzhut der kalabrischen Freiheitskämpfer um 1820 und der italienischen Geheimbünde. Später, mit breiter Krempe, als „Demokratenhut" oder „Heckerhut" in der deutschen Revolution von 1848/49 getragen. Im ganzen 19. und frühen 20 Jh. von Künstlern geschätzt.

Dreispitz
Bis ins erste Drittel des 19. Jahrhunderts getragene, aus der Landsknechtkleidung hervorgegangene Hutform. Filzhut, dessen Krempe in drei Kniffen hochgeschlagen und befestigt wird. In der militärischen Form mit Fischbein verstärkt und mit Bordüren und Kokarden besetzt.

Dormeuse
(Französisch dormir: schlafen) Aus Leinen oder Baumwolle gefertigte, häufig rüschenverzierte und mit einem zur Schleife gebundenen Band unterm Kinn gehaltene häusliche Haube der verheirateten Frau im 18. und frühen 19. Jahrhundert. Ursprünglich als Schlafhaube im Bett getragen.

Ententeich
Herrenhut mit niedrigem Kopfteil und flachem, eingedelltem Deckel, der einen „Teich" entstehen lässt. Bis in die 1960er Jahre häufig getragener Alltagshut.

Fez
Nach der marokkanischen Stadt Fes benannte, meist rote, oben flache Filzkappe. Im 18. und 19. Jh. beliebte Hauskappe für Herren, häufig mit Quasten verziert. In manchen Ländern (Türkei, Griechenland) noch im 20. Jh. offizielle Kopfbedeckung für Staatsbeamte und Militärs.

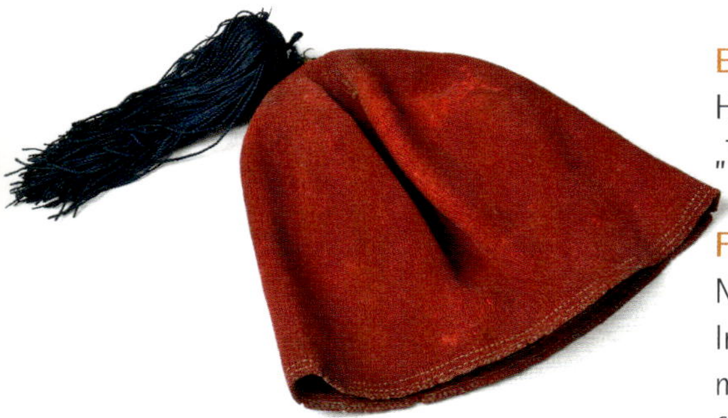

Fez eines gefallenen marokkanischen Soldaten der französischen Kolonialtruppen im deutsch-französischen Krieg von 1870. Beutestück eines badischen Soldaten

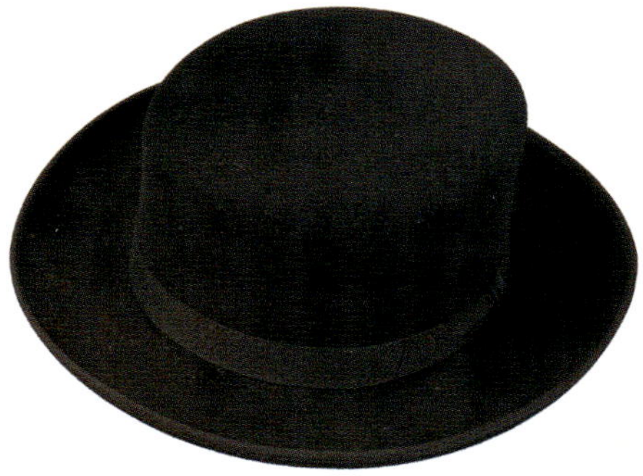

Appenzeller Fladenhut aus feinem Wollfilz, der Sonntagshut des Kantonsbürgers

Fladenhut

Männerhut mehrerer Schweizer Trachten. Schwarzer oder brauner Filzhut mit niedrigem Kopfteil und nur leicht gewölbtem Deckel.

Florentiner

Sommerlicher Strohhut mit ausladender Krempe, ursprünglich in Florenz hergestellt, im 19. Jahrhundert mit floralem Dekor und Bändern vielfach verbreitet, auch in der Kindermode sehr beliebt.

Glocke

Markanter glockenförmiger Damenhut der 1920er Jahre. Mit hohem Kopfteil und heruntergezogenem meist schmalen Rand. Unter der Glocke wurde häufig eine Bubifrisur getragen.

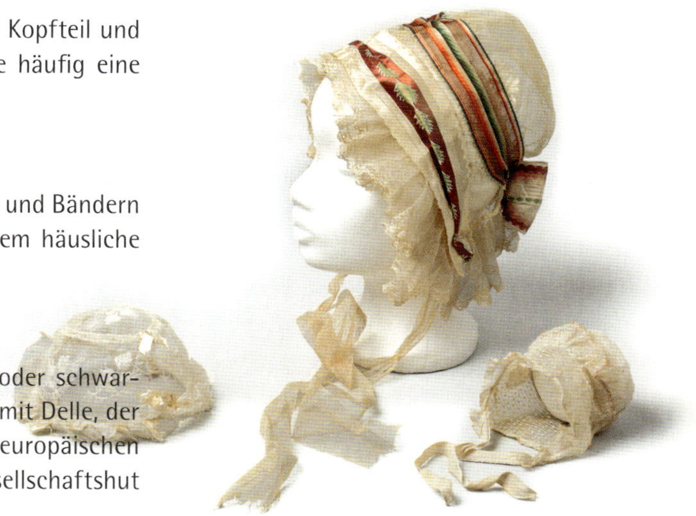

Spitzenbesetztes Erwachsenen- und zwei Kinderhäubchen, Konstanz Mitte 19. Jh., Sammlung Rosgartenmuseum

Haube

Meist aus Leinen oder Baumwollgewebe gefertigt, mit Rüschenbesatz und Bändern versehen, ist die Haube in vielfältigen Formen die typische, vor allem häusliche Kopfbedeckung der Frau bis zur Mitte des 19. Jh.

Homburg

Ursprünglich in Bad Homburg hergestellter weicher taubengrauer oder schwarzer Filzhut mit seidengefasster hochgebogener Krempe und Kopfteil mit Delle, der durch den späteren englischen König Edward VII. (1841 – 1910) in der europäischen Mode Beachtung fand und bis in die Nachkriegszeit formeller Gesellschaftshut blieb.

Hutabnehmen

Ursprüngliches Zeichen der Unterordnung im Feudalsystem. Vor dem Lehnsherrn oder Herrscher wurde der Hut gezogen, während er ihn aufbehielt. Die sprichwörtliche Empfehlung „Hut in der Hand, hilft durchs ganze Land" rät zu vorsorglicher Unterwürfigkeit gegenüber Höhergestellten. Das Hutheben auf der Straße ist als Höflichkeitsgeste noch bekannt, aber weitgehend aus der Mode gekommen.

Hutmacher

Im 14. und 15. Jh. als Handwerksberuf zunftfähig. Hauptaufgaben des Hutmachers waren die Verfilzung von Wolle oder Tierhaaren (Biber, Bisamratte, Hase, Ziege und Schaf) zum Hutfilz, Formung des Stumpens, Färben und Staffieren des Huts. Wegen der Verwendung von Quecksilber und Arsen beim Filzen zeigten sich häufig Vergiftungserscheinungen, Zittern und Lähmungserscheinungen sowie geistige Störungen. Die alte Redewendung „Verrückt wie ein Hutmacher" verweist auf die damals nicht erkannte Berufskrankheit.

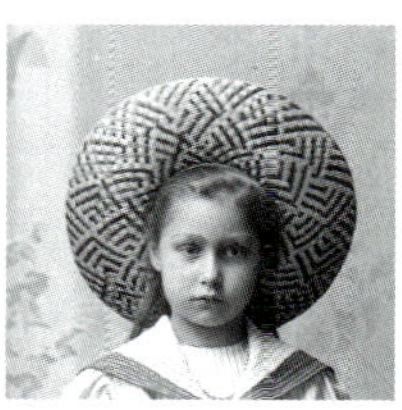

Festtagsstrohhut eines Mädchens im Gondolierestil. Um 1900

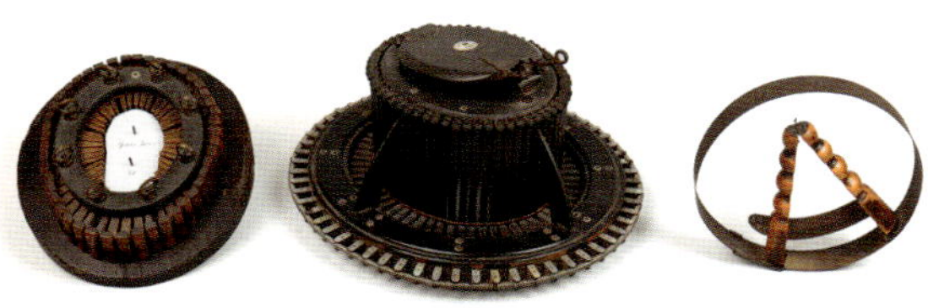

Messgeräte zur Bestimmung der Hutgröße von Herren. Firmenarchiv Zwicker

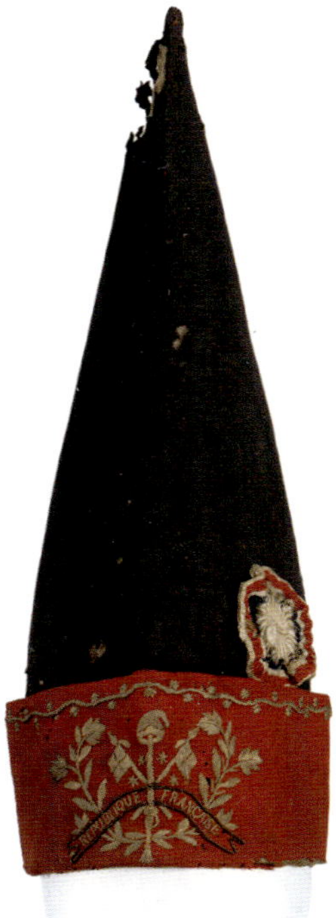

Die phrygische Mütze in ihrer bekanntesten Form: Französische Jakobinermütze von 1790. Sammlung Badisches Landesmuseum Karlsruhe

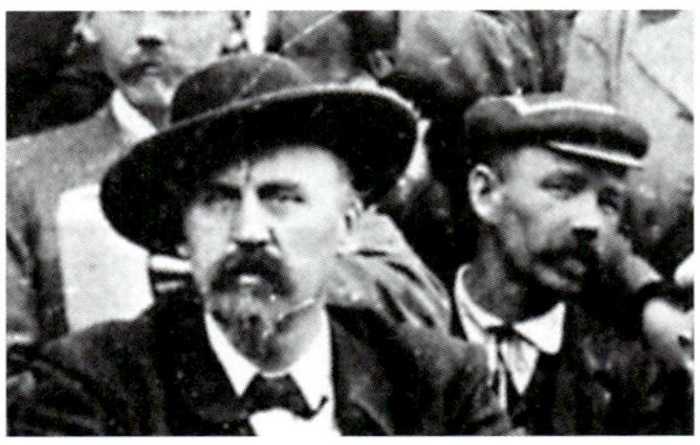

Ein typischer Kalabreser: ausladende, seidengefasste Krempe, hoher Hutkorpus. Ein Parteiführer der Sozialdemokratie trägt den Hut auf dem Parteitag 1902.

Jakobinermütze

Die Mütze der Mitglieder des Klubs der Jakobiner. Die rote phrygische Mütze galt während der Französischen Revolution als typisches Zeichen der neu gewonnenen bürgerlichen Freiheit. Ursprung in Kleinasien, dort Kopfbedeckung von Galeerensklaven. Im alten Rom war die phrygische Mütze das Abzeichen der freigelassenen Sklaven.

Judenhut

Seit Ende des 12. Jh. in den Städten verordnete, durch kirchliche Verfügungen festgeschriebene und bis ins 16. Jh. übliche Zwangskleidung der jüdischen Minderheit. Meist durch gelbe Stoffteile, Fetzen oder Flecken und den hohen gelben Judenhut mit Knauf oder umgebogener Spitze gekennzeichnet. Die Nationalsozialisten lehnten sich an diese Diskriminierungspraxis an: Ab Sept. 1941 mussten alle Juden im Herrschaftsbereich der NS-Diktatur gut sichtbar den gelben „Judenstern" tragen.

Kalabreser

s. Demokratenhut, Kapotthut

Flacher, kleiner Damenhut, der in der Frisur am Hinterkopf festgesteckt wurde. Um 1850 noch mit Bändern befestigt. Bis etwa zum Zweiten Weltkrieg in vielfältigen Formen als Straßenhut der älteren verheirateten Frau getragen. Auch als Bestandteil der Kleidung während des Trauerjahres üblich.

Kapuze

(Lateinisch caputium) Mit einem Kleidungsstück meist fest verbundene, den Kopf und Hals umschließende Kappe mit auslaufender Spitze oder eng anliegendem Kopfteil. Schon bei Kelten und Römern bekannt, später Bestandteil der mittelalterlichen Alltagskleidung und des Mönchhabits. Seit der Mitte des 20. Jh. vor allem an Sportkleidung, Anoraks und Parkas üblich. Signalisiert heute in Teilen der Jugendkultur Zugehörigkeit zu einer Gruppe.

Kippa

Einfarbiges oder besticktes Scheitelkäppchen des frommen Juden, der sein Haupt auch im Alltag immer bedeckt trägt. Kippa oder Hut werden, im Unterschied zur christlichen Vorschrift für Männer, in der Kirche das Haupt zu entblößen, auch in der Synagoge aufbehalten.

Kopfschleier

Hoch verbindliche Norm des Koran für die gläubige Muslima, das Haar, dem erotische Wirkung zugeschrieben wird, nicht offen zu zeigen. Die Norm wird von männlichen Mitgliedern der Gemeinschaft überwacht. Das öffentliche Tragen dieses als religiöses Bekenntnisabzeichen verstandenen Kleidungsstücks ist in verschiedenen europäischen Ländern untersagt, so seit 2011 in Frankreich. In einigen deutschen Bundesländern gilt ein Trageverbot etwa für Lehrerinnen in Schulen, weil es als Verstoß gegen das grundgesetzliche Trennungsgebot von Staat und Religion aufgefasst wird.

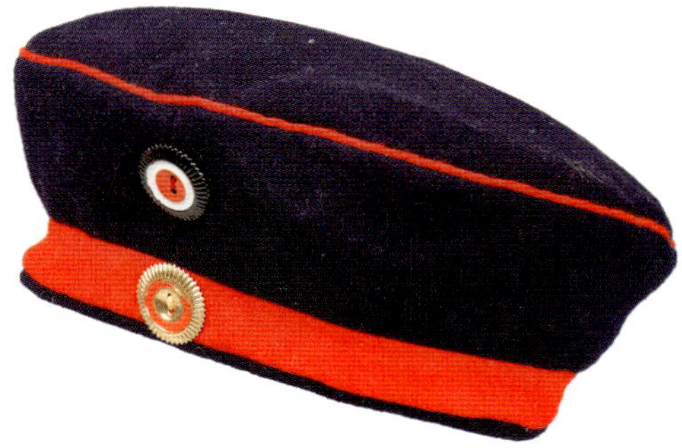

Krätzchen eines badischen Infanteristen vor 1914.
Firmenarchiv Zwicker Konstanz

Krätzchen
Kleine schirmlose Feldmütze des deutschen Soldaten (bis zum Feldwebelrang), bis 1918 getragen.

Kreissäge
s. Canotier

Magenbrothütle
Alemannischer Spottname für ein zu klein geratenes Hütchen: ein Hut, nur so groß wie ein Stückchen süßes Magenbrot.

Matrosenmütze
Um die Mitte des 19. Jh. wurde der Marine-Stil mit blauen Jacketts und goldenen Knöpfen, dazu weißen Hosen und Marinemützen in England populär, nach der Reichsgründung 1871 auch im Deutschen Reich, vor allem im Zuge der beginnenden Flottenrüstung. Als Ausweis nationaler Gesinnung sehr verbreitet. Die Matrosenbluse mit großem rechteckigen Kragen, knielanger Hose (Faltenrock für Mädchen), geknotetem Halstuch und Matrosenmütze mit Schiffsnamen war bis zur Uniformierungswelle der NS-Zeit (Hitler-Jugend, Bund Deutscher Mädel) die Jugendkleidung schlechthin.

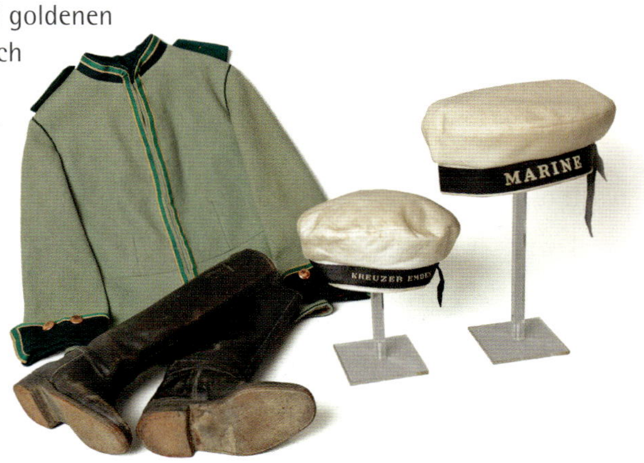

Vor allem Marinekleidung war im wilhelminischen Deutschland als Kinderkleidung sehr geschätzt. Doch auch originalgetreue Uniformen, wie dieser Koller eines berittenen Jäger-Regiments und die Kavalleriestiefel, wurden für Kinder wohlhabender Bürger und Offiziere maßgeschneidert.

Mayser
Einer der ältesten deutschen Huthersteller mit Sitz in Lindenberg/Allgäu. Im Jahr 1800 gründete Leonhard Mayser in Ulm eine Hutmanufaktur. Heute werden die aktuellen Kollektionen im Atelier in Lindenberg kreiert und zum großen Teil in eigenen Produktionsstätten hergestellt. Mayser legt besonderen Wert auf sorgfältige und gediegene Verarbeitung zu langlebigen und gleichwohl modisch attraktiven Produkten.

Meitlihube
Bezeichnung im Alemannischen/Schweizerischen für eine von ledigen Mädchen getragene Haube.

Melone
s. Bowler

Mitra
Liturgische Kopfbedeckung des römisch-katholischen und anglikanischen Klerus. Schon in der Antike bekannte Form fürstlicher Kopfbedeckungen. Bis zum 20. Jh. reich mit Goldstickerei, Edelsteinen und Juwelen verziert, heute als einfache „Mitra simplex" oder bestickte „Mitra ornata" von den Mitgliedern der höheren Kirchenhierarchie getragen.

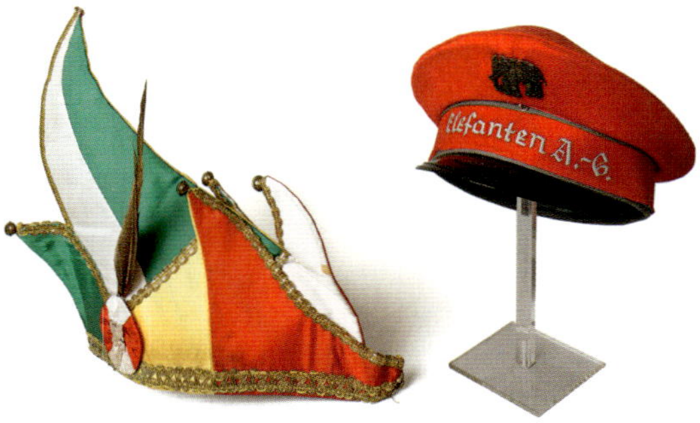

Elferratsmütze und Tellermütze der Elefanten A.G. Konstanz.

Narrenkappe

Weiterentwicklung der phrygischen, später jakobinischen Freiheitsmütze. Der mittelalterliche Hofnarr trägt die gezipfelte Schellenkappe als Symbol seiner Redefreiheit bei Hofe. Im 19. Jh. als Parodie auf die französischen Besatzer im Rheinland von ersten Karnevalsgruppen getragen. Seit Ende des 19. Jh. durchgängige Kopfbedeckung des „Elferrats" von Karnevalsgesellschaften. Im Bodenseegebiet führte die 1880 gegründete Konstanzer „Karnevalsgesellschaft Elefanten A.G." die mit einer Fasanenfeder geschmückte Narrenkappe ebenfalls nach rheinischem Vorbild als Vereinsmütze ein.

Perücke

In der Zeit des Sonnenkönigs Ludwig XIV. wurde die Perücke zum höfischen Kleidungsstück. Waren die Haare zuerst auf ledernen Kappen befestigt, entwickelten hugenottische Perückenmacher das Knüpfen feiner und gut sitzender Haarteile zur Kunst. Die lange Allongeperücke war dem Hof vorbehalten, im Bürgertum und Militär fanden Haarbeutel- oder Knotenperücke sowie die Stutzer- und Zopfperücke große Verbreitung. Wegen der Beliebtheit der Perücke wurde ihr Tragen häufig mit einer „Perückensteuer" belegt.

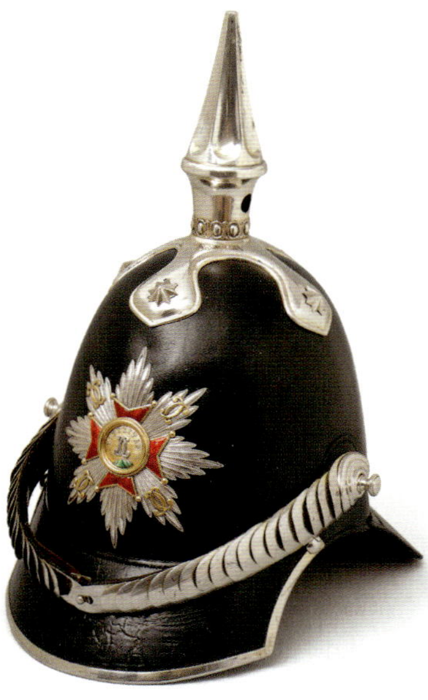

Badische Generalspickelhaube von 1856

Pickelhaube

Als „Helm mit Spitze" 1843 vom preußischen König Friedrich Wilhelm IV. eingeführter, dem Kopf des Trägers angepasster lederner Helm mit Metallbeschlägen und Nacken- und Augenschirm zum Schutz gegen Hiebe und Witterung. Nach der Niederschlagung der Demokratiebewegung 1848/49 durch die Preußen bis in den Ersten Weltkrieg als verhasstes Symbol für Reaktion und Unfreiheit bekannt.

Pileolus

Meist aus Seide gefertigtes, ziegenledergefüttertes Scheitelkäppchen, das der Papst (weiß), Kardinäle (scharlachrot), Bischöfe (violett) und Ordensmitglieder (in der Farbe des Habits) unter dem Birett bzw. als nicht-liturgische Kopfbedeckung im Alltag tragen.

Pleureuse

(Französich pleurer: weinen) Aufwändiger Schmuck an Damenhüten, insbesondere am so genannten Wagenradhut. Aneinandergeknüpfte, meist exotische Vogelfedern, z. B. vom Strauß.

Posamentierer

Bortenmacher, Bandmacher: Handwerksberuf, der teils kunstvolle Besatzartikel wie Borten, Tressen, Litzen, Quasten, Zierschnüre und Kokarden für militärische und zivile Kopfbedeckungen und für kirchliche Ornate fertigte.

Radhaube

Bestandteil der Trachten am Bodensee, auch im oberschwäbischen Raum bis nach Vorarlberg und in die Ostschweizer Kantone verbreitet. Am häufig bestickten Haubenboden ist ein aus Drahtgestell gefertigtes Rad befestigt, das mit Borten, Perlen und Glassteinen geschmückt, bespannt oder bestickt sein kann. Wird auch zur so genannten Alt-Konstanzer Tracht getragen.

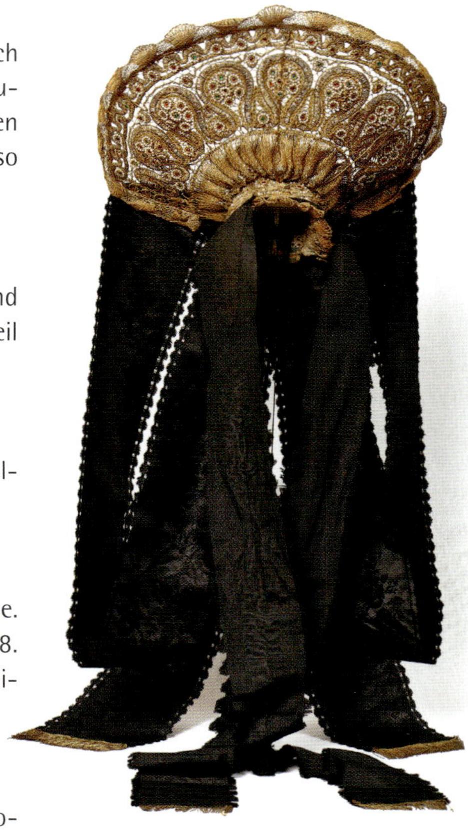

Konstanzer Radhaube, nach 1926, Sammlung Rosgartenmuseum

Schappel, Schäppeli

Französisch „Chaperon": das Käppchen. Mit künstlichen Blumen, Glassteinen und Perlen, Goldfol en oder Flitterzeug besetzte Brautkrone. Heute noch Bestandteil einiger Volkstrachten.

Schlappe

Zur Frauentracht gehörende Flügelhaube im Ostschweizer Kanton Appenzell-Innerrhoden.

Schlapphut

Umgangssprachlich für einen weichen Filzhut mit breiter, geschwungener Krempe. Geht auf den breiten Hut der Landsknechte des 30jährigen Kriegs zurück. Im 18. Jh. durch Aufklappen und Stabilisieren der Krempe zum Zwei- und Dreispitz weiterentwickelt.

Schülermütze

Zwischen 1870 bis zur Abschaffung durch die Nationalsozialisten 1934 obligatorische Kopfbedeckung von Schülern der Real-, Oberrealschulen und Gymnasien. Jede Klasse trug eine eigene Mützenfarbe. Für jede Stufe musste im örtlichen Huthandel eine neue Mütze gekauft werden. Sextaner (5. Klasse) begannen mit einer braunen Mütze, es folgten grüne, weinrote, rote, blaue, schwarze und zuletzt weiße Mützen. Nach bestandenem Abitur wurden eigens weiße Stürmermützen mit höherem Kopfteil getragen.

Schute

Haubenartiger Hut aus Stroh, Filz oder Textilien mit teils riesiger, das Gesicht umrahmenden trichterförmigen Krempe. In vielen Varianten dominierende weibliche Kopfbedeckung seit 1805 bis etwa 1850. Wegen der an Scheuklappen erinnernden Einengung des Gesichtsfelds spöttisch „Pferdehut" genannt.

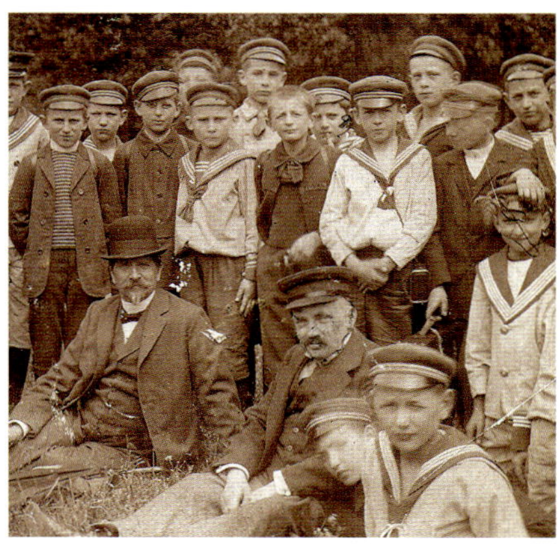

Ausflug in Matrosenkluft und Schülermütze: Eine Konstanzer Gymnasialklasse mit formell gekleideten Lehrern auf einem Schulausflug 1910

Schwefelhut

Extrem flacher, ausladender Strohhut, dessen Krempe zur Stabilisierung mit einer Schwefelpaste leuchtend gelb bestrichen wurde. Noch heute in einigen Schweizer Kantonen Bestandteil der Frauentracht.

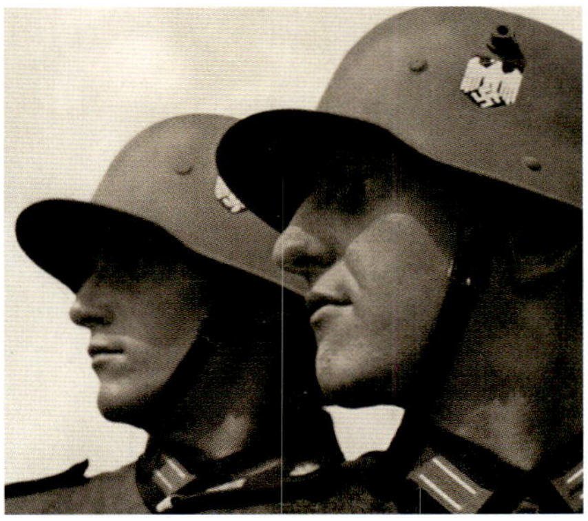

Der Stahlhelm der Wehrmacht mit dem Hakenkreuz als Hoheitszeichen

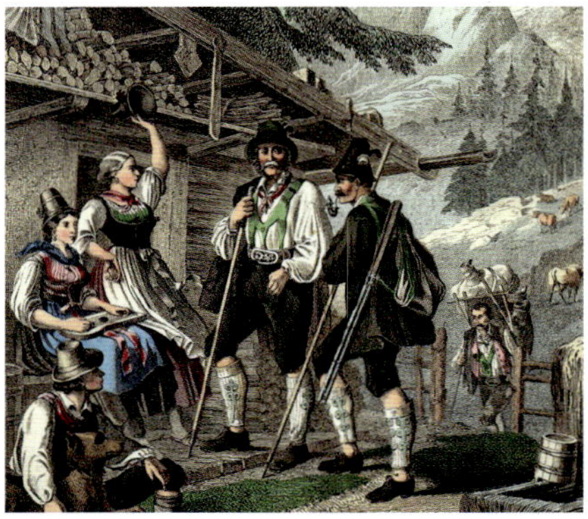

Idealisierende Genredarstellungen vom zünftigen Leben in den Alpen waren ab Mitte des 19. Jh. in Zeitschriften und Volksbildungsmagazinen sehr verbreitet.

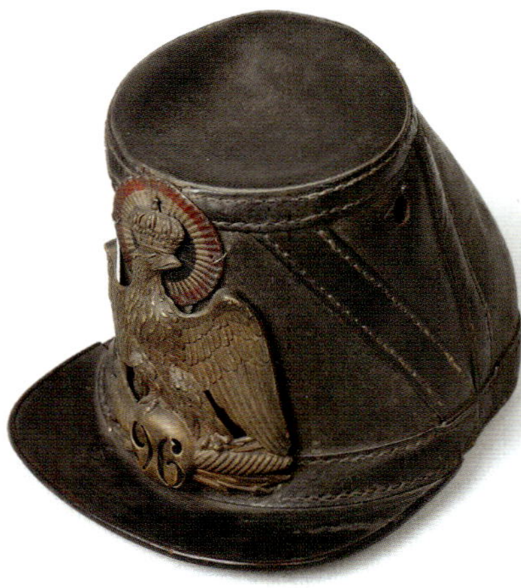

Tschako für Mannschaften eines Infanterieregiments des Zweiten Kaiserreichs Napoleon III. Vermutlich Beutestück von 1870. Sammlung Rosgartenmuseum

Sombrero

(Spanisch sombra: der Schatten) Breitkrempiger Hut mit spitzem Kopfteil, in Mexiko üblich, jedoch ursprünglich aus Spanien stammend.

Stahlhelm

Im deutschen Herr 1916 als Ersatz für die im Grabenkrieg gegen Granatsplitter und Scharfschützen wirkungslose lederne Pickelhaube eingeführt. Den Konstrukteuren, einem Chirurgen und einem Ingenieur, dienten mittelalterliche Helme als Vorbilder.

Stetson

John B. Stetson stellte um 1870 in den USA erstmals Hüte für Cowboys her. Als breitkrempiger Hut mit hohem, eingedelltem Kopfteil heute allgemein als Westernhut bekannt.

Tarnkappe

Gehört zur Familie der schon in der germanischen Mythologie bekannten Zauberhüte, denen magische Kräfte zugeschrieben wurden, z. B. der Wünschelhut oder die Nebel- oder Tarnkappe. Der Volksglaube schreibt vor allem der roten Zwergenkappe solche Eigenschaften zu. Reste des Mythos leben im heutigen Zauberkünstler fort, der z. B. ein Kaninchen „aus dem Hut" zaubert.

Tirolerhut

Hutform der Trachtenmode. Mitte des 19. Jahrhunderts setzt der Tourismus in die Alpen ein. Städtische Oberschichten entdecken die ursprünglich bäuerliche Standeskleidung und imitieren in der neuen Trachtenmode typische Bestandteile wie Lederhose, Janker, Dirndl und Hutformen aus Forst und Jagd. In den 1950er Jahren wird der Tirolerhut zum kitschigen Requisit des Heimatfilms.

Tönnchen

Kreisrunde, meist schirmlose Kopfbedeckung der Studentenverbindungen, aus Samt, in den Farben der Verbindung getragen. Während des Zutrinkens bedeckt der Verbindungsstudent mit der linken Hand das Tönnchen.

Trauerhut

Seit dem Mittelalter ist Schwarz als Trauerfarbe in Europa bekannt. Zu dunkler Kleidung oder schwarzen Bändern an der Kleidung setzten sich im 19. Jh. auch spezielle Trauerhüte für Damen, teils mit schwarzem Flor, durch. Das übliche einjährige Tragen der Trauerkleidung nach dem Tod eines nahen Angehörigen verlor sich in Deutschland in der zweiten Hälfte des 20. Jh.

Tschako

Eine ursprünglich türkische, über Ungarn nach Österreich gelangte Bezeichnung für einen tonnenförmigen Lederhelm, der dem modischen Vorbild des bürgerlichen Zylinders folgt. Nahm in den 1820er Jahren absurd hohe Formen an. Der Tschako wurde 1843 weitgehend durch die Pickelhaube abgelöst. Bis in die 1970er Jahre vereinzelt noch von Landespolizeien (Berlin) getragen.

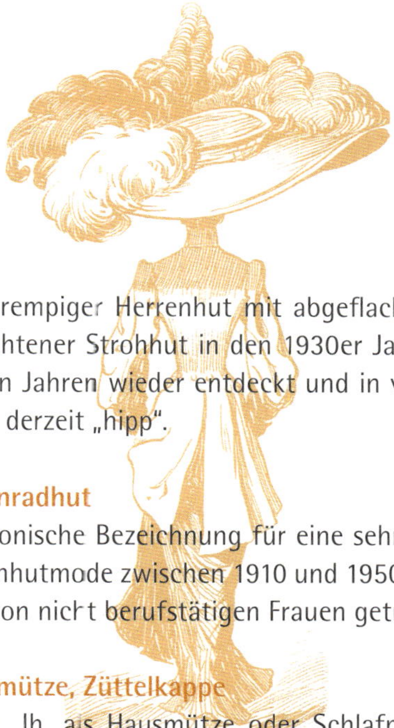

Trilby

Kleinkrempiger Herrenhut mit abgeflachtem Kopfteil. Als Filz- oder auch farbig geflochtener Strohhut in den 1930er Jahren vor allem in den USA modisch. Seit einigen Jahren wieder entdeckt und in vielen Varianten vor allem in der Jugendkultur derzeit „hipp".

Wagenradhut

Halbironische Bezeichnung für eine sehr breitkrempige, oft voluminös dekorierte Damenhutmode zwischen 1910 und 1950. Vor allem im gehobenen Bürgertum und Adel von nicht berufstätigen Frauen getragen.

Zipfelmütze, Züttelkappe

Im 19. Jh. als Hausmütze oder Schlafmütze des Herrn verbreitet. Sinnbild des „deutschen Michels", des verschlafenen deutschen Biedermanns. Heute noch als Wintermütze in Schweizer Landkantonen gebräuchlich.

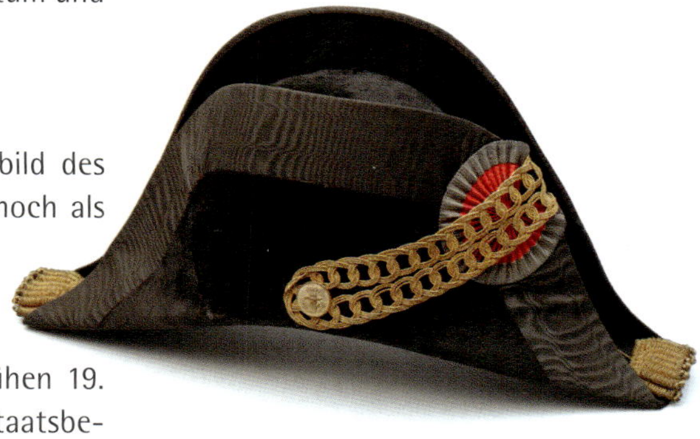

Zweispitz mit badischer Kokarde. Firmenarchiv Zwicker, Konstanz

Zweispitz

Aus dem Dreispitz entwickelte offizielle Kopfbedeckung des 18. und frühen 19. Jh. vor allem für Offiziere und höhere Angehörige der Marine, Hof- und Staatsbeamte sowie Diplomaten. Auch nach dem britischen Feldmarschall „Wellingtonhut" genannt. Die extrem breite Krempe des Vorder- und Rückteils des Hutstumpens wird aufgebogen, mit Draht oder Fischbein stabilisiert und mit Hoheitszeichen wie Kokarden, Litzen und Federbesatz staffiert.

Zylinder

Nach dem Vorbild hoher Hüte des 17. Jh. Ende des 18. Jh. in England entwickelter steifer Herrenhut aus Filz, geflochtenem Stroh oder seidenkaschierter Pappe, anfangs meist in beiger oder grauer Färbung. In der Französischen Revolution mit dreifarbiger Kokarde als Abzeichen revolutionärer Gesinnung. Nach der napoleonischen Ära allgemeine Hutmode des staatstragenden Bürgertums. Seit Ende des 19. Jh. überwiegend zu offiziellen Anlässen getragener „Feiertagshut". Im 20. Jh. als Chapeau Claque zur Abendgarderobe (Frack, Smoking) getragen. Nach 1945 als Bestandteil der Herrengarderobe nahezu verschwunden.

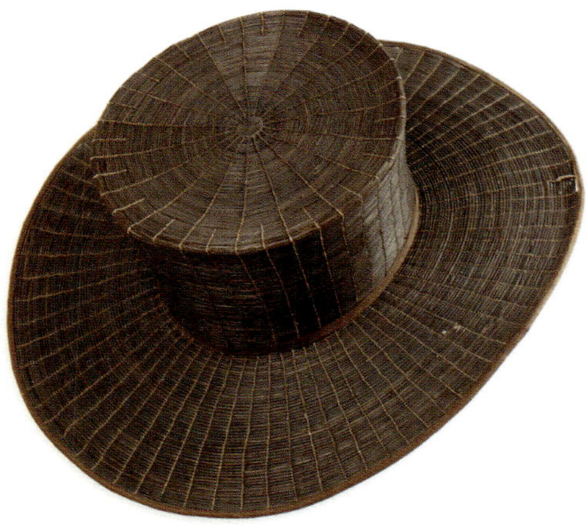

Zylinder für Herren aus Strohgeflecht, St. Gallen um 1840. Historisches und Völkerkundemuseum St. Gallen

Literaturtipp:

Einen knappen, aber materialreichen Überblick über die Kostüm- und Hutmode bietet Claudia Wisniewskis „Wörterbuch des Kostüms und der Mode", 6. Aufl., Reclam, Stuttgart 2010

Sponsoren, Mäzene & Förderer

Sparkasse Bodensee
Schwarz Außenwerbung, Konstanz
Dr. Jürgen Stadelhofer, Köln
Gesellschaft der Freunde und Förderer des Rosgartenmuseums e.V.
Mayser Hüte & Mützen, Lindenberg / Allgäu
Kliniken Schmieder, Konstanz-Allensbach

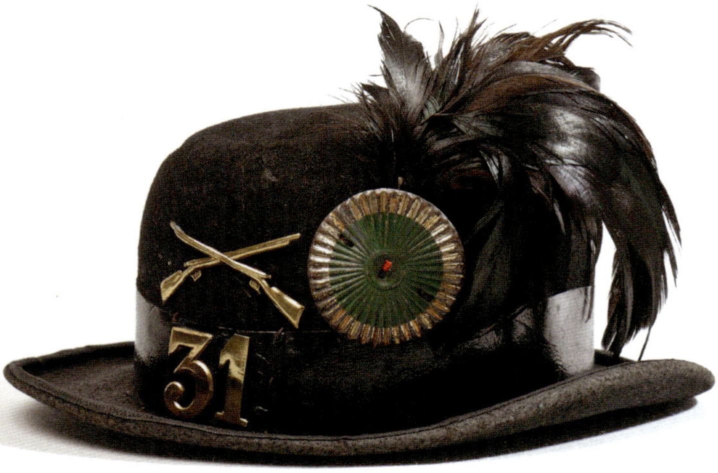

Schweizer Scharfschützenhut 1861. Die bei militärischen Kopfbedeckungen ungewöhnliche Krempe spendete dem zielenden Schützen im Sonnenlicht Schatten.

Archive, Leihgeber & Unterstützer

Familie Adenauer, Köln
Antiquariat Patzer & Trenkle, Konstanz
Antikschreinerei Freddy Ostertag, CH-Oberaach
Michael Autengruber, Konstanz
Haus Baden, Schloss Salem
Badisches Landesmuseum Karlsruhe
Gräfin Bettina Bernadotte, Insel Mainau
Ulrich Blum, Konstanz
Wilderich Graf von und zu Bodman
Familie Brönnle, Konstanz
Erich Bühl, Konstanz
Stiftung Bundeskanzler-Adenauer-Haus, Bad-Honnef-Rhöndorf
Prof. Dr. Lothar Burchardt, Allensbach
I.K.H. Diane Herzogin von Württemberg, Schloss Altshausen
Jan und Andrea Dix, Öhningen
Deutsches Literaturarchiv Marbach
Deutsche Presseagentur / Picture Alliance
Dani Edelstein, Israel
Archiv Engelsing
Erich-Kästner-Kinderdorf e.V., Oberschwarzach
Erich-Kästner-Museum, Dresden
Ilse Geray, Konstanz
Paul Grüninger Stiftung, St. Gallen
Haus der Geschichte Baden-Württemberg, Stuttgart
Hermann-Hesse-Höri-Museum, Gaienhofen
Hermann-Hesse-Museum, Calw
Historisches Museum des Kantons Thurgau
Gesellschaft der Freunde und Förderer des Rosgartenmuseums
Heinrich-Hansjakob-Museum, Haslach/Schwarzwald
Historisches und Völkerkundemuseum St. Gallen
Hut Galerie Ludwig Köberle, Überlingen
Hutmuseum der Stadt Lindenberg, Allgäu
Matthias Imo, Mayser Hüte & Mützen, Lindenberg / Allgäu
Markgrafenmuseum Ansbach
Katholische Kirchengemeinde Münster ULF Konstanz
Dr. Hellmut Klocke, Wangen
Dr. Jutta Krohn, Konstanz
Museum Rosenegg Kreuzlingen
Lislott Mühlemann, Ermatingen
Gisela u. Edi Müller, Reichenau
Pfinzgaumuseum Karlsruhe
Schloss und Insel Mainau GmbH
Scala Filmtheater Betriebe Konstanz
Rita Schmid, Hutatelier, Amriswil

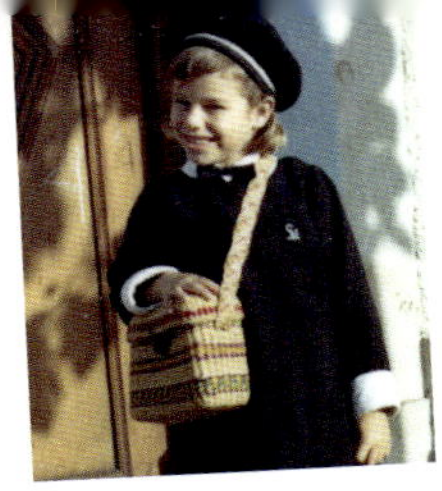

Diplom-Restauratorin Rosa-Maria Pittà 1964 auf dem Weg zur Vorschule.

Manfred Schöpflin, Konstanz
Werner Schreibmüller, Konstanz
Eberhard Schwarz, Konstanz
Seeger Press, Albstadt
Seemuseum Kreuzlingen
Stadtarchiv Konstanz
Stadtmuseum München
Stadtmuseum Radolfzell
MD Michael Steindorfner, Stuttgart
Marie-Irene Störzer, Konstanz
Museum Turmhof Steckborn
Karl-Valentin-Musäum München
Verein der Richter des Bundesverfassungsgerichts e. V.
Mario Wagner, Konstanz
Wehrgeschichtliches Museum Rastatt
Familie Wille, Schweiz
Pfr. i. R. Richard Wolf, Fribourg / CH
Zeppelin Museum GmbH, Friedrichshafen
Familie Ziegler, Konstanz
Herrenmode Zwicker, Konstanz
Theo Zwicker, Konstanz

Der Autor dieses Katalogs im Winter 1965 mit seiner damaligen Lieblingskappe

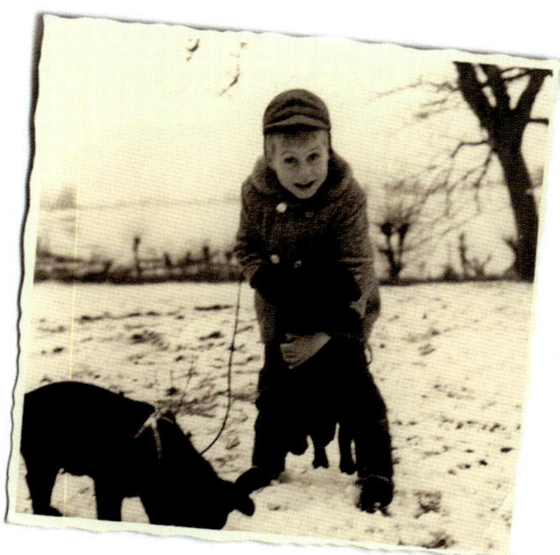

Restauratorin & Objektpräsentation
Rosa-Maria Pittà-Settelmeyer, Dipl.-Restauratorin

Raumplanung & Ausstellungsgrafik
Pragma-Design Konstanz

Technische Produktion & Bauten
Elke Schächtle-Rau
Roman Macha
Andreas Jäpel
Norbert Willburger
Bernhard Porer
Exponatfotografie: Atelier Martin Buschmann, Konstanz
Textbanner: Greis-Werbung, Konstanz
Exponat-Versicherungen: Jürgen Six

Wissenschaftliche Mitarbeit & Quellenrecherche
Xenia Brönnle M.A., wiss. Projektmitarbeiterin
Kerstin Rock M.A., Wissenschaftliche Volontärin
Stadtarchiv Konstanz: Anne-Marie Sana, Norbert Fromm
Archiv des SÜDKURIER: Angelika Speck, Elisabeth Müller
Heutige Fotoporträts: Aurelia Scherrer
Fotoarchiv Hella Wolff-Seybold

Grafikdesign, Kataloggestaltung & Werbung
bbv Siegrun Nuber, Konstanz

Text-Korrektorat
Pfr. i.R. Hans Jürgen Stöckl
Karl-Ulrich Schaible

Museumspädagogik und Führungen
Katharina Kirr
David Bruder
Frank Martin
Dr. Gudrun Schnekenburger

Shop & Aufsicht
Ursula Kaschura, Marie-Irene Störzer, Markus Tschann

Verwaltung
Geschäftsführung: Rita Frank
Dokumentation & Pressearbeit: Ursula Benkö
Gästedienst & Führungsorganisation: Kerstin Rock

Konzeption, Texte, Gesamtleitung
Dr. Tobias Engelsing
Direktor der Städtischen Museen Konstanz

Literaturauswahl

Abeler, Jürgen: Kronen, Zepter und Reichsäpfel. Herrschaftszeichen der Welt, 8. Aufl., Wuppertal 2008
Aland, Kurt: Ignaz Heinrich von Wessenberg. Autobiografische Aufzeichnungen. Unveröffentlichte Manuskripte und Briefe. Bd. 1/1, Freiburg 1968
Allgemeine Deutsche Biografie ADB, Leipzig 1875 - 1912
Aries, Philippe / Chartier Roger: Geschichte des privaten Lebens, Augsburg 1999
Baden, Max von: Erinnerungen und Dokumente. Neu herausgegeben von Golo Mann und Andreas Burckhardt, Stuttgart 1968
Badisches Landesmuseum (Hg.): 1848/49 Revolution der deutschen Demokraten in Baden, Katalog 1998, Karlsruhe 1998
Bismarck, Otto: Gedanken und Erinnerungen, 3 Bde., Stuttgart 1921
Bodensee-Chronik: Die Konstanzer Kleidung im Wandel der Zeit, Beilage der Deutschen Bodensee Zeitung, Nr. 19, 16. Oktober 1936
Boehn, Max von: Biedermeier. Deutschland von 1815 bis 1847, Berlin o. J.
Boehn, Max von: Die Mode. Bd. 1- 8, München 1963
Braun-Ronsdorf, Margarete: Modische Eleganz, München 1963
Buchholz, Rita, et. al. (Hg.): Die Lebensreform. Entwürfe zur Neugestaltung von Leben und Kunst um 1900, 2 Bde., Darmstadt 2001
Burkhardt, Martin: Konstanz im 18. Jahrhundert. Materielle Lebensbedingungen einer landständischen Bevölkerung am Ende der vorindustriellen Gesellschaft, Sigmaringen 1997
Burkhardt, Martin / Dobras, Wolfgang / Zimmermann, Wolfgang: Konstanz in der frühen Neuzeit, Bd. 3 der Stadtgeschichte, Konstanz 1991
Dargel, Eveline / Niederhofer, Ulrike / Feucht, Stefan: „In Dir steckt mehr als Du glaubst" Prinz Max von Baden, Kurt Hahn und die Gründerjahre der Schule Schloss Salem 1919 - 1933, Katalog, Tettnang 2010
Dipper, Christoph/Speck, Ulrich: 1848, Revolution in Deutschland, Insel Frankfurt 1998
Dix, Andrea / Kicherer, Michael / Overlack, Anne / Schaffer, Katharina: Trau Deinen Augen. Otto Dix - Ein Fotoportrait, Katalog Otto Dix-Haus Hemmenhofen, Hemmenhofen 2011
Dollinger, Hans: Wenn die Soldaten...Früher hat's noch Spaß gemacht. Zeichnungen und Texte aus dem „Simplizissimus" und der „Jugend", Jahrgänge 1896 bis 1913, München 1974
Ebhard, Franz: Der gute Ton. Ein Handbuch für den Verkehr in der Familie, in der Gesellschaft und im öffentlichen Leben, Berlin 1884
Engelsing, Tobias: Geliebter Ferdi. Vertrauliche Briefe der Familie Zeppelin, Konstanz 1988
Engelsing, Tobias: Mit Sense und Pistole für die Republik. Friedrich Hecker und sein kühner Versuch, von Baden aus die Revolution durchzusetzen, in: ZEIT Geschichte. Nr. 3, Hamburg 2010
Feger, Otto: Vom Richtebrief zum roten Buch. Die ältere Konstanzer Ratsgesetzgebung. Darstellung und Texte, bearbeitet v. Otto Feger, Konstanz 1955
Freitag, Sabine: Friedrich Hecker. Biographie eines Republikaners, Stuttgart 1998
Friedell, Egon: Kulturgeschichte der Neuzeit. Die Krisis der europäischen Seele von der schwarzen Pest bis zum Ersten Weltkrieg, 3 Bde., München 1927
Friedenthal, Richard: Goethe. Sein Leben und seine Zeit, München 1963
Gall, Lothar: Der Liberalismus als regierende Partei. Das Großherzogtum Baden zwischen Restauration und Reichsgründung, Wiesbaden 1968
Hansjakob, Heinrich: Von Lieb und Traurigkeit, Erzählungen vom Bodensee und aus dem Schwarzwald. Hrg. v. Thomas Lehner, Konstanz 1988
Hengstler, Helmut: 100 Jahre Ruderverein „Neptun" Konstanz 1885 - 1985, Konstanz 1985
Hermann Historica (Hg.): Katalog zur 54. Auktion, Orden u. Militärhistorische Sammlungsstücke aus aller Welt, München 2008
Hermann Historica (Hg.), Katalog zur Auktion Nr. 57, Geschichtliche und militärhistorische Objekte Deutschland von 1919 bis zur Gegenwart, München 2009
Hermann, Wolfgang: Militaria. Battenberg-Antiquitäten-Kataloge, München 1978
Herre, Franz: Kaiser Wilhelm I. Der letzte Preuße, Köln 1980
Herzog, Rudi / Stricker, Hannes: Grenzschutz am Bodensee und die Geschichte der Grenzbrigade 7, Frauenfeld 1993
Hildenbrand, Manfred: Heinrich Hansjakob. Rebell im Priesterrock, Haslach 2002
Hirschfeld, Magnus (Hg.): Sittengeschichte des Weltkriegs. Bearb. v. Andreas Gasper, 2 Bde., Leipzig 1930
Im Hof, Ulrich: Das Europa der Aufklärung, München 1993
Ligenstein, Wilhelm (Hg.): Hilda. Badens letzte Großherzogin. Ein Gedenkbuch, Karlsruhe 1954
Kästner, Erich: Notabene 45, Ein Tagebuch
Internationales Biografisches Archiv (Munzinger): www.munzinger.de
Ittner, Joseph Albrecht von: Der schöne Scharfrichter. Die Geschichte meiner Familien-Perücken u. a. geistreiche Erheiterungen, Konstanz 1983
Jordan, Alexander / Madeja, Thomas / Mönch, Winfried: Von Kaiser zu Kaiser. Erinnerungen an den Deutsch-Französischen Krieg 1870/71, Katalog, Wehrgeschichtliches Museum Rastatt, Rastatt 2010
Keller, Stefan: Grüningers Fall. Geschichten von Flucht und Hilfe, Zürich 1993
Killy, Walter / Vierhaus, Rudolf: Deutsche Biografische Enzyklopädie, München 1998
Klee, Ernst: Das Personenlexikon zum Dritten Reich. Wer war was vor und nach 1945, Frankfurt a. M. 2007
Koch; P.: Konrad Adenauer. Eine politische Biografie. Unter Mitarb. v. K. Körner, Reinbek 1985
König, Hannes (Hg.): Das Bilderbuch vom Karl Valentin, München 1975
Kolb, Eberhard: Bismarck, München 2009
Krümmer, Heinz: Die Wirtschafts- und Sozialstruktur von Konstanz in der Zeit von 1806 bis 1850, Konstanzer Geschichts- und Rechtsquellen Bd. XIX, Sigmaringen 1973
Kube, Jan K.: Militaria der deutschen Kaiserzeit, Helme und Uniformen, München 1977
Kummer-Guttenberg, Simon: Der schöne Schein. Standessymbole des Adels, Phil. Diss., ungedr. Manuskript, Berlin 1911
Loschek, Ingrid: Reclams Mode- & Kostümlexikon, 3. Aufl., Stuttgart 1994
Ludwig, Emil: Bismarck, Geschichte eines Kämpfers, Berlin 1926
Maissen, Thomas: Geschichte der Schweiz, Baden 2010
Mörike, Eduard: Briefe, hrg. von Werner Zemp, Zürich 1949
Moser, Arnulf: Die französische Emigrantenkolonie in Konstanz während der Revolution (1792-1795), Konstanzer Geschichts- und Rechtsquellen, Stadtarchiv Konstanz (Hg.), Bd. XXI, Sigmaringen 1975
Münchner Stadtmuseum (Hg.): Von Kopf bis Hut. Kopfbedeckungen aus der Sammlung des Modemuseums im Münchner Stadtmuseum vom 18. Jahrhundert bis 2000, Katalog, München 2000
Nicholson, J. B. R.: Alte Uniformen. 18 bis 20. Jahrhundert, bearb. v. Peter Jaeckel, Bayerisches Armeemuseum Ingolstadt, München 1974
Niemeyer, Joachim / Rehm, Christoph (Hg.): Das Wehrgeschichtliche Museum Rastatt. Militärgeschichte in Baden-Württemberg, Begleitband zur Dauerausstellung im Wehrgeschichtlichen Museum Schloss Rastatt, Rastatt 2009
Orlik, Roger: Der König vom Bodensee - Lennart Bernadotte, Albstadt 2002
Ottomeyer, Hans / Schröder, Klaus Albrecht / Winters, Laurie: Biedermeier. Erfindung der Einfachheit, Katalog, Ostfildern 2006
Oster, Uwe A.: Die Großherzöge von Baden 1806 - 1918, Regensburg 2007
Palla, Rudi: Verschwundene Arbeit, Wien 2010
Raab, Heinrich: Revolution in Baden, Biografisches Inventar für die Quellen im Generallandesarchiv Karlsruhe und im Staatsarchiv Freiburg, bearb. v. Alexander Mohr, Kohlhammer, Stuttgart 1998
Ribbert, Margret: Auf Basler Köpfen. Kulturgeschichtliche Aspekte von Hüten, Hauben, Mützen, 181. Neujahrsblatt, hrg. von der Gesellschaft für das Gute und Gemeinnützige Basel, Basel 2003
Rügert, Walter: Emanuel von Bodman. Zirkusluft und Künstlerwelt. Erzählungen, Gedichte, Tagebuchnotizen, Frauenfeld 2011
Ders.: Emanuel von Bodman. Buch der Kindheit, Frauenfeld 2009
Scheffel, Joseph Victor von: Warum küssen sich die Menschen? Trink-Poesie und Kater-Philosophie gesammelt und empfohlen von Klaus Oettinger und Helmut Weidhase, Konstanz 1986
Schiener, Anna: Der Fall Kaspar Hauser, Regensburg 2010
Schlegel, Berthold: Die Konstanzer Tracht - ein Stück lebendiger Vergangenheit, in: Badische Heimat 1978, Freiburg 1978
Schubert, Gabriella: Kleidung als Zeichen. Kopfbedeckungen im Donau-Balkan-Raum, Berlin 1993
Schürch, Lotti: Trachten der Schweiz, Bern 1978
Sichart, Emma von: Praktische Kostümkunde in 600 Bildern und Schnitten, München 1926
Stark, Barbara (Hg.): Ignaz Heinrich von Wessenberg 1774 - 1860. Kirchenfürst und Kunstfreund, Katalog Städtische Wessenberg Galerie, Konstanz 2010
Syring, Margarethe: Höflich bis zur letzten Galgensprosse. Anekdoten von Bismarck, 3. Auflage, Berlin 2008
von Tscharner, Benedikt: Johann Konrad Kern. Staatsmann. Diplomat, Reihe: Schweizer in der Welt, Gollion 2005
Warneken, Bernd Jürgen: Schubart. Der unbürgerliche Bürger, Frankfurt 2009
Wessenberg, Ignaz Heinrich von: So versank die alte Herrlichkeit. Reisebilder und Gedichte, Hrg. Klaus Oettinger und Helmut Weidhase, Konstanz 1988
Wikipedia, Biografisches Archiv: www.wikipedia.de
Wisniewski, Claudia: Wörterbuch des Kostüms und der Mode, 6. Aufl., Stuttgart 2010
Württembergisches Landesmuseum Stuttgart (Hrg.): Baden und Württemberg im Zeitalter Napoleons, Katalog, 3 Bde., Stuttgart 1987
Zang, Gert: Konstanz in der Großherzoglichen Zeit. Restauration, Revolution, Liberale Ära, Geschichte der Stadt Konstanz, Bd. 4.1, Konstanz 1994
Zang, Gert: Konstanz in der Großherzoglichen Zeit. Aufschwung im Kaiserreich, Geschichte der Stadt Konstanz, Bd. 4.2, Konstanz 1993

Bildquellen und Bildnachweise

Historische Fotografien Konstanz/Bodensee, soweit nicht anders angegeben:
Bildarchiv Rosgartenmuseum, Stadtarchiv Konstanz, Archiv Engelsing.
Stiche, Lithografien, Gemälde: Gemälde- und Grafik-Sammlung Rosgartenmuseum, Städtische Wessenberg-Galerie, Archiv Engelsing

Bildgeber:
Badisches Landesmuseum Karlsruhe, Archiv der Stiftung Bundeskanzler-Adenauer-Haus, Bad Honnef-Rhöndorf, Deutsches Literaturarchiv Marbach, Deutsche Presseagentur dpa, Haus Baden/Schloss Salem, Haus der Geschichte Baden-Württemberg, Kaspar-Hauser-Museum Ansbach, Kurt-Hahn-Archiv / Schule Schloss Salem, Pressebüro Aurelia Scherrer, Seeger Press, Süddeutsche Zeitung Archiv, Wehrgeschichtliches Museum Rastatt, Pressefotografie Hella Wolff-Seybold, Zeppelin-Museum Friedrichshafen - Technik und Kunst.

Illustrierte Quellen der Zeit:
Die Dame, Heft 6, 1937, Berlin 1937
Die elegante Wienerin, Ausgabe Sommer 1931, Wien 1931
Die Gartenlaube. Illustriertes Familienblatt, Ernst Keil, Leipzig, Jahrgang 1862
Der Christliche Kinderfreund, o. O., Jahrgang 1884
Der Silberspiegel, 5. Jg., Berlin 1939
Deutsches Knabenbuch. Hundert Gestalten in Wort und Bild, Lahr, o. J.
Fliegende Blätter, München, Jahrgang 1848, 1908
Illustrierte Blätter für die gebildete Welt, Stuttgart, Jahrgang 1862
Kladderadatsch, Berlin, Jahrgang 1860

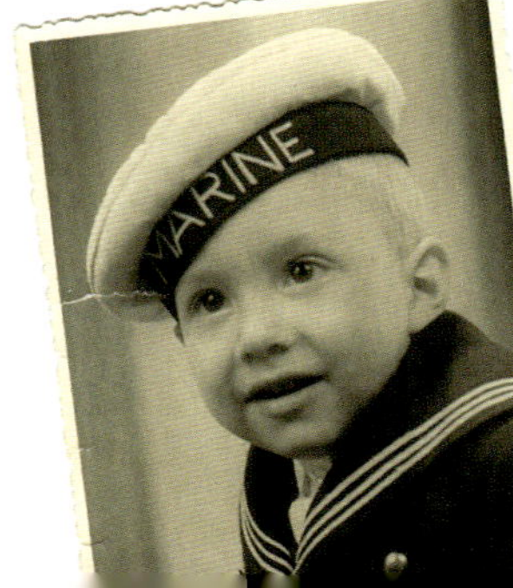